# MENTAL SURVIVAL

## Mentale Stärke und Resilienz für Männer

---

*Prinzipien für mehr Disziplin und Willenskraft – Ängste überwinden, Ziele erreichen und einen starken Charakter entwickeln*

---

Thomas Gast

EULOGIA VERLAG

Bibliografische Information der Deutschen Nationalbibliothek.

Die Deutsche Nationalbibliothek verzeichnet diese Publikation in der Deutschen Nationalbibliografie; detaillierte bibliografische Daten sind im Internet über http://dnb.dnb.de abrufbar.

Für Fragen und Anregungen:
info@eulogiaverlag.de

ISBN Print: 978-3-96967-337-9
ISBN E-Book: 978-3-96967-335-5

Originale Erstausgabe 2023


Eulogia Verlags GmbH
Gerhofstraße 1–3
20354 Hamburg

Lektorat: Sandra Pichler
Satz und Layout: Tomasz Dębowski
Umschlaggestaltung: Aleksandar Petrović / Shutterstock copyright Polllynochka

# Inhaltverzeichnis

*Eines Tages wachst du auf und wirst nicht mehr genug Zeit haben, um die Dinge zu tun, von denen du immer geträumt hast!*

PAULO COELHO

In der heutigen Zeit bedeutet Mental Survival ... *sich nicht von der kollektiven Angst anstecken zu lassen ...*, sondern bei sich zu bleiben. In sich zu ruhen, im Vertrauen zu wachsen und erhobenen Kopfes voranzuschreiten. Mental Survival ist der große Bruder der Resilienz. Letztere wiederum bedeutet nichts anderes als Kampf. Um im Kampf zu bestehen, benötigt der moderne Mann eine hohe psychische Widerstandskraft sowie auch die Fähigkeit, schwierige Lebenssituationen ohne anhaltende Beeinträchtigung zu überstehen.

Von frühmorgens bis spät in die Nacht werden wir vollgeballert mit Angst. Wir werden mit Klugscheißern konfrontiert, die diese Angst verbreiten. Du kennst diese Klugscheißer. Ich kenne sie auch. Das Resultat dieser Verbreitung der Angst ist eine mutlose Gesellschaft. Zuerst war da Corona. Gut und Böse wurden neu definiert. Schwarz oder weiß, mehr gab es nicht. Die Angst ging um. Denunzianten lauerten überall. Behörden bestraften Andersdenkende. Letztere wurden ausgeschlossen, diffamiert, kaputt gemacht und in den Ruin getrieben. Manche landeten gar in der Irrenanstalt oder im Gefängnis.

Mental Survival praktizierst du, wenn du dich eben nicht anstecken lässt. Wenn du deine eigene Meinung hast, diese vertrittst und immer nur ans Beste denkst und glaubst. An das Schöne. An den best-anzunehmenden Fall, das Best-case-Scenario. Ich lege dir jedoch sehr ans Herz, auch stets für das vielleicht eintreffende Gegenteil gewappnet zu sein, also für ein Worst-case-Scenario (der schlimmst-anzunehmende Fall). Und ich bitte darum, dass du dich mit einer Art *combative mindset* rüstest, um im Falle deines totalen Zusammenbruchs (dein persönliches Chaos) nicht völlig unvorbereitet zu sein.

Vielleicht hast du es noch nicht erlebt, aber es gibt Zeiten, in denen am Horizont kein Licht mehr schimmert und es in deiner Seele dunkler ist als im Arsch eines Grizzlybären. Sei vorhersehend und bleibe in diesen Zeiten tiefster Not immer vom unbestechlichen Kampfgeist unserer Ahnen beseelt. Das macht dich aus. Auch das macht dich zum Mann!

Oft in meinem Leben stand ich vor schwierigen Situationen und nicht immer war sicher, ob ich die nächsten Momente überleben oder Erfolg mit irgendetwas haben würde. Ob ich da heil wieder rauskäme, beziehungsweise schaffen würde, was ich mir vorgenommen hatte. Dass ich heute noch am Leben bin und gut leben kann, verdanke ich meinen körperlichen Reaktionen auf Gefahren und auf diverse Herausforderungen. Vorausgegangen war jedoch immer eine mentale Reflexion. Sie bestimmte und leitete meine Reaktionen. Natürlich hätte ich mir sagen können: *Oh, mit diesen drei Jungs werde ich eh nicht fertig*, oder: *Das Examen pack ich nie*, oder noch: *Der gut versteckte Scharfschütze erwischt mich sowieso, egal was ich mache.*

Doch ich wollte Erfolg haben und leben, knallte mir deshalb immer wieder einen Spruch rein, den du sicher auch kennst: Es ist erst zu Ende, wenn es vorbei ist, und noch ist es nicht so weit. Ich wollte mich nicht schon geschlagen geben, bevor ich nicht gekämpft hatte. Der Kampf, lass dir sagen, fängt immer zuerst im Kopf an. Ein Funke, nenne ihn Überlebenswille, entflammt deinen ganzen Körper und sagt dir: Es ist Zeit. Lass es uns angehen, lass uns das Ding hinter uns bringen. Marschkompasszahl brutal, ohne Umwege und ohne Plan B immer direkt zum Ziel.

Angesichts gefährlicher Situationen stellte ich mir nie einen Augenblick lang Fragen wie ...

*... Kann ich hier alles in den Griff kriegen oder kann ich überleben?*

Vielmehr entstand in meinem Kopf stets ein schleichender Gedanke und der diktierte mir ....

*... Ich werde hier alles in den Griff kriegen, ich werde überleben!*

 Du siehst den Unterschied? Nenn ihn Mental Survival.

Du kennst solche Tage. Stehst früh auf. Händezittern. Schaust in den Spiegel, denkst: *Scheiße.* Alles schiefgelaufen in meinem Leben. Nix mehr, wie es sein soll, alles aus dem Ruder. Kein Bock mehr. Ich bin hässlich, dumm, erfolglos und die Frau geht fremd. Sogar die Kinder hassen mich. Drogen wie Kippen und Whiskey sind geil, sind meine letzte Rettung, voilà! Am liebsten würdest du dich in solchen Momenten hinsetzen und sterben – oder schlimmer noch: deinem Leben selbst ein Ende setzen.

*Stopp! Warte!*

Du hast mein volles Verständnis. Ich komme in diesem Buch auf deinen Wunsch, das Zeitliche zu segnen, zurück. Versprochen. Aber tu mir den Gefallen und lies es erst mal weiter. Lass dich von mir überzeugen, dass es für alles Übel eine Lösung gibt. Lass mich dir sagen: Du bist nicht allein!

Dieses Buch ist dein Kampfmanifest. Marschier mit deinem Kopf, Bruder, es geht voran.

**Alles über den Plan B.** Oft, wie wir schon gesehen haben, ist es gut, einen zu haben. Doch das ist nicht immer so. Hier die drei Sorten Männer, die ständig einen auf Lager haben.

- Verlierer. Verlierer haben immer einen Plan B.
- Feiglinge. Feiglinge haben immer einen Plan B.
- Mental Schwache. Die brauchen einen Plan B.

Warum braucht man keinen Plan B oder warum sollte man nicht immer einen parat haben? Ich werde es dir sagen. Du kennst Sun Tzu? Dieser brillante General, Stratege und Philosoph lebte 500 Jahre vor Christus. In seinem Buch ‚Die Kunst des Krieges' erklärt er, dass man, wenn man ein Dorf angreift, es umzingelt, für die Verteidiger immer einen Fluchtweg offenlassen sollte. Auf diese Art und Weise hatte er immer Erfolg. Als andere Generäle ihn fragten, warum dies so ist, sagte er: Wenn du ein Dorf angreifst und beginnst, die Menschen zu massakrieren, ohne dass sie einen Fluchtweg haben, werden sie sich bis aufs Blut und bis zum letzten Mann tapfer verteidigen. Selbst Frauen greifen dann zur Waffe. Sie kämpfen mit der Energie und dem Elan der zum Tode Verdammten, um ihre Kinder zu schützen. Wenn du ihnen aber eine Möglichkeit zur Flucht lässt, werde viele diese auch nutzen. Du hast den Kampf gewonnen.

Dein Gehirn funktioniert ähnlich. Wenn du ihm die Chance gibst, auszuweichen, den Lebenskampf nicht anzunehmen, in manchen Situationen nicht den Kampf der Verdammten zu führen, bist du von vorneherein der Verlierer. Denk nach, Bruder.

## Mental Brutal

1989 war ich für vier Monate in Dschibuti stationiert. Gleich zu Beginn machten wir einen Manöversprung über der Gagadewüste mit anschließendem Gewaltmarsch nach Yoboki. Das war der brutalste Marsch, den ich je mit der Fremdenlegion gemacht habe. Nicht umsonst war unser weltweit bekannter Slogan: Marche ou crève – Marschier oder krepier.

Nachdem wir sechs Stunden lang die Wüste durchquert hatten, folgte der Aufstieg ins Lavagebirge. Wir hatten 45 Grad Celsius, bald schon war *Trinken nur auf Befehl* angeordnet. Welsh, der vor mir laufende britische MG-Schütze meiner Gruppe kippte als Erster aus den Stiefeln. Nach zehn Minuten Pause, etwas Wasser und ein wenig Schatten unter einem Poncho, den zwei seiner Kameraden in die Höhe hielten, ging es weiter.

Ich hatte Sand in den Stiefeln. Meine Füße waren am Arsch. Der Durst trieb mich schier in den Wahnsinn. Mein Körper sagte mir: Leg dich hin und stirb einfach! Doch ich war mir einer Sache bewusst. Würde ich ausfallen, umfallen gar, müssten die anderen meinen Rucksack und vermutlich auch mich tragen. Vor Ort bleiben war Illusion, denn wir mussten unseren Auftrag erfüllen, der da hieß: mit der kompletten Mannschaft um die und die Uhrzeit den Einsatzort erreichen. Aufhören oder aufgeben hätte bedeutet, den Auftrag nicht ausführen zu können. Ich dachte nicht mehr an mich. Dachte nicht an den Wolf, nicht an die Blasen an den Füßen und auch nicht an den Durst. Ich dachte an meine Kameraden. Ich wollte ihnen nicht zur Last fallen. Mich zu tragen, hätte den ein oder andren wohl auch kaputt gemacht. Kaum hatte ich den Gedanken zu Ende gedacht, schickte ich eine mentale Nachricht an meinen Körper, an meine geschundenen Beine: *Ihr wollt nicht mehr, ist es das? Dann marschiere ich eben mit dem Kopf weiter.* Ich aktivierte die mentale Bestie in mir, und weiter ging's, bis das Ziel erreicht war.

Schon wären wir bei deiner ersten Aufgabe für heute:

*Ich dachte an meine Kameraden. Ich wollte ihnen nicht zur Last fallen!*

Denk bitte darüber nach, wie du dieses Beispiel mit rüber nehmen kannst in deine jetzige Situation. Denk nach!

*

### Damit du von Beginn an weißt, wie der Autor tickt, ein wichtiges Szenario ganz vorneweg

Vor zwei Jahren kontaktierte mich ein alter Freund. *Thomas,* sagte er verzweifelt, *meine Frau hat mich betrogen. Ich habe mit ihr geredet. Sie wollte eine zweite Chance. Bittere Tränen verschüttend hat sie versprochen, dass sie so etwas nie wieder tun wird, weil sie mich liebt und wegen der Kinder und so. Okay, sagte ich zu ihr, lass es uns nochmal versuchen. Was meinst du denn, Tom?*

Ohne lange überlegen zu müssen antwortete ich.

*Wenn sie einmal rumgefickt hat, wird sie es wieder tun. Trenn dich von ihr.*

Seitdem habe ich von ihm nie wieder was gehört. Was ich aber erfahren habe, war, dass er sich meinen Rat nicht zu Herzen genommen hat. Er blieb bei ihr. Seine Frau hat ihn daraufhin erneut betrogen und seitdem sieht man ihn zwei-, dreimal in der Woche in der Kneipe des Dorfes, wo er sich jedes Mal königlich die Kante gibt.

Ich hätte meinem Freund den Ratschlag nicht gegeben, wenn ich nicht selbst da durch wäre. Meine Aussage basierte auf Erfahrung. Und ich habe diesbezüglich auch mit vielen anderen Männern gesprochen.

Wir waren uns fast alle einig: Warum um Gottes willen sollte es bei Frauen anders sein als bei uns Männern? Wer einmal fremd geht, tut es wieder. Wer weiß das besser als wir? Doch das ist nicht der Deal. Der Deal ist Folgender. Wenn es einem anderen Mann gelingt, dich deiner Frau zu nähern, ist nicht er das Problem. Sie ist das Problem. Die Tatsache, dass ein Mann sich in der Nähe deiner Frau so willkommen fühlen darf, spiegelt ihr Verhalten wider, das sie immer dann an den Tag legt, wenn du ihr den Rücken zudrehst. Das Herz deiner Frau für dich zu behalten, sollte nicht zu einer Competition ausarten. Entweder sie liebt dich oder sie tut es nicht. Und wenn sie einem anderen Mann das Gefühl gibt, dass er bei ihr Chancen hat, lass sie ihm. Du solltest nicht etwas haben wollen, was jeder andere auch haben kann.

Das Leben geht so wahnsinnig schnell vorbei, es ist verrückt. Du drehst dich einmal um die eigne Achse, schon bist du zehn Jahre älter. Während so die Jahre dahinfliegen, gönn dir den Egoismus, der es dir erlaubt, authentisch, frei und selbstbestimmt Mann sein zu dürfen. Das ist möglich, insofern du authentisch, frei und selbstbestimmt denkst. Du zuerst! Dieses Denken gepaart mit der Idee, deinen Mitmenschen Respekt zu zollen und die Grenzen ihrer Integrität weitgehendst zu wahren, bringt dich in eine komfortable Position, nämlich dorthin, wo du dich selbst am liebsten siehst. Fünf Regeln auf den Weg dorthin:

1. Lebe stets nach den sieben Tugenden. Du findest sie im zweiten Drittel des Buches.
2. Hab keine Angst, ein hartes Leben zu führen. Sei hart gegen andere, aber vor allem auch hart gegen dich selbst.
3. Versuche nie, es anderen Menschen recht zu machen oder Erwartungen – außer deine eigenen an dich selbst – zu erfüllen.
4. Liebe! Die Leitidee zu deinem erfüllten Männerdasein ist Liebe. Darum lebe nach den Tugenden, sei hart und liebe dein Leben mit all seinen Facetten. Liebe es, wenn Schmerz dich umzubringen droht, liebe es, wenn es dir saugut geht, liebe die Rückschläge, liebe den Erfolg, liebe deine Schwächen, deine geistigen und körperlichen Mängel, liebe deine brillante Art zu sein, denn

so wie du bist, bist du der strahlendste Stern in deiner Welt. Nimm mutig alle Chancen wahr, die das Leben dir bietet, und liebe dich selbst.

5. Binde dir jeden Tag einmal kräftig den Arsch hoch. Übe Disziplin und Selbstdisziplin. Tue etwas, das du sonst nie getan hast, weil du dazu deine Komfortzone hättest verlassen müssen. Etwas, das du gar nicht gerne machst. Hier ein paar Beispiele: Verzichte bewusst auf dein Handy. Rauche nicht, trinke keinen Alkohol. Wenn du menschenscheu bist, misch dich unter die Menge. Bist du ein sehr geselliger Mann, sondere dich ab, gehe allein in den Wald. Hast du Angst vor der Dunkelheit, geh nachts dorthin. Allein. Hast du Angst vor dem Tod, besuche den nächsten Friedhof und laufe langsam, alle Sinne auf Empfang gestellt über die makabren Pflastersteine, die da Zeugen des Todes sind.

## Für welchen Typ Mann ist dieses Buch?

Ich weiß, diese Überlegung gehört nicht hierher. Sie müsste an dieser Stelle schon abgehakt, abgesegnet und Schnee von gestern sein, weil es sich bei ihr um die Basis des Manuskripts handelt.

*Für welchen Typ Mann ist dieses Buch?*

Ohne sich genau diese Frage zu stellen, brauchst du so ein Buch gar nicht erst beginnen. Du kennst Joe Blog? Nein? Joe ist der typische Allerweltsmensch, der deutsche Schmidt oder Müller also. Und nein, ich habe nichts gegen Männer, die Müller oder Schmidt heißen! Aber ich habe was gegen Attitüden, die so ein Joe Blog (oder Müller oder Schmidt) an den Tag legt. Immer sauber, adrett, akkurat, höflich. Und wenn schon agieren, dann bitte schön alles regelkonform und peinlich genau der vorgeschriebenen vielzitierten Reihe nach. Man könnte Joe auch einen Korinthenkacker nennen, aber bleiben wir doch ausnahmsweise auch mal höflich. Bitte. Joe ist die Detailfreudigkeit selbst. Er ist nicht nur der typische Allerweltsmensch, er wäre de facto auch der beste Standard-Allerweltsmensch-Autor. Als solcher hätte er auf die Frage *Für welchen Typ Mann ist dieses Buch* eine zwölfseitige Antwort niedergeschrieben.

Nun, ich bin kein Allerweltsmensch und schon gar kein Allerweltsmensch-Autor. Und genau aus diesem Grund besteht meine Antwort aus drei Worten und einem Ausrufezeichen.

*Für alle Männer!*

Diese Antwort ‚Für alle Männer!' deckt auch wirklich alle und alles und jeden Typ Mann ab. Aber so leicht, du wirst es gleich lesen, komme ich damit nicht davon.

Gerne möchte ich glauben, dass es nicht dein Anspruch ist, Bücher von jemandem zu lesen, beziehungsweise Bücher über ein so gewichtiges Thema *Wie Mannsein geht* von jemandem zu lesen, den man als einen dahergelaufenen Möchtegern-Männercoach bezeichnen kann.

Joe Blog wäre nämlich so einer.

Oh, versteh mich nicht falsch. Joe hat blitzsaubere Diplome, denn er hat Mannsein studiert. Mit großem Erfolg absolvierte er eine dreiwöchige Coaching-Ausbildung an einer renommierten Akademie. Er darf sich Männercoach und sogar psychologischer Berater nennen. Als solcher ist Joe ein gut gewappneter Amateur in Sachen Männercoaching.

Und ich?

*Pah. Nichts dergleichen.*

Keine Akademiebesuche, keine Titel, nichts ist blitzsauber bei Thomas Gast. Wie man Männer coacht, habe ich im Schützengraben gelernt. Unter widrigen und widrigsten Umständen. Meine Schule? Die französische Fremdenlegion. Dort war mir das Mannsein und das Mannwerden gleichsam Lehre und zu vermittelndes Wissen. Ich habe es als Krummfinger, Greenhorn und als der, dem noch die Eierschalen am Arsch kleben, erlebt, und später auch als jemand, dem man – all diese harten Prüfungen, Einsätze und militärisch-männlichen Herausforderungen mit gut bestanden – Männer anvertraut hat. Nicht einige, sondern viele Männer.

Schwierige Männer. Normalos. Junge Heißsporne und alte Haudegen. Unter meinen Schützlingen waren der Hooligan aus Manchester, der Pfaffe aus Prag, der einstige Kindersoldat aus Zaire. Ich hatte Ex-Soldaten der britischen Armee, einen Cousin von Papst Johannes Paul II, einen heutigen Hollywoodschauspieler – Dominique Vandenberg, um den Namen nicht zu nennen. Da waren laute, gesellige Großmäuler, schweigsame, in sich zurückgezogene Einzelgänger, ein draufgängerischer Kampfjet-Pilot, narbengesichtige Knastbrüder aus Marseille und Rotterdam, normale, aber völlig desorientierte abgedrehte und völlig durchgeknallte Familienväter und viele mehr.

Sie alle suchten dasselbe. Ein Ohr. Halt. Härte. Dialoge. Verständnis. Sie wollten gefordert und geführt werden. So lange geführt, bis sie von selbst fliegen konnten. So lange körperlich gefordert, bis sprichwörtlich Blut aus ihren Stiefeln lief, bis die Wut sie erst aggressiv, dann halb blind und schließlich handzahm machte. So lange, bis ihnen die Erkenntnis offenbart wurde, dass sie alle, ja alle, starke Jungs waren. Dass sie wichtig waren und dass sie ihren Platz hatten. Nicht nur in der Legion, sondern überall auf dieser Welt.

Im Einsatz perfekt sein war ihr geringster Anspruch an sich selbst. Sie dorthin zu führen, das war mein Job – und der war nicht immer leicht. Diese Männer suchten einen Weg. Eine rote Linie fürs Mannsein und fürs Leben. Ihnen trachtete nach Kameradschaft auf Augenhöhe. Kameraden, an die man denkt, solange das Leben eben dauert. Und darüber hinaus? Wer weiß das schon!

*Für welchen Typ Mann ist dein Buch?*

Diese Frage wurde mir tatsächlich von der Beraterin gestellt, die mir bei dem Set-up meiner hier vorliegenden Männerschmiede helfend unter die Arme griff.

*Für alle Männer.*
*Das geht so nicht!*
*Warum nicht?*

*Thomas, du musst dich an die Regeln halten. Denk dir eine Zielperson aus, die stellvertretend für deine Zielgruppe steht. Mach einen Steckbrief:*

*Name, Alter, Familienstand, Wohnort, Interessen und Hobbys, Schmerzpunkte, etc. Und du solltest dir gut überlegen, was du denn für ihn tun möchtest oder tun kannst. Schreib alles auf, morgen komm ich wieder und schau es mir an.*

*Okay, bis morgen. Tschüs.*

Überzeugt war ich nicht. In der Tat wollte ich alle Männer erreichen. Teenager wie auch Oldies 50 plus. Aber vielleicht hatte sie ja recht. Hier also ein Steckbrief des Typ Mann, der – sagen wir es mal so – alle Männer, die ich erreichen möchte, darstellen soll.

*Henry-Olaf W.*
*42 Jahre – Verheiratet / 2 Kinder.*
*Wohnt mit der Familie in Bremen.*
*Hobbys: Kickboxen und Motorradfahren.*

*Größte Bedauern – Vielversprechende Chancen (Freiheit, Abenteuer, Karriere, Sex and Drugs and Rock and Roll) nicht genutzt zu haben. Henry-Olaf (ohne Vater aufgewachsen) ist IT-Spezialist, zurzeit jedoch auf Teilzeit. Seine Frau arbeitet halbtags. Neben seinem Job kümmert er sich um die Kids. Er geht einkaufen, kocht, putzt, macht eben das, was die Frau nicht schafft. Oder nicht schaffen möchte? Kochen, putzen, aufräumen und einkaufen gehen stresst ihn. Anfangs hatte er damit keine Probleme, aber nun nagt etwas in ihm. Er spürt, wie seine Frau immer mehr in ihr maskulines Ich, er immer mehr in sein feminines Ich schlüpft. Der Weg des wahren Mannes ist für ihn nicht mehr deutlich sichtbar. Und er weiß auch, dass all das nur bedingt zu seiner wahren Bestimmung gehört. Ja, er macht gerne all seine Hausaufgaben, vergisst dabei aber sich selbst. Er vernachlässigt den Mann in ihm.*

*Die Kinder (9 und 14) gehen zur Schule. Das Haus ist noch nicht abbezahlt. Da er im Augenblick nur Teilzeit arbeitet, steht er unter einem enormen gesellschaftlichen Druck, auf Deutsch: das liebe Geld fehlt hinten und vorne.*

*Das aktuelle Zeitgeschehen – Corona, Krieg in der Ukraine, China, Kuba, BRICS und Taiwan, die drohende Arbeitslosigkeit, der sich am*

*Horizont abzeichnende Währungscrash, etc. –, das alles macht ihm Angst. Er ist sich bewusst, dass diese Themen für den Normalbürger immer dann tabu sind, wenn der sich kritisch – oder einfach nur anders – äußern möchte. Unhöflich ausgedrückt (was der Realität aber keinen Abbruch tut: Seine Männerfresse bekommt von oberster Stelle einen Maulkorb verpasst!*

*Andere sehen in Henry-Olaf einen wundervollen Mann. Er selbst aber fühlt sich völlig desorientiert. Seit einiger Zeit weiß er nicht mehr, wer er ist. Er fühlt sich nutzlos, lebt im Hamsternd, will am liebsten aus der täglichen Routine ausbrechen. Er will seinen Mund auftun, seine Wahrheit in die Welt hinausschreien, bekommt deswegen aber ständig die rote Karte gezeigt. Er hat kein Ziel, ist weiterhin davon überzeugt, dass Gesellschaft und Familie (und die Schwiegereltern) ihn nicht mehr als Mann respektieren. Weil er sich nicht anpasst, und weil man ihm von Weitem schon ansieht, dass er eine rebellische Ader besitzt.*

*Seit Kurzem hat er morgens nicht mehr den Antrieb, das Bett zu verlassen. Von der ersten Sekunde seines Wachseins an fühlt er sich scheiße, und das ist noch geprahlt. Den Spiegel möchte er am liebsten zerdeppern, geschweige denn hineinschauen. Auch vermisst er das wahnsinnig aufregende und berauschende Gefühl, an einem Lebensprojekt teilzunehmen, das Bestand hat, das nützlich ist und das ihn mit Freude und Stolz erfüllt. Warum das alles so ist, weiß er nicht genau.*

So viel zu Henry-Olaf, für den dieses Buch gedacht ist. Das war die eizuhaltende Regel. Das Dumme an der Sache ist, dass ich mich grundsätzlich nicht an Regeln halte. Hier also ein weiterer Steckbrief.

*Paul K.*
*66 Jahre – Ledig / 2 Kinder.*
*Wohnt allein mit seiner 32 Jahre jüngeren Hausangestellten in einer Villa in der Nähe von Wuppertal.*
*Hobbys: Jagen und Reisen.*

*Größte Bedauern – Keine, die er nach außen trägt. Anders gesagt, er würde nie mit jemandem darüber sprechen. Paul ist Unternehmer. Als solcher trifft er seine Entscheidungen gern selbst, und dann handelt er auch danach. Seine Geschäfte laufen gut. Er gehört zu den*

*Topverdienern im Landkreis. Seinen jüngsten Sohn lehnt er seit seiner Geburt ab. Er kümmert sich nicht: Doch! Er hat ihm ein Haus hingestellt. Das soll bitte schön den Vater ersetzen. Die Gefühle. Die Emotionen. Die führende Hand und den Trost, wenn der Spross traurig ist, das ist ihm alles wurst. Warum?*

*Verletzte Eitelkeit!*

*Weil die Frau, die ihm den Knaben gebar, nicht so tickte, wie er es gerne gehabt hätte. Es ging ausnahmsweise mal nicht nach seinem Kragen und Gegenwind konnte er noch nie ab. Seine Geliebte aus alten Tagen hat sogar einen Neuen, scheiße aber auch! Dazu ist sie auch noch eine starke Frau mit einer hervorstechenden Persönlichkeit. Das alles hält Paul nicht aus. Vor starken Frauen hat er Angst. Auch wenn er tief in sich weiß oder wissen müsste, dass er Unrecht hat, lebt er einfach immer so weiter. Keine Emotionen. Keine nach außen getragene Anteilnahme. Keine sichtbaren Gefühle. Doch in ihm brodelt ein Vulkan. Nur in seiner stillen Kammer hinter verschlossenen Türen ahnt er, dass er möglicherweise vieles falsch macht und falsch gemacht hat. Auch spürt er, dass seine Ängste unbegründet und nichtig sind. Luftblasen in einem leeren Raum. Jetzt im Alter hockt er da. Randvoll mit Bedauern, über die so ein Mann jedoch nicht spricht. Er mag nicht mal dran denken oder gar Tränen darüber vergießen. Alter, schrecklich dummer Knochen.*

Ein letztes Profil gefällig? Na dann!

*Günter P.*
*24 Jahre – Verlobt / Kinderlos.*

*Der wegen Diebstahl, schwerer Körperverletzung und Verstoß gegen das Betäubungsmittelgesetz mehrfach vorbestrafte junge Mann wohnt allein in einer Zweizimmerwohnung in einer Kleinstadt in Mitelfranken.*

*Hobbys: Fernseher und Playstation.*

*Größte Bedauern – Dass er seinen Arsch nicht hochkriegt und sich eine Arbeit sucht, die ihm Spaß macht. Dass er nie die Chance bekam, gesehen und anerkannt zu werden. Dass er bislang die Welt nicht bereist hat, aus seinem Kaff einfach nicht rauskommt. Dass es keinen gibt, der ihm zeigt, wie ein Leben ohne Drogen, Playstation und ohne Gewalt geht.*

Diese drei Männerprofile (die alle Männer verkörpern sollen) betrachtend, tut sich mir zunächst eine Frage auf. Was brauchen diese Männer? Was bekommen sie von mir? Wie kann ich ihnen helfen?

An genau dieser Stelle möchte ich eine weitere Frage an den Mann bringen. Warum sollte ein Mann einem anderen Mann helfen? Ist Hilfe wichtig? Ist sie überhaupt gewollt? Ist die ‚Manneswelt' nicht eh nur ein kurzer Aufmarsch von Belanglosigkeiten? Nun, ich denke – nein, ich weiß –, dass der Weg des Mannes hauptsächlich von langen düsteren Durststrecken, von Liebe, von Gewalt, von Hoffnung und von schrecklichen Gewissheiten geprägt ist. Wir Männer leben unser Leben auf zwei verschiedenen Ebenen. Die erste wäre für jeden von uns Fakt. Alltag. Hamsterrad. Maulkorb. Fehlende Abenteuer und kaum Herausforderungen. Wunschdenken (Verzweiflung?).

Insofern sind wir Männer nur komische Menschen mit komischen oder unwichtigen bizarren Bedürfnissen und niederen Ansprüchen ans Leben. So zum Beispiel vögeln wir uns von einer Frau zur nächsten, nur um festzustellen, dass keine dieser Frauen unsere Bedürfnisse, so bizarr sie auch sind oder waren, je stillen konnte. Was wiederum ein Wink mit dem Zaunpfahl dafür ist, dass wir selbst unsere wahren Bedürfnisse gar nicht kennen. Wir sind ewig Suchende, wissen es aber nicht. Auf dieser Ebene denken wir, dass doch eh alles kommt, wie es kommen soll und muss, und dass wir unser Schicksal kaum beeinflussen oder abwenden können.

Die zweite Ebene ist das krasse Gegenteil. Sie spielt sich jedoch für die meisten von uns im Kopf ab. Hier werden aus uns verzweifelten Alltagsmenschen plötzlich Kämpfer. Auf täglicher Basis begegnen wir dem kleinen Jungen, der wir mal waren. Letzterer ist voll mit Träumen und Wünschen. Er glaubt fest an sich und an seine Fähigkeiten. Die Resultate seiner angewandten Fähigkeiten erfüllen ihn mit Stolz und Genugtuung. Sie machen ihn glücklich und verleihen ihm Zuversicht für alles Weitere. Weiterhin hat er eine glasklare Vorstellung davon, was und wie er sein möchte und wie er das Leben meistern wird. Er lebt in Träumen, die im Laufe seines Daseins auf Erden Form annehmen und peu à peu Realität werden.

Dieser Junge, in uns zum Mann geworden, gönnt sich alles, worauf er Lust hat. Er verzichtet auf nichts und ist in seiner vollen Manneskraft. Er kämpft für das, was er haben möchte. Aufgeben ist für ihn keine Option. Niemals. Ist er des Kämpfens müde, bricht er den Kampf ab und zieht sich zurück. Er sammelt sich für den nächsten Angriff oder beendet den Kampf definitiv, weil es für ihn keinen Sinn ergibt, den Kampf fortzuführen. Doch das entscheidet nur er selbst, denn er lässt sich nichts diktieren.

Und schon sind wir da, wo ich dich haben möchte, und zwar alle von euch. *Auf dieser zweiten Eben!*

Bevor wir hier weitermachen, bringe ich die drei Zielpersonen, alle Männer also, unter einen gemeinsamen Nenner.

*Du.*

Warum das Du? Weil es einfach besser passt. Lass uns uns nahe sein. So nahe, wie Brüder sich sein sollten. Ob das gleiche Blut durch unsere Adern fließt, ist dabei völlig unerheblich. Ich selbst habe zwei Brüder. Ich habe einige wenige Freunde. Und ich habe viele sehr gute Bekannte. Von meinen zwei Brüdern bin ich gefühlsmäßig so weit entfernt, wie Frankfurt von Hongkong. Da ist nichts. Nichts, was mich wirklich sehr berührt. Einige meiner Bekannten stehen mir sehr viel näher und unter den Freunden gibt es zwei Menschen, denen ich bedingungslos mein Seelenheil und das Leben meiner Kinder anvertrauen würde.

Also, du. Ich möchte dir nicht helfen, herausfinden, wer du bist. Das ist dein Job. Vermutlich hängst du wie eine alte Langspielplatte mit einem Riss ständig in der gleichen Spur auf Ebene eins. Aber ich werde dir mit sehr hoher Wahrscheinlichkeit verraten, wer du sein könntest. Das ist viel wichtiger. Die Tür zu dieser Erkenntnis musst du aber selbst aufstoßen.

Henry-Olaf, Günter und Paul, wenn auch von der Veranlagung her völlig unterschiedliche Typen, haben eines gemeinsam. Sie leben nicht das Leben, das sie leben möchten. Sie sind traurig, jeder auf seine Art. Und in dieser Traurigkeit sind sie sehr einsam.

Henry-Olaf ist wütend. Das ist er deshalb, weil er sich sicher ist, dass er im Leben viel verpasst. Er ist davon überzeugt, dass er sein Mannsein nicht in Fülle lebt. Paul ist ein Gefangener seiner Ängste. Er ahnt, dass ein wahrer Mann auch die Stärke besitzen muss, über seine Ängste, seine Gefühle und seine Liebe zu reden. Seinen Reichtum schiebt er wie ein Schutzschild vor sich her, auf dem mit großem Buchstaben steht: Kommt mir nicht zu nahe, ich bin sehr verletzlich! Günter wiederum ist von Scham geplagt. Und vom Fernweh. Er wollte nie anderen Menschen wehtun. Sich zu prügeln war und ist Ausdruck seiner tiefen Verzweiflung. Die Drogen täuschen ihn darüber hinweg, dass er nach einer Lebenspartnerin sucht, die mit ihm durch dick und dünn geht, die ihn über seine Verzweiflung hinwegtröstet und ihn aus der Teufelsspirale herausholt. Das täte sie mir ihrer ganzen Liebe. Und mit Vertrauen.

Ob Henry-Olaf, Paul oder Günter, alle drei benötigen Licht am Ende des Tunnels, doch im Augenblick ist dort nur Schatten. Angst, Wut und Scham bilden eine Mauer, die zerstört werden muss. Ich kann das nicht, möchte aber helfen, dass sie den Vorschlaghammer selbst schwingen. Ich möchte sie davon überzeugen, nicht länger auf Ebene eins zu verweilen. Schritt für Schritt begleite ich sie Richtung Ebene zwei. Diese ist erreicht, wenn neun Hürden genommen werden.

1. Das Erkennen, wer sie sein möchten (Sohn-Eltern-Beziehung).
2. Das Wissen um die männlichen Tugenden.
3. Das Überwinden von Ängsten.
4. Die Verabschiedung der Komfortzone.
5. Das Verhalten als Mann im Umgang mit Partner, Kindern und Verwandten.
6. Das Verhalten als Mann in der Öffentlichkeit und in der Krise.
7. Akzeptanz! Sich so zu akzeptieren, wie sie sind.

8. Der Umgang mit Erfolg und Misserfolg.
9. Die Begegnung mit dem kleinen Kind in ihnen.

Mein Wunsch ist es, die Männer an einen Punkt zu führen, an dem ein Loslassen möglich ist. Nicht etwa loslassen von der Familie, wie Henry-Olaf es vielleicht gerne würde, damit er frei von Zwängen wird und nicht mehr putzen, einkaufen und kochen muss. Das würde bedeuten, den Kampf ganz aufzugeben. Er steht unter Druck, und gesellschaftlicher Druck generiert Ängste. Ich werde Henry-Olaf an den Punkt führen, an dem diese Angst aufhört und der Mut beginnt.

Nicht loslassen vom relativen Reichtum, mit Blick auf Paul. Dafür wäre es noch zu früh. Außerdem hat er sich den Reichtum mittels Blut, Schweiß und Tränen verdient, soll er ihn doch in vollen Zügen genießen.

Auch nicht loslassen von Günters Träumen, die ihn in die Ferne und zur Liebe führen. Das wäre eine Kapitulation vor dem Leben.

Was ich meine, ist das Loslassen von Gedanken und Abläufen, die diese drei Männer (wir erinnern uns – sie repräsentieren immerhin achtzig Prozent aller Männer dieser Erde) als Geisel halten.

Mein erklärtes Ziel ist es, Männer in eine mentale Freiheit zu führen, denn alles beginnt im Kopf. Auf einer Ebene also, aus der sich jeder selbst seinen schweren Karren aus dem Dreck ziehen kann und muss, solange und so weit, bis Licht am Ende des Tunnels sichtbar wird.

Der Weg zum Mannsein oder der des Mannwerdens ist mit einem Labyrinth zu vergleichen. Bevor wir es gemeinsam betreten, müssen sich die Männer (und du) eine belangvolle Frage gefallen lassen.

*Lebt ihr tatsächlich das Leben, das es braucht, der Mann zu werden, der ihr gerne sein möchtet?*

Bevor ich hier weitermache, eine Frage an dich, lieber Leser: Warum liest du dieses Buch? Du würdest das Buch nicht in der Hand halten, wenn bei dir alles im grünen Bereich wäre, also rück raus damit. Fühlst du dich nicht Mann genug? Wie viel Günter, Paul oder Henry-Olaf stecken in dir? Welche Bedauern trägst du mit dir herum? Lehn dich erst mal entspannt zurück und denk darüber nach, das wäre deine zweite Aufgabe für heute.

Gehen wir kurz zu Henry-Olaf. In seinem Steckbrief steht etwas, was viele, viele Männer, nicht nur in Deutschland, sondern auf der ganzen Welt zu Genüge kennen:

*… Neben seinem Job kümmert er sich um die Kids. Er geht auch einkaufen, kocht, putzt, macht eben das, was die Frau nicht schafft!*

Kommt dir das auch bekannt vor? Wenn ja, lass dir eines gesagt sein. Du kannst dich so lange um die Kids kümmern, wie du möchtest. Du darfst gerne putzen, einkaufen, kochen und Hausfrau spielen. Gut so. Gerne. Aber vergiss dabei nie, nie, niemals, dass all dies nicht deine wahre Bestimmung ist. Ich komme später im Text noch ausführlicher darauf, doch es muss am Anfang erwähnt werden. Nun lass es wirken und gehe mit mir den nächsten Schritt. Den derer, die ihre Väter schrecklich vermissten, ohne dass sie es zunächst wussten.

**Erlaube mir noch eine Anmerkung.** Ich habe meinen YouTube-Abonnenten gegenüber auch über diese Sache berichtet. Viele Männer gaben sich empört. *Tom, was soll das? Ich putze Toiletten, wechsle dreckige Windeln, gehe einkaufen, bügle und koche gern. Und trotzdem respektieren mich die Kinder und meine Frau zu hundert Prozent.*

Sie respektieren dich? Wirklich?

Sagen wir es mal so, wenn ich eine Frau wäre, würde ich den Teufel tun, meinen Mann von diesen Tätigkeiten abzuhalten. Im Gegenteil. Ich würde ihn jeden Tag vehement dazu ermuntern. Täte ich das nicht, müsste ich alles selbst machen. Derweilen aber bewundere ich den (heimlichen) Lover, der genau das alles nicht macht. Der gibt sich selten mit so was ab, ist aber im Bett ein echter Mann, so ein richtiger Rammel.

Du hast keine Ahnung, Bruder, wie oft es genau diese Konstellation gibt und wie wenige toilettenputzende Männer davon wissen. Ihr Pech!

Mit den Kids verhält es sich ähnlich. Papa ist da, abrufbar, er macht das alles richtig gut, Mama ist happy. Diesbezüglich und auf diese Art und Weise geht es zehn, zwanzig Jahre lang gut.

Aber eben nicht ewig. Wenn du irgendwann mal auf den Trichter kommst, nicht mehr einkaufen zu gehen, nicht mehr den Besen zu schwingen und den Koch zu spielen, werden sie dich hassen. Du erfüllst die Erwartungen nicht mehr. Und warum wirst du eines Tages ganz von selbst damit aufhören zu kochen, zu bügeln, zu putzen und so weiter? Weil es dich nicht erfüllt und weil es dir langsam dämmert, dass du an deiner wahren Bestimmung vorbeilebst. Der Mann in dir hat sich erst jetzt geregt, aber wie war das gleich nochmal? Knapp daneben ist auch vorbei!

Denk nach.

## *Wenn es dich glücklich macht, muss es für niemand anderen Sinn ergeben*

Hallo Bruder. Viele sind es, die einen Halt im Leben suchen. Ihre rote Linie ist weg oder es hat sie nie gegeben. Der Weg lag oder liegt nicht deutlich erkennbar vor ihnen. Es gab und gibt keine Klarheit. Für die natürliche und virile Entwicklung eines Mannes gehört aber eben diese Klarheit dazu. Klarheit darüber, wer sie sind. Klarheit vor allem aber darüber – und das halte ich persönlich für viel wichtiger –, wer sie sein wollen und könnten.

Viele junge Männer vergeuden wertvolle Lebenszeit damit, erkennen zu wollen, wer sie sind. Tage, Monate, Jahre ja Jahrzehnte jagen sie einem Phantom hinterher, das sein Gesicht nicht zeigen will. Für die meisten von ihnen endet die Suche erst auf dem Sterbebett, wo dann das Jammern beginnt: *Hätte ich doch!* Zu spät Bruder, es ist vorbei. Sie verlassen die Welt. ohne eine Antwort auf ihre Frage bekommen zu haben. Ziel dieses Buches ist es, ihnen einen Ansatz zu zeigen. Der ist mit einem Satz erklärt.

*Versuche nicht herauszufinden, wer du bist, sondern stell dir vielmehr die Frage, wer du sein möchtest und wer du sein könntest!*

## Aufarbeitung einer *nuit blanche*!

**Persönlicher Rückblick** – Im Frühjahr des Jahres 1992, bei einer Gelegenheit, die wir Legionäre *nuit blanche* nannten, sah ich meinen besten Freund Thomas Linder zum letzten Mal. Und ja, wir hatten unsere Karabinerhaken dabei. Ich erkläre mich. Eine *nuit blanche*, also eine ‚weiße Nacht', ist vom Sinn her eine schlaflos durchzechte Sauftour unter besten Freunden. Sechs Stunden lang saßen wir an der ellenlangen, urgemütlichen Bar des *Café des Palmiers* (chez Emile) in Calvi. Calvi ist ein kleines verträumtes Dorf auf Korsika.

Lange Worte, kurzer Sinn: Tom und ich besoffen uns tierisch. Worte brauchte es sehr wenig. Wir verstanden uns auch ohne verbalen Austausch. Weil da ein Funke war, ein Band. Eine echte Männerfreundschaft, die bereits Jahre zuvor in Französisch-Guayana begonnen hatte.

Nun zu den Karabinerhaken. Bevor es raus in die Stadt ging, fragten wir uns stets gegenseitig: *Hast du deinen Karabinerhaken dabei!?* Das ist ein Legionsscherz, um zu sagen, dass, wenn du an der Bar hockst und ein gewisses Quantum an Bier intus hattest, dann einfach den Karabinerhaken an deinem Gürtel einerseits und an der Theke anderseits einhakst, damit du nicht nach hinten kippst. Ganz nach dem Motto: einhaken, weitersaufen!

Kurz bevor die Sonne dort aufging, wo wir das Cap Corse, den nördlichsten Zipfel Korsikas, wussten, sagte Tom folgenden Satz.

*Wenn mir was passiert, such mein Grab, trink ein Bier, stimme die Hymne unseres Regimentes an und lege mein Képi Blanc auf den Hügel. Es liegt in einer Kiste unter meinem Bett.*

Wir drückten uns ein letztes Mal die Hand, worauf Tom mit weitausholenden Schritten und sehr entschlossen Richtung Calvi-Hotel verschwand. Er hatte Lorena im Schlepptau. Lorena, sie war von der Art Mädchen, die sich gerne für ihre Dienste bezahlen ließ, hatte uns zumindest den letzten Teil der Nacht mit ihrer sehr humorvollen Art und ihrer betörenden Weiblichkeit an der Bar Gesellschaft geleistet.

Tom desertierte noch am selben Tag, engagierte sich auf Seite der Kroaten, um als Söldner im Bosnienkrieg zu kämpfen. Einige Monate später kam er bei einem Einsatz in Mostar ums Leben. Er starb, wie man mir später erzählte, wie er gelebt hatte. Aufrecht. Angstfrei. Immer noch diese tiefe Wunde in sich tragend, die auch mir nie fremd war.

In der Seele verletzt, hatten weder er noch ich das gehabt, was man geläufig einen Vater nennt. Aber jeder Mensch hat doch einen Vater, würden nun einige sagen. Damit meinen sie sicherlich einen Erzeuger, was unterm Strich nicht auf dasselbe rauskommt.

Der Begriff Vater verbirgt so wahnsinnig viel mehr. Mehr auf jeden Fall, als ich es hier je mit Worten beschreiben könnte. Anbei: dieses *Mehr* lebe ich heute, knapp 62 Jahre nach meiner Geburt, auf fast stündlicher, zumindest aber auf täglicher Basis mit meinen eigenen Söhnen und Töchtern in bester Manier und in absoluter Erfülltheit.

Bis zu einem gewissen Zeitpunkt war die Fremdenlegion für uns eine Art Vaterersatz. Mich betreffend war sie das in zweierlei Hinsicht. Einerseits genoss ich Zuwendung und ich erfuhr die Anerkennung, die der fehlende Vater mir nicht hatte geben wollen oder nicht hatte geben können. Die Legion verkörperte das Maskuline, sie brachte Korrektiv und Sinn in meinen bis dahin sinnfreien verhedderten Lebenskurs. Ich war nicht mehr auf der Suche, fühlte mich angekommen.

Andererseits ging ich in meiner Rolle als Vorgesetzter und Ausbilder völlig auf. Das war doppelte Satisfaktion.

Die tatsächliche Anzahl der jungen Männer zu benennen, die durch meine damaligen, wohlwollenden Hände als Coach und Ausbilder gegangen sind, ist mir unmöglich. Das ist auch nicht wichtig. Viel wichtiger ist das Gefühl, das ich für sie hatte. Ich liebte sie alle. Ja, ich liebte meine Männer. Für sie marschierte ich quer durch die Hölle und zurück, was meist auf Gegenseitigkeit beruhte. Was ich gelernt hatte? Jeder ist wer. Jeder hat was. Jeder kann was. Jeder ist in irgendeiner Domäne ein Crack. Ich lernte die Stärken der Männer zu fördern und über ihre Schwächen hinwegzusehen, was immer Wunder bewirkte.

Du hast Kinder? Kleiner Tipp am Rande. Schau über ihre Schwächen hinweg und fördere ihre Stärken!

Die Männer, mit denen ich damals zu tun hatte, die ich ausbildete, für die ich teilweise wiederum Vaterersatz war, stammten aus 140 Nationen. Unter ihnen waren Menschen aller Rassen, aller Religionen und aller Kulturen mit dem einzigen Ziel, hier, in der *Männerschmiede Fremdenlegion* ihr Ticket für die zweite Chance im Leben zu buchen. Davon kannst du ableiten, welche Herkulesarbeit hinter den verschiedenen Ausbildungsabschnitten steckte.

Aber es war ja nicht nur das. Es war auch insofern nicht leicht, weil unter den Legionären einige ganz schön schwierige Brocken mit am Start waren. Anmerken möchte ich auch, dass abends, wenn der Dienst mal zu Ende war und die Ausbilder anderer Armeen brav nach Hause zu Frau und Kind marschierten, der Dienst am Mann (Psyche, Solidarität, Aufsichtspflicht) erst richtig begann. Bei den Männern bleiben. Reden. Einen zusammen heben. Sich anbrüllen oder sich zusammen in schweigende Präsenz hüllen. Das musste drin sein. Im Nachhinein kann ich guten Gewissens behaupten, dass ich hier mehr als anderswo lernte, mit Männern verschiedener Altersgruppen und ihren vielfältigen Problemen umzugehen. Die Legion war Männerschmiede für mich und ich wiederum Männercoach für viele Gestrandete oder für Männer, die andere Horizonte im Leben suchten.

Eine weitere Erkenntnis bei meiner Arbeit unter den Wölfen war, dass du als Vorgesetzter (und Coach) niemals Dinge von den Männern einfordern durftest, die du nicht selbst bereit wärst zu geben. Schickst du sie an die Front, dann marschierst du vorneweg. Geht es mit schwerem Gepäck durch den Dschungel, öffnest du den Weg. Gilt es beim Sport Rekorde zu brechen, dann bist du der erste, der sich beim Training sprichwörtlich den Arsch aufreißt. Vorbild sein war (und ist) Pflicht. Als Ausbilder. Als Vater. Als Mann.

Meine Wunde, zunächst scheinbar geheilt, wurde im Jahr 2002 erneut aufgerissen. Es war das Jahr, in dem ich die Legion verließ. Was folgte, war eine gähnende Leere. Obwohl selbst schon Mann (und Vater), durchlebte ich erneut eine lange Periode des Suchens und der Aufarbeitung. Doch diese Phase dauerte nicht lange, denn schon bald fand ich mich in der Rolle wieder, die mir das Schicksal in die Wiege gelegt hatte. Ich wurde erneut Chef und Vorgesetzter, zog als solcher meine Spur von Deutschland nach Saudi-Arabien, Haiti, Israel, in den Jemen und schließlich hinaus auf Hohe See. Wer meint, dass die gestandenen und ‚erwachsenen' Männer, mit denen ich es zu tun hatte – meist waren es Ex-Legionäre –, keinen Beistand in Sachen Mannwerdung mehr nötig hatten, der irrt gewaltig. Warum waren sie denn hier? Was trieb sie dazu an, weit weg von der Familie die Welt zu erforschen? Das Geld? Der Ruhm? Die Abenteuer?

Sicherlich etwas von alledem.

Reich konntest du in der Sicherheitsbranche nicht werden. Den Ruhm bekamen immer die, die ihn nicht verdienten, und ehrlich gesagt waren die Zeiten der großen Abenteuer passé. Was war es dann? Ich will es euch sagen: Es war die Rastlosigkeit! Es war das kleine Kind im Mann, das sich geregt hatte und die Aufmerksamkeit einforderte, die es zu Hause nicht bekam.

*Mit einem Satz, diese grobschlächtigen Männer, ausgestattet mit harter Schale und weichem Kern suchten im hohen Alter noch Anerkennung.*

So schließt sich mancher Kreis. Oder er beginnt erneut. Denn auch hier galt es, in jeder Beziehung Vorbild zu sein. Mehr als je schien es mir von besonderer Wichtigkeit, Kompetenzen abzurufen und eigene Kompetenz zu zeigen. Die Anerkennung, die ich von meinen Legionären bekam, lag in ihrer Loyalität mir gegenüber. Ich sah sie in ihren Blicken. Sie waren treu, opferten sich auf, gaben sich ganz. Loyalität, Aufopferung und Treue waren die Retourkutsche, hatte ich sie doch so akzeptiert, wie sie waren. Ich habe jeden Einzelnen voll anerkannt. Bei den meist schon ins Alter gekommenen erwachsenen Sicherheitsleuten war es genauso.

Wir Männer sind fast ausnahmslos dafür gemacht, ständig umherzuirren, um nach einer Art Stein des Weisen zu suchen, der unsere dunkle, zweifelnde Seele zu einer scheinenden Goldgrube macht. Oft erscheint uns dieser Stein in Form eines anderen Menschen, oder in der Ruhe, in der Stille, in besonders schönen Momenten.

## Unsere Scheißwut

*Die größte Tragödie ist nicht der Tod, sondern was wir innerlich sterben lassen, während wir noch am Leben sind. Es ist der Verlust unserer Leidenschaften, unserer Träume und unserer Fähigkeit, uns selbst treu zu bleiben. Sei lebendig, sei mutig, sei du selbst und lass deine Seele in Flammen aufgehen.* – Robin Sharma.

Es gibt Männer, die leben sechzig Jahre ihres Lebens mit einer Scheißwut im Bauch. Mit siebzig sterben sie. Das hört sich jetzt so an, als wären es nur einige wenige. Aber weißt du was? Ich kenne und kannte sehr viele dieser Männer. Wenn ich es mir recht überlege, fielen fast alle, die ich kannte, in diese Kategorie, selbst diejenigen unter ihnen, die glaubten, oder verzweifelt glauben wollten, dass ihr Leben doch tatsächlich irgendeinen tiefgründigen Sinn ergäbe.

*Verdammte Lügner.*

Es ist wie alles und immer im Leben. Wenn man keinen Sinn erkennt, erfindet man einen und redet sich ein: Ja, das ist es doch!

Zeitlebens rührt diese Wut von unerfüllten Träumen. Vom Nicht-verstanden-Sein. Vom Fehlen von Chancen und von nicht genutzten Gelegenheiten. Vom Mangel männlicher Herausforderungen und von der Abwesenheit jeglicher männlicher Abenteuer. Von körperlicher Krankheit, einer unstabilen Psyche, vom nicht vorhandenen Selbstbewusstsein oder fehlender Zivilcourage. Und wer weiß schon, ob auf dem Grabstein einiger nicht auch stand: Hier ruht einer, den die Gesellschaft, die Frau oder gar die Schwiegermutter in ein Hamsterrad gesperrt hatte, aus dem zu fliehen er aus eigner Kraft nicht imstande war?

Mann sein dürfen mit allen männlichen Facetten, das wollen wir ja alle. Da geht es unter anderem auch darum, den Bad Boy in uns rauszulassen. Wir wollen uns wild, weise, unnahbar, sportlich, zärtlich, knallhart, mutig, draufgängerisch, stabil, aus dem Rahmen fallend, auffallend, einzelgängerisch und – ich erspare mir den Rest. Ich bin 62, habe alle nur erdenklichen Facetten des Mannseins durchgemacht. Die übelsten wie die berauschendsten. Und deswegen bin ich hier. Um dir zu helfen, nicht mit 70 und voller unerfüllter Träume ins Grab zu taumeln.

*Auf, packen wir es an.*

Bevor wir dies aber tun, gemeinsam natürlich, noch ein Ratschlag von mir. Was immer du in deinem Leben anvisieren möchtest, ein Ziel erreichen, einen Traum verwirklichen, dein Karma erfüllen oder auflösen, ein neues Projekt ins Leben rufen, eine neue Beziehung eingehen oder gar die alte Beziehung zurückerobern: Glaube dran! Selbst wenn du nicht glaubst, spiel das Spiel. Spiel das Glaubensspiel. Glaube, dass dein Vorhaben von Erfolg gekrönt sein wird. Auch wenn du Zweifel hast, agiere, als ob du felsenfest dran glauben würdest, es würde gelingen. Dann wird es auch gelingen. Dein Glaube ist Macht. Und diese Glaubensmacht kann niemand zerstören oder mindern, wenn du es nicht willst. Sie ist Power pur. Derartige Vorgehensweisen haben in meinem Leben funktioniert, und sie werden auch in deinem Leben funktionieren. Also, gib niemals auf. Glaube, glaube, glaube, und weißt du, was dein Glaube bei anderen anrichtet (man sieht dir deinen Optimismus nämlich von Weitem schon an)? Er hilft allen Menschen, die sich wie Satelliten um dich und um deine Welt drehen. Du bist der Fels in der Brandung, man orientiert sich an dir und beginnt schließlich selbst zu glauben. Etwas Positives ist entstanden, Bruder, und das ist dein Werk.

### Bevor es weitergeht, hätte ich eine kleine Aufgabe für dich

Na ja, ich als alter Soldat rede lieber von einem Auftrag. Am besten ist, du führst ihn heute noch aus. Warte, bis alle das Haus verlassen haben oder bis all deine Lieben schlafen. Setz dich dann mit einem Blatt Papier und einem Stift in der Hand an deinen Schreibtisch. Folgendes Szenario. Nimm an, du würdest heute noch sterben. Mit einem Rückblick auf dein bisheriges Leben, schreib jetzt auf das Blatt Papier, was du bedauerst.

*So ganz nach dem Motto: ... hätte ich doch bloß!*

Was hast du im Leben vermisst?

Vielleicht stünden Bekenntnisse im Raum wie: *Ich verbrachte zu wenig Zeit mit meinen Kids, machte zu wenig Sex mit meiner Frau, sagte ihr kaum mehr, dass ich sie liebe.* Oder: *Ich habe zu viel gesoffen und überhaupt, viel zu viel gearbeitet.* Du weißt, was ich meine. Schreib alles auf, was dir an deinem Leben nicht gepasst hat. Lies es zweimal durch und vernichte das Dokument. Dann geh schlafen. Wenn du früh aufwachst, beginne ab sofort dein zweites Leben. Und in diesem beherzigst du alles, was du am vorherigen Leben bemängelt hast. Du wirst weniger trinken, mehr Zeit mit deinen Kindern verbringen, deine Frau mehr lieben, ihr jeden Tag einmal sagen, wie sehr du sie liebst, und du wirst weniger arbeiten. Sieh es als Chance. Als Geburt und Neuanfang. Aber zieh es durch, Bruder. Zieh es durch.

## Denn sie wissen nicht, wer sie sind

Ich habe Kameraden, die wissen nicht mehr, wer sie sind. Weder sehen sie ein Ziel, noch tut sich vor ihnen ein Weg auf, der sie gegebenenfalls dorthin führen würde. Bei ihnen handelt es sich sprichwörtlich um eine *lost generation*, eine verlorene Generation von wundervollen aber ansonsten völlig verzweifelten Männern. Vielleicht gehörst du auch dazu? Zur verlorenen Generation?

Wenn du an dieser Frage länger als drei Sekunden hängenbleibst – Chapeau! Hut ab! Du hast wieder einen kleinen Schritt in Richtung Mannwerdung getan!

Die etwas weiter oben erwähnten Kameraden gehören zu der Art von Mann, die alle mit der verlockenden Willenserklärung heranwuchsen, unverschämt maskulin durchs Leben zu marschieren, die aber, an einem ganz gewissen Punkt ihres Lebens angelangt, diesen Willen wieder über Bord warfen. Äußere Einflüsse und innerer Kleinmut (Angst) waren der Grund (ich komme darauf zurück). Wie du persönlich von außen gesehen wirst, davon hast du keine Ahnung. In dir schwelgt höchstens eine vage Idee. Weil dir niemand die Wahrheit sagt. Dich selbst siehst du nur durch die Augen anderer – Kritik, Lob, Gleichgültigkeit und Lügen. Ausgenutzt in jeder Hinsicht.

Die Präzision, ja Pedanterie, mit der du manchmal selbst an dir zweifelst, ist grenzenlos, obwohl es auch Zeiten gibt, in denen du großen Mut hast und diesen auch beweist. Es gibt Tage, da wachst du früh auf und hast sofort das Gefühl, dass heute ein ganz besonderer Tag ist. Dein Tag. Du fühlst dich großartig, einfach genial. Du gehst runter ins Badezimmer, schaust in den Spiegel und wer glotzt dich an? Mister Universum! Alles passt, du bist mit deinem Aussehen zufrieden, mit deiner Situation, ja mit deinem ganzen Leben. An solchen Tagen könntest du die ganze Welt umarmen. Diese Anflüge sind allerdings sehr selten bei dir.

Folgendes Szenario erlebst du viel öfter.

Du hast morgens nicht den Mut, das Bett zu verlassen. Von der ersten Sekunde deines Wachseins an fühlst du dich scheiße und das ist noch geprahlt. Du erinnerst dich. Henry-Olaf ist so ein Typ. Der Spiegel ist dein Feind, du meidest ihn wie die Pest. Auch weil du weißt, dass höchstens Shrek dich angrinsen würde. Für dich ist sofort klar: Alles, was du heute machst, kann nur von Misserfolg gekrönt sein.

Natürlich geht es in beiden Fällen um das Mensch- und um das Mannsein, wobei bei dir das Mannsein einen sehr wichtigen, wenn nicht sogar den wichtigsten Platz in deinem ganzen Denken einnimmt. Du suchst nach dem Mann in dir. Was heißt es, Mann zu sein? Wer sagt dir, ob du ein Mann bist oder ein Niemand? Dein Gefühl? Ein Freund? Dein Lebenspartner / deine Lebenspartnerin? Ein fremder Mensch, der dir zufällig über den Weg läuft? Alle drei können lügen. Der Fremde. Der Freund. Der Partner. Wobei der Freund, soviel habe ich erleben dürfen, dich nur dann anlügt, wenn du Erfolg im Leben hast, auf Deutsch, wenn ihm, indem er dir die Wahrheit sagt, etwas durch die Lappen gehen könnte.

Wer dich nie anlügt, bist du selbst. Aber um die Wahrheit zu verstehen, bedarf es Aufmerksamkeit. Genaues Reinhören in dich selbst. Und es braucht geübte Sinne, die leisen Töne zu hören, die da flüstern: *Hier geht's lang!* Und diesen einen, richtigen Weg, den gibt es.

Das Gefühl, kein richtiger Mann zu sein, beschert dir manchmal schlaflose Nächte. Das Gegenteil – das Gefühl, doch ein richtiger Mann zu sein, lässt du oft gar nicht zu oder du übertreibst es maßlos, drängst übertrieben ins altbackene, toxische Machogehabe. Beides ist falsch.

## Von der Liebe und vom Mann, der nicht mehr lieben will

> *Nur wenn du die Kunst der Selbstliebe beherrschst, kannst du andere wirklich lieben. Nur wenn du dein eigenes Herz geöffnet hast, kannst du die Herzen anderer berühren. Wenn du dich selbst gefunden hast und lebendig fühlst, bist du in einer viel besseren Position, um ein besserer Mensch zu sein.* – Robin Sharma.

Wir Männer können uns drehen und wenden und versuchen, gewisse Dinge – unsere Emotionen und Bedürfnisse betreffend, so darzustellen, dass wir nach außen hin immer männlich korrekt aus der Sache rauskommen. Aber uns selbst können wir nicht täuschen. Ich rede von Liebe. Jeder von uns sucht nach Liebe. Punkt. Basta. Ende Gelände! Wer hier verneint, ist entweder ein schamloser Lügner oder ein armer Wicht. Möglicherweise beides.

Anerkennung, ja. Darüber haben wir gesprochen und das ist ja irgendwo auch männlich. Aber Liebe? Das geht ja gar nicht! Wir schassen sie, weichen ihr aus, meiden sie, als wäre sie die Pest. Klartext: Wir haben Angst vor ihr. Ist sie dann weit genug weg, schon fast außer Sichtweite, sehnen wir uns nach ihr. Dieses Verhalten ist crazy, weil widersprüchlich, und es drängt sich mir eine Frage auf: Sind wir jetzt vollkommen verrückt?

### Zwischenspiel mit Pfiff

Im Mai 2023 hatte ich bei mir in Schweden Besuch. Daggie, Krankenschwester und liebe Freundin der Familie, hatte sich dazu entschlossen, mit mir vor die Kamera zu treten. Das Thema: schwedische

Gardinen! Daggie war prädestiniert, über ein solch schwerwiegendes Thema zu plaudern. In der Tat arbeitete sie im Maßregelvollzug (MRV) und sie konnte so manch ein Liedchen darüber singen. Im Maßregelvollzug werden nach § 63 und § 64 StGB kranke oder suchtkranke Straftäterinnen und Straftäter untergebracht. Der Auftrag des Maßregelvollzugs ist es, diese Menschen zu behandeln und die Öffentlichkeit vor ihnen zu schützen. Wir hatten einen super Austausch. Sie redete über ihre Erfahrungen in diesem Job und ich ergänzte ihre Ausführungen durch Vergleiche und Erzählungen aus meiner Zeit bei der Legion, wo ich zwei Mal das Vergnügen hatte, den *Rohbau* von innen zu betrachten. Auf Deutsch: Ich war selbst zwei Mal im Legionsknast. Kleinigkeiten, ich gestehe. Gegen Ende unserer Ausführungen sah Daggie mich prüfend an (ja, vor noch laufender Kamera) und sagte folgenden Satz: *Du musst mehr Liebe in deinem Leben zulassen!*

Wow!

Sie hatte mich damit eiskalt erwischt.

*Tom, dir fehlt es an Liebe!* Das war die Message.

Kaum war sie aus dem Haus, wertete ich das für mich aus. Sie hatte recht. Ich befand mich auf Abwegen. Ich, der so vehement und eindringlich von Liebe sprach, predigte Wasser und soff Wein. Letzteres war so ein typisches Legionsmerkmal. In der Legion tranken wir unseren, zu Fuße des Mont Ventoux und an den südlichen Hängen des Montagne Sainte-Victoire selbst angebauten *Rouge* mit Inbrunst und ja, auch mit Liebe.

Es war nun nicht so, dass ich die Liebe nicht in mir trug oder sie vergessen hatte, nein. Beileibe nicht. Aber ich trug sie nicht nach außen. Ich reflektierte sie nicht. Man sah mir diese Liebe nicht an. Weil meine Gesichtszüge in Beton und aus Stein gemeißelt schienen. Und weil ich einen Schutzpanzer um mich herum trug. Aus Angst, verletzt zu werden, ließ ich, Ausnahmen bestätigen diese Regel, nie wirklich jemanden zu nahe an mich ran. Na ja, auf sentimentaler Ebene meine ich.

Leider war es mir immer schon weltfremd, ständig mit einem Grinsen im Gesicht herumzulaufen, damit andere denken: Oh Gott, der

Mann ist die wandelnde Liebe. Das wäre nicht authentisch. Und leider hatte mir das Leben eine ernste und recht strenge Maske auferlegt, und so musste ich mich seit meiner Kindheit mit Worten verteidigen wie: .... *Lass dich durch meinen strengen Blick nicht täuschen, ich kann keiner Fliege was zuleide tun, bin ein ganz vergnüglicher und liebevoller Mensch!* Das Image verfolgt mich bis heute. Komme ich ins Grübeln, schleicht sich dieser Böser-Bube- Ausdruck (andere sagen Banditenausdruck) auf mein Gesicht, ohne dass ich es verhindern könnte. Und das, obschon meine Art Grübelei mit Fröhlichkeit durchdrungen ist und vor Liebe nur so strotzt.

Arbeit ist angesagt! Auch bei mir, wie du siehst.

Doch zurück zu uns beiden. Lass dir eines sagen. Ohne Liebe bist du nichts. Liebe bedeutet nicht nur die körperliche Begegnung mit dem anderen (oder demselben) Geschlecht. Liebe ist des Kriegers Lust und Freude, den Moment einzufangen, in dem sich die Sonne aus der eben noch kalten und dunklen Nacht schält. Zu sehen, wie sie letztere mit Macht verdrängt. Liebe ist, im Regen zu tanzen. Sie ist im Lachen einer Frau, die du begehrst. Sie ist das Salz auf ihrer Stirn, auf ihren Lippen, auf ihrer Haut. Mit Liebe gehst du deinem Handwerk nach und liebst du deine Arbeit, arbeitest du keinen einzigen Tag in deinem Leben, denn wie kann Liebe Arbeit sein? Liebe ist Hingabe und wir geben uns ihr ganz hin oder gar nicht. Nur ein wenig zu lieben, ist ausgeschlossen. Das wäre genauso absurd, wie nur ein wenig schwanger zu sein. Außer ich bin leidenschaftslos und reihe mich ein in die Ausgabe von Männern, die ich Allerweltsmensch nenne. Allerweltsmensch sind weder heiß noch kalt. Selbstliebe ist, wenn du aufhören kannst, dich ausschließlich um andere Menschen und ihre Belange zu kümmern, ohne ein schlechtes Gewissen dabei zu haben. Es gibt Männer, die kümmern sich inbrünstig um ihren Partner, um ihren Hund, um das Auto, ums Haus, um die Kinder und um den ganzen Rest der Welt. Dabei vergessen sie sich selbst.

Das ist der Selbstmord des Mannes in dir.

Nimm dir Zeit für dich. Nähre nicht nur deinen Körper gut, sondern auch deinen Geist. Mach Sport, lies gute Bücher, nimm dir Auszeiten.

Respektiere und würdige deine Stärken wie auch deine Schwächen, und lerne, deine eigene Persönlichkeit wertzuschätzen. Lass dich nicht ständig von anderen Menschen (Frau, Schwiegermutter, Vater, Mutter) rumkommandieren. Kämpfe für deine Rechte, für deine Hobbys, für deine Freizeit. Nimm dir auch das Recht, nicht darum zu betteln, sondern entscheide selbst und lebe deine Entscheidungen in voller Eigenverantwortung. Mit anderen Worten: Liebe dich.

# Die Vater-Sohn-/ Mutter-Sohn-Beziehung

Zahlreich sind die Männer, deren Verhältnis zu Papa und Mama ganz einfach außer Kontrolle ist. Im Detail geht es um das zwischenmenschliche Verhältnis zwischen Eltern und deren erwachsenen Söhnen. Was ich mit *außer Kontrolle* meine erkläre ich dir mit einigen Sätzen. In vielen Familien ist ein liebevoller Umgang zwischen Eltern und Söhnen ganz einfach deshalb nicht möglich, weil gerade die ältere Generation den jungen Erwachsenen oft nicht auf Augenhöhe begegnet. Schon erwachsene Söhne oder junge Männer haben oft das Gefühl, dass ihre Worte und ihre Vorstellungen, *wie Leben geht und was es heißt, ein Mann zu sein,* insbesondere vom Vater nicht ernst genommen werden. Und das, obschon sie sich den Eltern gegenüber mit Bedacht und Respekt äußern. Sie kennen ihren Lebensplan, wissen um seine Umsetzung, heischen aber nach Segen und Anerkennung von Papa und Mama.

Aber die Eltern geben weder das eine noch das andere. Von außen betrachtet könnte man sagen, da fehlt ein Stück weit das Vertrauen in den Spross. Oft fällt der Blick der Eltern nur erwartungsvoll auf den beruflichen Erfolg ihrer Söhne. Bleibt der Erfolg aus oder kommt er ihnen in gewissen Dimensionen nicht ganz geheuer vor, sind sie unzufrieden. Die Messlatte für die Vergabe von Liebe und Zuneigung ist also nicht ‚das eigene Blut': *Das ist unser Sohn wir sind stolz auf ihn, was immer auch geschieht und was immer er auch schafft oder nicht schafft.* Die Messlatte ist: ... *in welchem Maße erfüllt unser Sohn unsere Erwartungen!*

Das bricht so manchem jungen Mann sprichwörtlich Herz und Genick. Ohne den Segen und die Anerkennung der Eltern fühlt er sich unvollendet, nicht ernst genommen. Doch was kann er tun?

### Wie solltest du den Eltern begegnen?

Viele junge Männer versuchen sich zu helfen, indem sie alles tun, um den Eltern zu gefallen. Sie arbeiten hart, suchen in der Arbeit den Erfolg, die steile Karriere und schonen sich dabei kaum. Das Problem hierbei ist, sie tun es nicht für sich selbst, sondern für die Eltern. Das beschert ihnen auf Dauer eine gewaltige innere Unzufriedenheit. Andere wiederum versuchen ihre Eltern davon zu überzeugen, dass sie schon auf dem richtigen Weg sind und dass es somit die Eltern sind, die sich auf dem Holzweg befinden. Es ist also der Versuch, die Eltern und deren Ansichten zu ändern. Das wiederum ist Garant für heftige Familienstreits.

Der bessere Weg wäre, wenn du dir als Sohn innerlich sagst: *Es ist mein Wille, mich von den Eltern zu lösen. Ich bin erwachsen und möchte mein Seelenheil nicht von der Anerkennung meiner Eltern mir gegenüber abhängig machen.* In der Umsetzung hört sich das folgendermaßen an:

*Ich suche nicht mehr wie ein ertrinkender nach Vaters Anerkennung. Ich brauche diese Anerkennung nicht mehr.*

Der zweite Schritt wäre, dass du deinen Eltern verzeihst. Sie leben mit ihren (teils veralteten oder gar toxischen) Ansichten und Einstellungen und messen dich daran. Das ist ein Fehler. Verzeih ihnen diesen Fehler. Du wirst weder deine Mutter noch deinen Vater ändern können. Die Veränderung muss in dir stattfinden. Möglicherweise hilft es dir zu wissen, dass deine Eltern als Kind und junge Heranwachsende selbst nie Anerkennung von ihren Eltern erfahren haben, und dass diese wiederum auch von ihren Eltern nichts Positives gesagt bekommen haben. Ein *Ich liebe dich* oder *Was du machst, finden wir lupenrein, wir sind megastolz auf dich* gab es nicht.

Die Geschichte wiederholt sich. Nur bist du dieses Mal an der Reihe.

Du hast selbst Kinder? Wenn ja, könntest du derjenige sein, der diesen Generationsfluch beendet. Sag deinen Kids bei jeder Gelegenheit, dass du sie liebst, und zolle ihnen die Anerkennung, auf die ganze Generationen von Männern deiner Familie umsonst gewartet haben. Das lässt dich als Mann wachsen. Sag dir innerlich: *Liebe Eltern, danke für all das, was ihr für mich getan habt, aber ich bin nun erwachsen und möchte meinen eigenen Weg gehen.*

Sei stolz auf dich selbst, sei stolz auf das, was du bisher geleistet hast und folge nun frei und losgelöst und in Frieden mit deinen Eltern deinem eigenen Stern.

Ich gebe dir jetzt ein Beispiel von einer völlig außer Kontrolle geratenen Sohn-Eltern-Sohn-Beziehung. In Deutschland hatte ich Nachbarn. Eine Familie, Mutter, Vater und Tochter. Sie hatten Haus und Hof und einen Hund. Er, der Vater war etwa fünfundvierzig Jahre alt, die Tochter ungefähr zwanzig. Sein Vater und seine Mutter besuchten ihren Sohn jeden Tag, ich konnte das von meinem Fenster aus gut beobachten. Sie kamen herangefahren, stiegen aus und knöpften sich zunächst den Mülleimer ihres Sohnes vor. In der Tat sahen sie nach, ob ihr Spross (oder seine Frau, ihre Schwiegertochter) die Mülltrennung rigoros einhielt. Danach, noch während sie auf die Eingangstür zusteuerten, spionierten sie den Garten aus. Alles musste pikobello geordnet, der Rasen getrimmt sein. Jetzt halte dich fest. An der Tür angekommen, klopften oder klingelten sie nicht etwa: Nein! Sie holten einen Schlüssel raus und öffneten sich die Tür selbst.

Verstehst du, was ich sage?

*Sie hatten einen Schlüssel!*

Meine erste Überlegung war: Wie fühlte sich die Tochter meines Nachbarn bei der Idee, dass ihr Vater zuließ, wie ein kleiner Schulbub dermaßen engmaschig kontrolliert zu werden? Die nächste Überlegung war, wessen Leben führte mein Nachbar? Das seiner Eltern?

Da ich Autor bin, begegne ich so manch lustigem Buchtitel. Der, der mir zu diesem eben genannten Zuständen am besten passt, wäre: Das Scheißleben meines Vaters, das Scheißleben meiner Mutter und meine eigene Scheißjugend! Mein Nachbar war ein hoffnungsloser Fall. An einem gewissen Punkt seines Daseins ( frühe Kindheit) hatte er sein eigenes Leben aufgegeben, es de facto nie gelebt. Seine Frau hätte einschreiten oder ihn verlassen müssen. Auf seinem Grabstein wird stehen: Ich lebte das Leben meiner Eltern!

# Wie es war und wie es ist

Ich melde mich mit einer Frage an dich zurück.

Warum gibt es deiner Meinung nach so viele Jungs, die keinen Bock auf Schule haben? Warum gibt es so viele Jungs, die auf dem Schulhof boxen, Gewalt anwenden, andere Kinder mobben, schlecht behandeln oder gar misshandeln? Warum sind die Knasts voll mit überwiegend jungen männlichen Insassen?

Ich kann es dir sagen. Die Kids haben keinen Glauben. Sie glauben nicht mehr an sich selbst. Sie glauben nicht an irgendwelche Väter, die sie nie gekannt haben, an Väter, die sie ablehnen oder ignorieren. Sie glauben auch nicht an Mentoren, die ihnen irgendwie helfen könnten, die sich aber in irgendwelchen Löchern verstecken. Mentoren de facto, mit denen sie nie gesprochen, denen sie nie zugehört haben. Sie haben den Glauben an die Zukunft verloren. Diesen Jungs fehlt die Konfrontation mit dem Prozess des Mannwerdens. Es gibt einfach niemanden, der sich ihrer annimmt.

Wie waren denn bis vor noch nicht allzu langer Zeit die Männer- und Frauenrolle verteilt? Ganz am Anfang ging der Mann auf die Jagd. Dafür fertigte er sich Waffen. Speere, Lanzen, Bögen oder Bolas, je nachdem in welcher Klimazone er sich gerade befand. Seine Söhne begleiteten ihn auf diese Exkursionen. Waren sie erfolgreich, lutschten sie am Ende der Ausflüge Mammut-, Büffel- oder Truthahnknochen aus und brachten deren Fleisch nach Hause. Mit bloßen Händen die Waffen herzustellen, erforderte Geschick. Waren die Bögen kaputt, die Speere gebrochen und die Bola zerschlissen, fertigten sie neue Waffen


an. Das taten sie mit unendlich viel Geschick und Aufmerksamkeit, denn nicht nur ihr Leben hing davon ab, sondern auch das ihrer ganzen Sippe. Um Erfolg bei der Jagd zu haben, brauchte es Geduld, Demut den Tieren und der Natur gegenüber und ein Quäntchen Glück. Das Glück mal hintangestellt, vermittelte sich das Wissen um all diese Dinge vom Vater zum Sohn.

Die Familie mit Fleisch zu versorgen, war nur ein Teil der Männeraufgaben. Die Familie musste geschützt, Feinde bzw. Angreifer neutralisiert werden. Die Männer wachten. Und sie nannten sich zu Recht Mann. Sie waren Krieger und die jungen Söhne sogen das Kriegertum in sich auf. Sie hatten einen starken Glauben an ihre eigene Stärke, an ihre Kraft und ihre Fähigkeiten.

# Krieger initiieren ihre Söhne

Den vorausgegangenen Prozess der Einweisung, der Lehre und der ständigen gegenseitigen Präsenz abgeschlossen, folgten Riten zur Initiation. Sinn dieser oft brutalen und immer schmerzvollen Initiationsriten war es, dem schüchternen und zurückhaltenden jungen Mann den Stempel *vollwertig anerkannter Krieger* aufzudrücken. Es bedeutete seinen

Eintritt und seine Aufnahme in die Männergilde. Es bedeutete auch das Loslassen. Väter, Onkel, große Brüder und Mentoren haben den Jungen an eine Startlinie gebracht. Von dort aus sollte er nun keine Probleme mehr haben, selbst zu fliegen. Mit seinen eigenen Flügeln. Und das war gut so.

Was bei alledem wichtig war, war eben die ständige Präsenz der Älteren und die ständige Abrufbereitschaft der auszubildenden Söhne. Vormachen. Zeigen. Erklären. Nachmachen lassen. Fehler korrigieren. So wurden Ziele erreicht. So wurde aus dem Knaben ein Mann. Aus dem Lehrling ein Meister!

Frauen und Kleinkinder bildeten eine Parallelwelt. Während die Männer und ihre lehrwilligen Söhne ihrem Handwerk nachgingen, kümmerten sich die Frauen um die Kleinsten. Sie sorgten dafür, dass die Familie ein schöner Ort zum Leben war. Die Frauen brachten Wärme und Licht.

All das entsprach einer natürlichen Ordnung. Es entsprach der Ordnung, die Gott geschaffen hatte, immer davon ausgehend, dass es einen Gott gibt. Zweifel, dass die Natur (oder Gott) sich getäuscht haben könnte, gab es nicht. Schauen wir genau hin, so waren die Menschen damals wie Tiere. Sie schliefen, aßen, tranken, sie gingen jagen und sie würden sich dreimal im Grabe herumdrehen, käme ihnen zu Ohren, dass so etwas wie *Gendern* in der heutigen Zeit nicht nur teilweise unsinnige, sondern auch sehr emotional geführte Debatten auslöst.

Ist das, was sich *The Natural Order* nennt, in Gefahr?

Bevor ich auf diese Frage eingehe, schnell nochmal zurück zum Mammutknochen und zu den Kriegern von einst. Besser gesagt, zurück in die Zeit nach dieser Epoche. Etwa ab dem 18. Jahrhundert tauschte der Mann (Vater, Mentor) Bogen, Lanze und Bola gegen Federhalter und Notizblock und später gegen Notebook und PC. Montag bis Samstag (oft gar Sonntag) ging er zur Arbeit. Die Söhne mitzunehmen, war meist ein Ding der Unmöglichkeit. Die logische Konsequenz? Klein Jean-Pierre, Klaus, Paul & Co. Blieben brav daheim, sie gingen zur Schule und wurden fortan von ihren Müttern und von ihnen völlig fremden Lehrern erzogen. Weder die eine noch der andere war in der Lage, den Einfluss des plötzlich fehlenden Vaters zu ersetzen. Auch heute noch ist es ein Unding, zu glauben, dass eine Mutter in der Lage wäre, ihren Sohn zum Manne zu erziehen, wie es auch absurd ist, zu denken, dem Vater würde es gelingen, seine Tochter zur Frau zu erziehen. Hier passt der altbekannte Spruch: Schuster, bleib bei deinen Leisten!

Riten zur Initiation – die der Religion mal ausgenommen, was weniger dem Glauben diente als dem *Run* nach Geldscheinen im Klingelbeutel – gab es keine mehr. So wurde aus dem gestandenen Mann von einst mit der Zeit ein Männchen, sein Sohn nie wirklich ein Mann.

Im Männchen steckte zwar immer noch eine gute Portion Krieger, aber nur in seiner Erinnerung. Zu sehen war davon absolut nichts mehr, wenn er nicht gerade Jäger, Soldat oder Kampfsportler war.

Wieder später in der Zeit schüttelte der Mann das männliche Gehabe ganz ab. Er orientierte sich mehr und mehr auf das *feminine Ich* in ihm. Er ließ Gefühle zu, trug Klamotten, die auch seiner Frau gut passen würden (nicht wenig waren und sind die Männer, die à la Teenage-Tochter plötzlich Schlitze auf Knieniveau ihrer Bluejeans hatten) und er stand öfter am Herd, als ihm lieb und teuer sein konnte. Und er kümmerte sich um die Kinder, wie unser braver Henry-Olaf. Das tat er nicht etwa, um ihnen zu zeigen, wie man einen Bogen schnitzte um damit ein Mammut, einen Hirsch oder Hasen zur Strecke zu bringen, sondern er tat es aus der Not heraus, denn plötzlich war die Frau es, die dem männlichen Touch in ihr auf die Schliche gekommen war. Sie streifte sich einen Hosenanzug über, reparierte den kaputten Vorbau selbst. Sie schlüpfte auf der Arbeit plötzlich in Chefrollen und wurde karrieregeil. Und wie sie sich auf der Arbeit gab, so gebärdete sie sich natürlich auch zu Hause im Umgang mit ihrem Mann, der plötzlich die Hände im Mehl hatte und eine rosarote Kochschürze statt Kampfkleidung trug.

*Zerstörte die Frau mit diesem Streben nach Gleichheit ihr ureigene weibliche Identität?*

*Das halte nicht nur ich durchaus für möglich!*

Man darf sich gerne dazu verleiten lassen, *The Natural Order* anzuzweifeln oder zu missachten, wie es heute viel zu oft getan wird. Auch werden vor allem Frauen, wenn sie diese Zeilen lesen, sagen, der Typ habe doch Rost an der Latte. Gut. Nehme ich so hin. Natürlich sollen sich auch Frauen in der Ehe oder in der Beziehung mit einem Mann verwirklichen können. Aber dies sollte in einem Rahmen geschehen, der ein gesundes Maß an Demut nicht überschreitet. Demut, nicht Unterwerfung! Das ist ein sehr großer Unterschied. Auch darf der Mann gerne mal den Besen in die Hand nehmen, sich um die Kleinkinder kümmern und am Herd stehen. Die natürliche Ordnung darf dabei aber nie wirklich in Frage gestellt werden.

Der Preis, den die Männer, ihre Frauen und ihre Söhne dafür zu zahlen hätten, wäre zu hoch.

## Jeder Mann hat seine Bestimmung

Ich komme aus dem Militärmilieu und nenne diese Bestimmung gerne *den Auftrag*. Wenn der Mann seiner ihm in die Wiege gelegten Bestimmung oder dem von ihm tief aus der Seele seines Ichs entsprungenen

Auftrag nicht mehr folgt, wird er unglücklich. Nicht nur er, sondern alle Menschen in seinem Umfeld. Frau, Kind, Eltern und Freunde.

Der Sohn oder die Söhne würden jeden Respekt vor dem Vater verlieren, wenn er seinem Auftrag nicht nachkommt. Die Frau sähe das vielleicht anders. Sie würde ihren Mann dafür lieben, dass er sich fortan fast nur noch damit beschäftigt, Windeln zu wechseln, Toiletten zu putzen oder alle Einkäufe zu erledigen. Aber lass die Zeit dahinfliegen. Irgendwann käme unweigerlich der Moment, in dem sie den Mann im Manne nicht mehr spürt. Seine tatsächliche Stärke. Sein Charisma. Seine Kraft und seine einstige Zielstrebigkeit, das alles läge nur noch wie der Hauch einer Erinnerung im Raume. Weil der Mann im Manne geschwächt ist. Die unablässig auf ihn einprasselnden Aufgaben, die nicht vordergründig zu seiner Bestimmung – *zum männlichen Auftrag* – gehörten, haben zur Erosion seines Urzustandes geführt.

Das wäre das Ende der *Beziehung Frau-Mann* zumindest aber der Beginn eines Lebens voller Frust und Bedauern.

Wie sieht es denn in der heutigen Realität aus? Es sind derer viele (Frauen), die da denken, dass die meisten Männer Waschlappen sind. Merkst du was? Ich sagte, sie denken es. Sie sagen es (noch) nicht.

# Das Wissen um die männlichen Tugenden

Es gibt gewisse Tugenden, die du als Mann hegen und pflegen, ja als höchstes Gut kultivieren solltest. Tugenden, die wir Männer bei anderen schätzen und bewundern. Sie heißen:

1. Zielstrebigkeit
2. Ehrlichkeit
3. Großzügigkeit
4. Mut
5. Weisheit
6. Beharrlichkeit
7. Fairnzess

Wenn du über diese Tugenden verfügst, wenn sie dein Verhalten im Alltag sichtbar prägen und deinen Charakter ohne Unterlass formen und perfektionieren, dann bist du auf dem richtigen Weg. Noch während du diesen Weg beschreitest, wird du feststellen, dass du dich veränderst. Zum Besseren hin. Dieser Prozess ist irreversibel: einmal ein Krieger, immer ein Krieger!

Doch Vorsicht ist geboten! Wenn es eine Eigenschaft gibt, die mit jeder dieser Tugenden im Gleichschritt marschiert, dann ist es die Disziplin. Nur mit einer eisernen Selbstdisziplin gelingt es dir, die Tugenden in deiner Alltagsroutine anzuwenden. Selbstdisziplin heißt auch, den wahnsinnigen Wettbewerb, der in Büros, in Lagerhallen, auf den Straßen und in geschäftigen Hinterhöfen und Baugeländen herrscht, nicht zu erlauben, die Tugenden zu vergessen, nur um schneller nach oben zu kommen, um mehr zu erreichen oder um besser dazustehen: siehe Korruption, Veruntreuungen, Vetternwirtschaft, Pot-de-Vins etc.

## Zielstrebigkeit

Im Laufe der Jahre haben sich in meinem täglichen Ablauf bestimmte Zeremonien – man könnte auch sagen: Routinen oder Riten – eingestellt. So zum Beispiel stehe ich sehr früh auf. Ich meine nicht um halb acht oder gar um neun. Nein. Mein Wecker klingelt um fünf. Ich steh dann meist sofort auf, gehe in mein Arbeitszimmer, zünde den Kamin an. Das mache ich sogar im Sommer; weil es an sich schon einige recht aufregende Minuten sind, die es eben braucht, ein Feuer zu schüren, die Flammen hinter dem Glas züngeln zu sehen und dann die wohlige Wärme auf der nackten Haut zu spüren. Das ist schon wie ein kleines Abenteuer. Eine Zeremonie eben. Dann gehe ich in die Küche und mache Kaffee, und noch während die Kaffeemaschine mit dem uns allen wohlbekannten stotternden Geräusch läuft, ziehe ich die Rouleaus hoch und schaue zum Fenster raus, hinein in den beginnenden Tag. Und ich freue mich, wie gut sich gewisse Dinge in meinem Leben entwickeln. Dann gehe ich rüber ins Badezimmer. Ich wasche mein Gesicht mit kaltem Wasser und spüle mir den Mund aus. Ein Blick in den Spiegel erinnert mich daran, dass ich geschworen habe, all meine Ziele umzusetzen und dass heute ein guter Tag ist, weiter an diesem ambitiösen Vorhaben zu arbeiten. Die in meinem Kopf entworfenen Projekte sollen nicht nur Projekte bleiben.

Ich starte also grundsätzlich mit positiven Gedanken in den Tag. Zumindest aber immer mit einer gehörigen Portion von dem, was ich Zielstrebigkeit nenne.

**Mein Tipp an dich:** *Starte auch du grundsätzlich mit positiven Gedanken in den Tag!*

Beim Mann hat Zielstrebigkeit viele Formen. Oft erkennt man sie sehr früh. Bei dir zum Beispiel, wenn du noch ein Junge bist. Auch wenn viele in dir den jungen Burschen sehen, der, einem Luftikus gleich, ständig den Kopf in den Wolken hat, sich nicht konzentrieren und sich für nichts begeistern kann, so hast du doch Pläne, Wünsche und Träume. Aus Angst, für einen Spinner oder Träumer gehalten oder gar ausgelacht zu werden, teilst du deine Träume und Wünsche nicht immer mit anderen. Das ist gut so, denn du gehst abseits der Wege, auf denen hauptsächlich Schreihälse, Klugscheißer und Angeber wandeln. Sehen andere in dir deshalb nur den schüchternen Jungen, der sich wenig traut, liebäugelst du bereits mit Projekten, Abenteuern und Herausforderungen, die ganz deine Kragenweite sind. Zielstrebigkeit ist die treibende Kraft für all deine männlichen Abenteuer. Zielstrebigkeit ist die Entschlossenheit, mit aller Macht gegen jede Art Ablenkung und Schwäche zu kämpfen, bis deine Ziele erreicht und die Projekte realisiert sind. Zielstrebigkeit hilft dir, dich auf das Essenzielle zu fokussieren. Auf das, was wirklich wichtig ist. Selbst wenn es Scheiße vom Himmel regnet, bist du Fokus pur.

Bündle deine Willenskraft und bleib auf deiner Spur! Bleib konzentriert, setze den Fokus auf den Augenblick, damit die Zukunft dir gehört. Du musst keine Angst haben zu scheitern. Albert Schweitzer schrieb dazu Folgendes; ich zitiere:

*Ich wünsche mir Chancen, nicht Sicherheiten. [...] Ich will dem Risiko begegnen, mich nach etwas sehnen und es zu verwirklichen, Schiffbruch zu erleiden oder Erfolg zu haben.*

Alles ist gesagt. Mit jedem Ziel, das du erreichst, mit jedem Plan, den du in die Tat umsetzt, und mit jedem Teilerfolg wächst deine Zufriedenheit, deine Genugtuung. Was andere von dir erwarten, sollte dir schnurzpiepegal sein. Es sollte dir auch völlig egal sein, was andere über dich denken. Solange du mit dir zufrieden bist, ist alles gut. Du, und nur darauf kommt es an, fühlst dich auf der Höhe deiner eigenen Erwartungen. Du fühlst dich ganz Mann und genau darum geht es doch. Darauf kommt es an. Du bist zufrieden und im Reinen mit dir. Du hast etwas geschaffen. Mit deinem Geist. Mit deinen Händen, mit deiner eigenen Kreativität. Das macht Lust auf mehr, vor allem aber macht es Sinn. Es erfüllt dich, und genau darum geht es. Du, ich, wir alle wollen ein erfülltes Männerdasein führen. Manchmal ist der Teufel ein Eichhörnchen und bei all deiner Aufmerksamkeit, ja, und auch bei aller Zielstrebigkeit geht etwas daneben. Ziele werden nicht oder nur notdürftig erreicht. Lass dir für diesen Fall sagen, dass selbst das Unvollendete seine Reize hat. Du gewinnst an Erfahrung, du lernst dazu, du hinterfragst, versuchst herauszubekommen, woran es liegt, wo denn nun der Fehler lag, und an welchen Prozessen und Abläufen du noch etwas arbeiten beziehungsweise investieren musst. Du stellst dir Fragen. Was ging schief? Woran lag es? Was kann ich besser machen? Fehler, die du heute machst, werden sich beim zweiten Anlauf nicht mehr einschleichen, denn Feinde, die du kennst, sind keine mehr. Fehler machen dich reicher. An Erfahrung. Sie machen dich smarter und sogar – insofern dies möglich ist – attraktiver, weil sie unterstreichen, dass du sehr menschlich und als Mensch verletzlich und sympathisch bist.

Lass dir auch sagen, dass Zielstrebigkeit den Erfolg magisch anzieht. Insbesondere Frauen lieben das. Sie lieben Männer, die ein Ziel haben und darauf zu arbeiten. Begehe aber nie den Fehler, Erfolg immer mit etwas Materiellem (Geld, schnelle Autos, eigenes Haus) oder mit attraktiven Frauen messen zu wollen. Geld ist reine Nebensache, wenn auch eine schöne. Anders ausgedrückt sind Euros, Dollars, Rubel und Yens angenehme Kollateralschäden deiner kreativen Zielstrebigkeit. Nimm es im Vorübergehen einfach mit, aber setze den Fokus immer und zuallererst auf die innere Zufriedenheit, das erreicht zu haben, wonach du strebtest, als du noch dieser kleine Junge warst. Führe im Angesicht deines eigenen Erfolges ein erfülltes Dasein. Und jetzt geh, schau wie ich morgens zum Fenster raus und zünde dein Feuer an. Der Weg liegt vor dir. Folge ihm. Solltest du noch unentschlossen sein, sag dir folgende Worte immer und immer wieder:

*Ich will. Ich kann. Ich werde. Heute ist ein schöner Tag!*

Häng nicht rum. Sei nicht faul. Sei unternehmungslustig. Kultiviere Körper und Geist. Sei somit anders als andere, denn genau das ist dein Anspruch. Anders sein. Zielstrebigkeit, sei davon überzeugt, das ist einer der wichtigsten Schritte Richtung Erfüllung und Mannwerdung.

### Weisheit

Wenn du in der Lage bist, die meisten Dinge in deinem, aber auch im Leben anderer richtig zuzuordnen und zu beurteilen, bist du weise. Das bist du auch, wenn du nicht ständig urteilst und die Dinge oder einzelne Personen sich einfach entwickeln lässt, sodass sie sich ihrer eigenen Art entsprechend von selbst entfalten und somit wirken können. Ohne sie zu kommentieren. Ohne Kritik. Bar jeder Wertung.

Selbst in der absoluten Not solltest du nicht auf schnelle Entscheidungen drängen. Manchmal ist es besser, gewisse Abläufe und Prozesse einfach geschehen zu lassen, um dann aus der Ruhe heraus zu schauen, wie und in welche Richtung sie sich entwickeln.

Nicht brüskieren. Sich zurückhalten. Schweigen. Beobachten. Nicht werten. Das alles hat mit Weisheit zu tun. Du hast die höchste Kunst der Weisheit dann erreicht, wenn du die Momente kennst, in denen du weder urteilen, reden, handeln oder entscheiden solltest. Einfach mal den Rand halten, ist sehr weise. Vor allem dann, wenn man nichts zu sagen hat und nur redet, weil man niemandem in etwas nachstehen oder einfach die eigene Stimme hören möchte. Viele Männer fühlen sich nur dann Mann, wenn sie sich lautstark äußern und überall ihren Senf dazugeben. Andersherum ausgedrückt heißt das, dass Männer, die der Plapperkultur frönen, weit davon entfernt sind, die Weisheit mit dem Löffel gefressen zu haben. Weisheit an dir selbst angewandt, hält deine Taten und Leidenschaften unter Kontrolle. Ein weiser Mann sagt auch nicht immer, was er denkt. Er behält es für sich. Spricht er mit anderen Menschen, egal um wen es sich dabei handelt, dann schaut er diesem Menschen offen ins Gesicht und gibt ihm während des Gesprächs das Gefühl, dass er der wichtigste Mensch auf der Welt ist. Wer Vorurteile hat, handelt jeglicher Weisheit entgegen.

Sei klug im Umgang mit deinen eigenen Gefühlen. Einfühlungsvermögen zeigen, offen sein für Neues, neue Wege gehen, mit neuen Perspektiven liebäugeln, neue Ideen aus dem Hut zaubern, das alles sind Zeugen deiner übergroßen Weisheit.

Der Weisheit Rhythmus trägt nur einen Namen: Geduld! Hab Geduld, Bruder. Mit anderen und mit dir selbst. Geduld macht aus den riesigen Problemen von heute den Pipifax oder die Bagatellen von morgen. Geduld macht Sorgen oft hinfällig. Vielleicht könnte man auch sagen, Zeit heilt alle Wunden. In Zeiten der Angst – wir leben gerade in solchen – ist es für dich ein immenser Vorteil, nicht immer und sofort auf jede Bedrohung, auf jedes Zeichen innerer Unruhe oder auf jedes äußerliche Chaos zu reagieren.

Sehr oft habe ich die Erfahrung gemacht, dass immer alles gut wird und dass es sich nicht lohnt, sich über irgendetwas aufzuregen oder sich in einen Wut- Hass-Macher-Modus reinzudenken. Selbst wenn du nur die dunkelsten Wolken am Horizont siehst, solltest du immer daran denken, dass sich dahinter längst schon ein sanfter, hellblauer Himmel abzeichnet. Das ist immer so. Wenn dir also der nächste Steuerbescheid ins Haus flattert, und dich die Macht der Sorgen zu erdrücken droht, bleib gelassen. Es ist eine Momentaufnahme.

**Und nochmal:** *Alles wird irgendwie immer gut: Du musst nur daran glauben!*

Das Gegenteil von Weisheit?

Dummheit. Engstirnigkeit. Ignoranz!

Wusstest du, dass Eulen und Uhus Symbole der Weisheit sind? Nein? Zum Thema Uhus und Weisheit eine kleine selbst erlebte Geschichte.

Im Jahr 1991 befand ich mich mit meiner Kompanie in Abéché. Abéché ist eine Stadt im Osten des Tschad. Abéché, das war Wüste. Weites, offenes Land. Schroff ansteigende Berge. Im Schatten dieser Berge liegende, tiefe Talwege und grüne Oasen. An einem Sonntag ging ich joggen. Mein Ziel war ein Berg, der von Weitem aussah wie ein Termitenhügel, unten breit und massiv, nach oben hin spitz und zerbrechlich zulaufend. Um ihn zu erreichen, musste ich eine Stunde laufen. Unterwegs hatte ich mein T-Shirt ausgezogen und es mir wie eine Art Turban um den Kopf geschlungen. Obwohl es fünfunddreißig Grad heiß war und mir der Schweiß in Sturzbächen von Stirn und Brust und über den Körper lief, rannte ich, ohne eine einzige Pause einzulegen. Am Fuße des Berges angekommen, machte ich mich unverzüglich an den Aufstieg. Mir fiel es leicht, ihn zu erklimmen.

Nach kaum einer halben Stunde hatte ich es geschafft. Oben angekommen, tat sich unter meinen Augen ein schmaler Vorsprung auf, an dessen Ende eine kleine, dunkle Höhle sichtbar wurde. Mitten aus diesem dunklen Loch heraus schoss urplötzlich eine mächtige Gestalt auf mich zu. Sie schrie mich an, machte Drohgebärden und zog sich wütend wieder zurück. Einen Meter vor mir blieb sie stehen und sah mich an. Sie tat nur das: Sie sah mich weise, neugierig mit schief gelegtem Kopf an. Es war ein Uhu. Ein großer weißer Uhu mit haselnussbraunen Flecken auf seinem Gefieder und großen, runden Augen. In diesen Augen tanzten weiße Punkte.

Ich weiß heute nicht mehr, wie lange ich in diese Augen gestarrt hatte, ob es Stunden waren oder nur Sekunden. Sicher jedoch war, ich sah die Wahrheit darin. Die absolute Weisheit starrte mich an. Wie vorher schon an verschiedenen Orten und in den unmöglichsten Situationen meines Lebens hatte ich wieder einmal mehr ein Erlebnis, das mich prägte. Ein Leben lang. Die Geschichte mit dem Uhu hat sich genauso zugetragen, wie ich sie hier niedergeschrieben habe. Seitdem sind Eulen und Uhus meine Lieblingstiere. Ob sie etwas mit meiner Weisheit zu tun haben, wenn ich denn weise bin, möchte ich nicht beurteilen.

### Mut

Ohne Mut sind alle anderen Tugenden null und nichtig. Mut hat tausend Gesichter. Mal frisst dir die Angst die Seele auf, denn der Mut, den die jeweilige Situation dir abverlangt, ist fast nicht aufzubringen. Ein andres Mal ist es schon mutig von dir, wenn du ganz einfach mal Nein sagen und mit der Faust so heftig auf den Tisch schlagen kannst, dass die Gläser fliegen. Das wäre insofern mutig, weil es möglicherweise so gar nicht deinem Charakter entspricht, Probleme auf diese Art zu regeln.

**Manchmal muss man wegrennen können, um den echten Wert des Mutes kennenzulernen.**

Immer wenn das Leben dir Mut abfordert, stell dir sofort und innerhalb von Sekunden die Frage: Was kann mir denn passieren? Was ist das allerschlimmste Szenario? Welchen Vorteil kann ich für mich und für andere erringen? Du könntest sterben, dich von dieser Welt verabschieden. Gut, dann lass dir gesagt sein, dass das ganz okay wäre.

Dein jetziges Dasein wäre beendet und du würdest anderswo in irgendeiner Form wiedergeboren werden. Das sollte dir kaum Angst bereiten. Ist das also das Schlimmste, was dir passieren kann? Nein! Das ist es nicht! Schlimmer wäre es, wenn du dich nicht mehr im Spiegel betrachten könntest, weil die Scham – nicht agiert, nicht reagiert, nicht geholfen zu haben – dich innerlich auffrisst.

Verwechsle jedoch niemals Mut mit Dummheit. Dumm wäre es, dich mutig in Gefahr zu bringen, wenn dir etwas Angst das Leben retten könnte. Angst kann ein großer Lehrmeister sein. Mir zumindest hat die Angst oft das Leben gerettet. Das war immer dann der Fall, wenn ich instinktiv von der Gewissheit beseelt war, dass die jeweilige Situation oder die Sache nichts hergibt, wofür es sich lohnt, meinen Mut unter Beweis zu stellen. Ich fühlte mich danach auch nicht als Feigling. Im Gegenteil. Ich blieb unversehrt und am Leben und konnte denen helfen, denen noch zu helfen war, denen, die meiner Hilfe bedurften.

Manchmal muss man wegrennen können, um den echten Wert des Mutes kennenzulernen. So zum Beispiel ist es nicht mutig, einen Mann anzugreifen, der mit vorgehaltenem Messer oder mit einer Pistole in der Hand dein Portemonnaie fordert. Helden sterben immer zuerst, also gib ihm dieses verdammte Portemonnaie. Es ist angesichts deines Lebens nichts wert. Zu kämpfen wäre dumm. Du solltest nur dann kämpfen, wenn du dir sicher bist, dass du den Kampf auch gewinnen könntest. Doch auch das ist situationsbedingt. Vergewaltigt jemand vor deinen Augen eine Frau, greife an. Dann sollte dir das Messer des Gegenübers egal sein. Kämpfen ergibt jetzt Sinn oder, anders gesagt, dieser Kampf muss geführt werden.

Ich zum Beispiel kämpfe auch, wenn ich gar nicht die Wahl habe: *bleiben* oder *verschwinden*. Zum Beispiel dann, wenn wenn man mich in die Ecke gedrängt hat und meine Chancen gering sind, den Sieg davonzutragen, weil meine Kontrahenten zu zweit oder zu dritt sind. Ich weiß, ich kann nicht drei Mal sterben, also ran, drauf und drüber! Dumm? Schon möglich. Dümmer jedoch wäre es, den Kampf nicht anzunehmen und sich, passiv bleibend, zum Krüppel schlagen zu lassen. In solchen Situationen zu kämpfen ist Pflicht. Mut ist angesagt.

Männlich zu handeln, wenn du die Wahl hast dich selbst noch in einer gewissen Komfortzone zu bewegen; wenn die Umstände und Bedingungen akzeptabel und die Risiken überschaubar sind, das ist okay. Das ist ehrenhaft. Das ist wie ein Segel setzen bei vollem Wind. Es könnte turbulent werden. Mehr nicht. Auch dann männlich zu handeln, wenn aus diesem Wind ein Sturm, ja ein Hurrikan der Kategorie 4 wird, wenn dir der eiskalte Regen brutal ins Gesicht peitscht und die Gefahren sich unberechenbar und schier endlos am Horizont abzeichnen, das ist dann schon Mut.

Viele Männer handeln okay und ehrenhaft, vielen aber fehlt in letzter Konsequenz der wahre Mut. Meine Aufforderung an dich ist knallhart formuliert: Komm raus aus deiner Komfortzone. Sei mutig, wenn das Leben Mut von dir einfordert!

Ich gebe dir erst Mal ein paar Beispiele, was das Gegenteil von Mut ist.

- Tatenlos zuzuschauen, wenn andere gemobbt werden. Schau also nicht weg, sondern biete deine Hilfe an.
- Mobben oder Stalken und sich dabei hinter anderen Menschen oder hinter Pseudonymen zu verstecken.
- Sein gegebenes Wort zu brechen. Wenige Ausnahmen bestätigen hier tatsächlich die Regel.
- Sich an Schwächeren zu vergreifen. An Alten, an Frauen und an Kindern.
- Den Kampf fortzuführen, wenn der Gegner wehrlos am Boden liegt oder die Waffen streckt. Und nein: Kriegsgefangene werden nicht gequält, gefoltert oder erschossen! Das ist nicht nur mut-, sondern auch ehrlos.
- Sich seiner Verantwortung zu entziehen. Siehe Paul, der denkt, sein Sohn könne auch ganz ohne Papa auskommen.
- Zu sagen: *Ich kann das oder jenes nicht*, ohne es wirklich versucht zu haben. Das ist mutlos hoch drei! Nein, das ist wirkliche Feigheit.
- Falscher Opportunismus.

Geht nicht. Darf nicht. Soll nicht. Kann nicht. Das alles reiht sich in die Gedankenkette derer ein, die mutlos ihr Dasein fristen. Das *Ich will, ich kann und ich werde*-Denken spricht Bände von deinem positiven Mindset. Mutig bist du, wenn du sagst: *Das ist mein Vater, das ist meine Mutter und das sind meine Kinder.* Du stehst zu den Deinen, egal was passiert ist oder wie dunkel die Vergangenheit mit ihnen war. Deine Wurzeln kannst du nicht leugnen, solltest dies auch nicht versuchen.

Überhaupt gibt sehr viele Dinge in deinem Leben, die Mut erfordern. Nur durch Mut kannst du Ordnung in dein Dasein bringen. Mut ist auch, zu erkennen, dass du nur ein (irdisches) Leben hast. Und das solltest du leben, wie nur du es für richtig empfindest. Egal ob andere damit einverstanden sind oder nicht. Du setzt also eindeutige Grenzen. Mut ist, gegen den Mainstream zu schwimmen, wenn du nicht wie der Mainstream denkst. Und auch hier sollte es dir egal sein, was andere davon halten oder was die Konsequenzen für dich sein könnten. Mainstreamdenken ist Zeitgeist und leider sehr in Mode. Aber neunzig Prozent davon ist einseitige Verblendung. Hinter den Mainstreamkulissen spielt sich meist genau das Gegenteil ab von dem, was verkündet wird.

*Man möchte dir glauben machen, dass!*

Denkst du Mainstream, also hauptsächlich schwarz und weiß, gut oder böse, dann bist du leider nur Teil eines Problems und keinesfalls Teil irgendeiner Lösung.

Mut schließt Aufopferung nicht aus. Persönliche Opfer zu bringen, bringt Salz in deine Aktion. Wäre Mut nicht mit Opfer verbunden, bestünde kein mutiger Handlungsbedarf. Dein Handeln wäre nur okay oder eben ehrenhaft, nicht aber beides und noch mutig obendrein. Mutig bist du, wenn du Ungerechtigkeiten bekämpfst, wann immer du mit ihnen konfrontiert wirst.

## Hier ein kleines Beispiel, sicherlich hast du davon gehört

Der Professor einer Uni steht vor seiner Klasse und lässt seinen Blick über die Studenten fliegen. Plötzlich zeigt mit dem Finger auf ein Mädchen in der zweiten Reihe.

*Du packst deine Sachen, stehst auf und verlässt sofort den Hörsaal.*

*Warum?*

*Ich wiederhole mich nicht,* antwortet der Professor.

Sie steht auf und geht.

Der Professor schaut lange Zeit in die Gesichter der anderen Studenten und fragt dann.

*War ich gerecht?*

*Nein,* gibt er sich selbst laut die Antwort. *Das war Unrecht. Und keiner von euch hat gemuckt. Keiner von euch ist aufgestanden und hat ein Veto vorgebracht oder das Unrecht offen laut und empört angeprangert. Genau das habe ich aber von euch erwartet.*

Er lässt seinen Blick lange über die Gesichter seiner Studenten schweifen und sagt dann:

*Wann immer ihr Zeuge von Unrecht oder Ungerechtigkeit werdet, schreitet ein. Lasst es nicht geschehen. Zumindest aber solltet ihr versuchen, es abzuwenden. Dazu hat euch heute leider Gottes der Mut gefehlt.*

**Denk mal drüber nach, und frage dich selbst, wie du in ebendieser Situation reagiert hättest.**

Mutig bist du, wenn du auch einfach mal Nein sagen kannst. Mut hat nicht immer etwas mit körperlicher Gewalt zu tun, weil Mut dem Kopf entspringt, dort wächst und Form annimmt. Mutig ist, wer auch mal sagen kann: *Es tut mir leid* – oder: *Ich habe mich getäuscht.* Beharre also nie auf deinen Standpunkt, wenn andere dir glaubhaft versichern, dass du in dieser oder jener Sache völlig falsch liegst. Mutig bist du, wenn du zu dem stehst, was du darstellst, wer du bist und was du getan oder unterlassen hast (Vergangenheitsbewältigung).

### Wann ich zum letzten Mal richtig mutig war?

Das war in dem Moment, in dem ich (verheiratet in dieser Ehe, jedoch kinderlos) beschlossen habe, mein ganzes Leben fundamental umzukrempeln. Wir schrieben das Jahr 2015. Ich lag nach einer doppelten Bypass-OP in einer Rehaklinik in der Rheinlandpfalz und dachte intensiv über mein bisheriges Leben nach. Mir wurde peu à peu klar, dass ich die letzten zwölf Jahre gar nicht glücklich gewesen bin. Die Erkenntnis kam aus heiterem Himmel, nenne es ein plötzliches Erwachen. Unmittelbar nachdem ich aus der Rehaklinik kam, verließ ich meine Frau und wohnte zunächst allein in einer kleinen Wohnung. Ich hatte mir geschworen, nie wieder eine feste Beziehung eizugehen. Auch wollte ich keine Kinder mehr. Natürlich war auch hier der Teufel ein Eichhörnchen (seitdem liebe ich Teufel), denn kaum ein halbes Jahr Jahre später lernte ich eine Frau kennen. Ich heiratete erneut. Und wir hatten zwei Kinder zusammen. Wieder zwei Jahre später, nicht mehr einverstanden mit den menschenunwürdigen Lockdowns und dazu verdammt, selbst in der Öffentlichkeit Masken zu tragen, wie nur unfreie Menschen es tun, verkauften wir Hab und Gut und wanderten nach Schweden aus. Ja, das war, so denke ich, mutig. Alles hätte schiefgehen können, doch das Gegenteil geschah. Wir sind glücklich, wohnen in einem Haus am See und genießen jeden Tag unseres Lebens in großer Freude und Demut vor dem Schöpfer, wie immer der auch heißen oder aussehen mag.

Ich hab' da so meine Idee!

Ein Leben in der Mutlosigkeit ist, um es trivial mit einem Wort zu sagen: Kacke! Aber wenn du einmal mutig warst, dann ist das wie ein Beginn. Dann tut sich ein Weg vor dir auf. Du wirst über deine mutlose Zeit lachen, dich wundern, wie du so mutlos hast sein können. Irgendwann leckst du Blut. Alles wird zu einer Challenge. Du willst mehr vom Leben, willst Kämpfe annehmen, Kämpfe gewinnen, willst ganz oben auf dem Podium deiner Wut und deines Mutes stehen. Als Gewinner. Aber wie bereits gesagt beginnt selbst der längste Marsch mit einem Schritt. Geh diesen Schritt. Geh ihn mutig und dreh dich nicht um.

### Eine abschließende Anekdote noch zum Thema Mut

Es geschah bei einer Prüfung fürs Abitur im Fach Deutsch. Eines der Themen war: Was ist Mut? Die Schüler saßen auf ihren Plätzen, die Prüfung begann. Im Raum herrschte eine angespannte Ruhe. Nach zehn Minuten kam Bewegung in den Raum. Ein Schüler erhob sich von seinem Platz, packte seine Schulutensilien ein, lief am Lehrerpult vorbei und dort gab seine Arbeit ab. Dann verließ er den Saal. Auf seinem Blatt Papier standen nur zwei Sätze:

**Das Thema:** Was ist Mut?

**Seine Antwort dazu:** Das ist Mut!

Der Schüler hat die Prüfung mit gut bestanden.

*... und ich bin geneigt, dem Lehrer eine Eins zu geben!*

### Ehrlichkeit und Unmoral

Hand aufs Herz, wer von euch hat schon mal gelogen? Doch wohl jeder, oder? Und wenn es nur des ein oder das andere Mal eine Notlüge war. Dabei gibt es zum Lügen gar keinen Grund. Der Grund, warum Männer lügen, und der Grund, warum sie zu gewissen Themen schweigen, ist, weil sie glauben, dass das Leben für sie dann besser und einfacher wird. Zumindest im Augenblick. Taktisch gesehen. Mittels Lügen und Schweigen gehen sie unbequemen Lebenslagen aus dem Weg. Das denken sie zumindest. Aber wenn sie sich von unangenehmen Lebenslagen abwenden, um mittels Lügen und Schweigen eine Art Sicherheit zu bekommen, verunglimpfen sie die Grundsätze ihrer eigenen Stärke. Indem sie aber die Grundsätze ihrer eigenen Stärke verunglimpfen und missachten, werden sie schwach. Wenn sie schwach sind, leben sie möglicherweise länger, aber sie leben in der Scham, im Widerspruch und im ständigen Terror. Wenn sie hingegen immer die Wahrheit sagen, und nichts als die Wahrheit, leben sie ihr männliches Abenteuer. Sie werden nie wissen, was mit ihnen und um sie herum geschieht und wie die Dinge sich entwickeln. Sie werden ihr Klammern an die Hoffnung, dass doch hoffentlich alles gut wird, loslassen müssen.

Bruder, jetzt mal Tacheles. Es wird in deinem Leben viele Situationen geben, in denen du Gefahren ausgesetzt bist. Gefahren wie tätliche Angriffe, Mobbing, Stalking, üble Nachrede und Hass. Sicher, wenn du diese Gefahren im Namen der Sicherheit verneinst, sie umgehst, indem du sie wegleugnest oder sie schweigend in Kauf nimmst, kannst du verletzt werden. Körperlich und seelisch. Du verneinst damit aber auch deine Möglichkeiten als Mann. Du stellst deine Stärken offen infrage. Auf lange Zeit wird sich dein Verhalten negativ auf deine Psyche auswirken. Oft werden diese negativen Folgen erst nach Jahren sichtbar. Ständig den Weg der Sicherheit (der Lügen und des Schweigens) zu gehen, ist falsch, denn dort lauern Schlangen, giftige Spinnen und Skorpione. Lange Rede, kurzer Sinn: Wer sich nicht wehrt, lebt verkehrt!

Ehrlichkeit, damit ist aber nicht nur die Wahrheit sagen gemeint, sondern auch der ehrliche Umgang mit allen Mitmenschen und mit sich selbst, zeugt von deinem großartigen Charakter. Menschen, besonders deine Lieben, mögen und schätzen dich dafür. Es ist dein persönliches Markenzeichen. Allein dafür schon wirst du geachtet.

Etwas Negatives über einen Menschen oder über eine Sache, einen angestoßenen Prozess etc. denken, nach außen aber das Gegenteil sagen, das ist unehrlich. Hier besteht ein gravierender Widerspruch des Inneren mit dem Äußeren. Ehrlich sein heißt auch, widerspruchsfrei sein in dem, was man sagt, was man denkt und was man tut.

Deine Gedanken assoziieren sich immer mit einem Gefühl. Wenn du dich deinen Gefühlen zum Trotz nach außen anders verhältst, als deine Gefühle es dir sagen, bist du unehrlich. Mit dir. Mit anderen. Du lügst und drängst dich ständig durch deine Worte und dein Verhalten in den Vordergrund? Das, Bruder, hat mit Ehrlichkeit wenig zu tun. Ehrlichkeit beinhaltet immer, mit Integrität und frei von betrügerischer Absicht zu handeln. Dass du ehrlich bist, erkennen andere daran, dass sie in dir einen Menschen sehen, der aufrichtig und geradlinig in Gedanken, aber auch in Taten ist.

Ehrlichkeit und Unmoral sind ein teuflisch-göttliches Gespann. Ich werde immer wieder Zeuge davon, wie Männer (Menschen) von anderen Männern (Menschen) missbraucht werden. Ja, missbraucht ist der richtige Ausdruck, um auszudrücken, dass es Männer gibt, die, in ihrer Egozentrik, in ihrer Wichtigkeit, nenne es ruhig Profilierungswahn (ich bin ich und wer bist du?) andere Männer bloßstellen, lächerlich machen, diffamieren. Sie betreiben üble Nachrede. Dieses Verhalten ist die Unmoral. Unmoral ist scham- und grenzenlos. Hier sind alle Mittel recht, damit der andere Schaden hat und das unmoralische Ich seine Ängste überspielen oder loswerden kann.

Im Gegensatz zur Unmoral hat die Ehrlichkeit sehr wohl Grenzen. Diese Grenzen sind straff definiert. Die Grenze der Ehrlichkeit ist die Ehrlichkeit selbst. Indem man(n) eben nicht mehr sagt oder nach außen trägt als die Ehrlichkeit, die Aufrichtigkeit und Wahrheit. Das Wahre und den tatsächlichen Istzustand.

- So ist es, und nicht anders.
- Das wurde von dieser Person gesagt und nichts anderes.
- Das möchte ich sagen oder habe ich gesagt, und nichts anderes.

Ehrlichkeit ist immer dann gegeben, wenn man im Dialog (oder in der Diffamation) nichts hinzufügt, was ganz einfach nicht stimmt oder seinen Platz in der Sache nicht hat. Wenn man nichts falsch auslegt, um sich selbst zu profilieren. Ehrlichkeit ist gegeben, wenn man Dinge nicht falsch interpretiert, weil diese Falschheit einem gerade in den Kram passt und sie für den anderen von Nachteil sein könnte.

Lass uns das teuflisch-göttliche Gespann mal reinbringen ins tägliche Leben, mitten in unseren Männeralltag. Wenn du der Typ Mann bist, der Unmoral anwendet und praktiziert, fühlst du dich zu Beginn immer als Sieger: geil! Du stehst locker über den anderen, siehst von oben herab auf deine Opfer, egal der Wahrheit, egal ihrer Gefühle und egal der Nachteile, die dein Verhalten für andere mit sich bringt. Du steigst sprichwörtlich über Leichen, damit es deinem Ego besser geht, damit deine Scheißangst weggeht. Angst? Ja! Denn hinter Egozentrik, Wichtigkeit und Profilierungswahn steckt panische Angst, und diese Angst geht auf mangelndes Selbstwertgefühl zurück. Dauerhaft – und jetzt komme ich zum Punkt – verlässt du, der Unmoralische, das Schlachtfeld jedoch immer als Verlierer. Egal wie du es drehst oder wendest, richtet sich dein Verhalten immer gegen dich, lass es Jahre oder Jahrzehnte dauern. Der Bumerang wird zu dir zurückkommen. Unmoral angewandt, am Anfang: Wow! Aber auf Dauer hast du den Schaden. Und genau das sollte dir bewusst sein. Suche die Wahrheit. Rede nie schlecht über andere. Habe immer im Kopf, dass Loyalität sich auch dadurch auszeichnet, dass du Freunde in Schutz nimmst, wenn andere in deiner Gegenwart schlecht über sie sprechen.

Diffamiere niemanden, um einen Vorteil für dich herauszuschinden. Stelle andere nie als Lügner hin.

Die Ehrlichkeit hingegen richtet sich am Anfang immer gegen einen selbst. Bist du ehrlich, hast du eigentlich immer die Arschkarte gezogen. Zumindest findest du dich in der scheinbaren Verliererrolle wieder. Wer ehrlich ist, ist ja eh der Dummkopf. Das allein schon aus dem Grund, weil ehrlich sein nicht dem Trend Schwarz-und-Weiß, Gut-und-Böse (oder der politischen Korrektheit) folgt.

Aber Ehrlichkeit bringt auf Dauer nur Positives mit sich. Mach sie zu deinem Freund. Wenn du Ehrlichkeit im täglichen Alltag praktizierst, sie zu einer Tugend machst, wirst du auf der Gewinnerstraße tanzen, dich wohlfühlen und du wirst auf Dauer das finden, wonach so viele Männer vergebens suchen. Nenne es ein Stückchen Glück. Du wirst von deiner Ehrlichkeit profitieren. Immer. Auch hier gilt: Ob früher oder später, wissende Augen sehen in dir stets den ehrlichen Menschen. Sei lieber der ehrliche mittelose Rad- als der unmoralische gut betuchte Porschefahrer. Du musst entscheiden, ob du lieber den Weg der Unmoral oder doch den der Ehrlichkeit gehen möchtest. Es liegt an dir. Abschließend zu diesem doch wichtigen Thema möchte ich dir sagen, dass hier zwei Kerngedanken ganz besonders zum Tragen kommen.

- Für Entscheidungen ist dein Herz zuständig. Und dein Bauch. Lass den Kopf außen vor, denn der ist oft ein Lügner. Dein Bauch (Intuition) lügt nie. Was dein Bauch dir zuflüstert, ist richtig. Und so muss die Entscheidung des einzuschlagenden Weg Unmoral vs. Ehrlichkeit schon sehr früh dem Bauchgefühl entspringen.

- Wenn du deinen Denkapparat (Hirn) doch einschaltest, dann denke nicht, um Recht zu haben oder um dich zu profilieren. Oder um richtig zu liegen. Denke, um Wahres oder um die Wahrheit zu erfahren. Denke, um herauszufinden, wie Leben wirklich geht und wie die Leute ticken. Anschauen. Hinterfragen. Benutze den Denkapparat nicht der Unmoral, sondern der Ehrlichkeit wegen. Alles ist gesagt.

## Beharrlichkeit

Beharrlichkeit und Durchhaltevermögen sind auf Augenhöhe. Durchhaltevermögen ist die Kraft, die Energie, die es benötigt, den langen, oft steinigen Weg zu gehen. Nicht nur bis hinter die nächste Kurve, sondern bis zum Schluss. Beende, was du beginnst. Zäh, hartnäckig, ja unnachgiebig begonnene Projekte zu Ende zu führen, zeichnet den echten Kerl aus.

Geh deinen Weg. Lass dich von niemandem beirren. Zeige, was in dir steckt und werde ein Beharrlichkeits-Nerd. Oft wird das Leben dir Zitronen geben. Es ist an dir, einen herrlich süßen Saft daraus zu machen. Zitronen sind Steine auf deinem Weg. Und Steine sind dazu da, dass man sie einfach weg kickt. Ich kenne sehr viele junge Männer, die einfache Dinge beginnen, die aber schon beim ersten Gegenwind das Handtuch schmeißen. Ja, sie schmeißen hin. Das, so lass dir sagen, sollte nicht dein Anspruch sein.

## Großzügigkeit

Meine Kameraden und ich lebten nach dem Prinzip der Großzügigkeit. Wir verschenkten unser Blut ebenso generös wie unser Geld. Ersteres gaben wir gerne, Letzteres war uns nicht wichtig. Was nützte uns schon das liebe Geld, wenn wir morgen vielleicht zu viel von unsrem Blut geben sollten und das Geld nicht mehr ausgeben konnten?

Immer höher, immer weiter, immer schneller und immer mehr? Bedenke, dass du nackt geboren wurdest und nichts mitnehmen kannst, wenn du dein Leben aushauchst. Horten macht höchstens Unsinn. Seinen Reichtum mit anderen zu teilen, wenn diese anderen im Bedarf sind, spricht Bände über deinen Charakter. Doch Großzügigkeit nur an materialistischen Dingen festzumachen, wäre DER Irrtum deines Lebens. Es geht um viel mehr. Es geht um wichtigere Dinge. Um Dinge wie Liebe, Gefühle und Zuwendung. Es geht um Freundschaft und nicht zuletzt auch um Aufopferung. Wenn du jemanden liebst, dann achte nicht darauf, ob diese Liebe auch im selben Maße und mit derselben Intensität erwidert wird. Lass deine Liebe ohne Erwartung sein. Selbstlos lieben ist die Großzügigkeit deines Wesens. Andere Menschen erkennen diese Charaktereigenschaft schon von Weitem, denn sie umhüllt dich wie eine zweite Haut. Und wenn du jemanden liebst, dann spare nicht mit deinen Gefühlen. Wenn du deinem besten Freund ein Geschenk machst, dann schenke ihm etwas, was dir selbst sehr viel bedeutet. Das Hergeben dieses Geschenkes sollte dir nicht wehtun, sondern, im Gegenteil, dich mit Freude erfüllen. Sich Zeit für andere zu nehmen ist möglicherweise, nein, ganz sicher sogar, das Beste, was du anderen Menschen geben kannst. Geize nicht mit dieser Zeit. Wenn ich eine halbe Stunde am Tag mit meinem dreijährigen Sohn intensiv spiele, ist das für ihn das wertvollste Geschenk, das ich ihm machen kann. Sich täglich mit dem Lebenspartner / der Lebenspartnerin eine Stunde zu unterhalten, aufmerksam zuzuhören, ihn/sie nicht ständig zu unterbrechen, ihm/ihr meine Zeit zu schenken, das alles spricht von Respekt, von Liebe und von Großzügigkeit.

### Kleiner Abstecher nach Korsika

Im Jahr 1988 machten wir ein Manöver auf Korsika. Es regnete nonstop. Und es war kalt, dort oben in den Bergen. Wir hatten seit 48 Stunden nichts gegessen und die Moral war dementsprechend. Doch wir hielten stand. In meiner Gruppe hatten wir einen Algerier. Hira hieß er. Hira kam zu mir in meinem Unterstand und sagte:

*Ich kenne da ein paar Leute. Die haben nicht weit weg von hier eine Hütte. Und sicher haben sie auch was zum Essen für uns übrig.*

*Algerier?*

*Ja!*

*Na dann. Versuch dein Bestes. Aber pass auf, dass der Hauptmann dich nicht erwischt.*

Eine halbe Stunde später kam er mit einem breiten Grinsen im Gesicht zurück. *Wir sollen jeweils zu zweit zur Hütte kommen, der Tisch ist gedeckt.*

Und wie der Tisch gedeckt war! Während ich aß – es gab köstlichen Couscous –, beobachtete ich die Frau und den Mann. Sie trugen alte, zerfledderte Kleider. Die Hütte war einfach, doch blitzsauber. Diese Menschen waren arm wie Kirchenmäuse und ich hatte den Verdacht, dass meine Männer und ich gerade ihr Mittagessen verspeisten. Doch sie bestanden darauf. *Widerstand zwecklos*, sagte der knochige Algerier! Seine Attitude hat mich nachhaltig beindruckt. Das war Großzügigkeit. Selbst kaum was haben, aber trotzdem etwas vom Wenigen abgeben. Ich wusste sofort: Diese Menschen lebten nach sieben Tugenden, wobei Großzügigkeit eine dominante Rolle spielte.

### Fairness

Fairness oder Fair Play ist ein Begriff, der ein Verhalten umschreibt, das wir alle mit einer Sportart in Verbindung bringen. Im Startblock sind alle gleich. Das ist fair. Wenn du nach dem Pfiff davon sprintest, ist das ganz okay. Immerhin ist das Leben in sportlichen Belangen eine Challenge. Von Beginn an jedem die gleiche Chance einzuräumen, ist wegweisend und fair. Wenn du beim Fußballspielen jemanden umsäbelst, bist du unfair. Du hältst die Regeln nicht ein und wirst dafür bestraft. Dafür gibt's eine Rote Karte, wenn's hart kommt! Doch auch außerhalb der Welt der Athleten gibt es so etwas wie Fairness.

Fair ist, das zu sagen, was du denkst, und das zu denken, was du sagst. So wissen alle, wie sie dich einschätzen können. Du stehst zu deinen Gefühlen, die du dann in Worten ausdrückst. Und in Taten. Und du bist gegebenenfalls auch richtig fair dir selbst gegenüber. Ich rede von der richtigen Einschätzung deiner Person. Hier fair zu sein heißt vor allem, dass du dich und deine Fähigkeiten nicht unter Wert verkaufst.

Du bist fair, wenn du deinen Mitmenschen in Beruf und Alltag ausgewogen, moralisch gut, gerecht und auf Augenhöhe begegnest. Diese Begegnung auf Augenhöhe ist wichtig, denn du akzeptierst somit auch diejenigen, die anders sind oder anders denken als du. Auch die, die ein andere Meinung haben oder ganz einfach anders aussehen. Jedem seine Meinung zu lassen und ihn auch besonders deswegen zu akzeptieren, ist fair. Man könnte auch sagen, es ist tolerant. Besonders heute ist das sehr wichtig.

# Prinzipien des Mannwerdens

Was ich dir jetzt sagen werde, ist wichtig. Für dich. Für mich. Ja, auch ich lerne immer dazu. Wir werden geboren und wir wachsen heran. Vater und Mutter erziehen uns im besten Glauben, dass wir, du und ich und alle anderen Männer, die besten Söhne der Welt sind. Und ich denke, sie haben recht damit. Unser Leben liegt zunächst wie ein kostbares Gut in ihren Handflächen. Die Eltern sehen, wie wir heranwachsen, wie wir uns entfalten. Sie sagen sich, dass es ein Privileg ist, uns durch ihre Präsenz einen Leitfaden fürs Leben zu geben. Uns zu leiten. Uns den Weg zu zeigen. Wir werden zwar als völlig eigenständige Wesen geboren, doch die Eltern hauchen uns eine Seele ein. Zumindest bringen sie uns bei, wie Leben geht. Wie kämpfen geht. Sie machen Kämpfer aus jedem Einzelnen von uns.

Und so ziehen wir vom Baby ins Kindesalter, der Jugend entgegen. Die Weichen sind oder werden gestellt. Es kommt der Zeitpunkt, an dem wir Flügel bekommen und abheben. Wir sind neugierig, wollen wissen, wie das Leben in der knallharten Realität aussieht. Wir wollen dieses neue Leben erkunden, es auf die Hörner nehmen und uns beweisen. Ja, und eines Tages verlassen wir unsere Eltern. Zumindest wäre das der Idealfall.

Ich musste mir mein Leben, zumindest was die Post-Jugend anging, selbst erkunden. Ein Mentor fehlte gänzlich und ich kann sagen, dass es hart war. Aber es hat sich gelohnt.

Aber jetzt zurück zu dir. Was du im Gepäck hast, um im Leben zu bestehen, – diese Tools und Gadgets – das ist Wahnsinn. Es ist das Wissen um den Kampf. Deine Eltern haben, ohne dass du es je realisiert hast, dir dabei geholfen, den Rucksack zu packen.

*Rucksack auf.*
*Kampf rein.*
*Rucksack zu.*
*Marschiere los.*

Noch während du das Leben jetzt auf eigene Faust erkundest, veränderst du dich. Das habe auch ich zunächst erfahren müssen. Du hörst auf, du selbst zu sein. Du bist voller Ideen in dieses neue eigenständige Leben gestartet und wirst bald feststellen müssen, dass etwas sehr Wichtiges auf der Strecke blieb. Etwas, an das du dich nur vage erinnerst. Du lernst neue Menschen kennen, Freunde, Bekannte, Mitstreiter. Lehrer. Schulleiter. Bosse. Menschen aus dem obligatorischem neuen sozialen Umfeld.

Alle sagen dir: Da geht's lang.

Diesen Weg musst du gehen. Linke Grenze, rechte Grenze. Hauptschussrichtung. Hier ist vorne, beeil dich. Das ist richtig und wichtig für dich. Das und jenes erwarten wir von dir. Das erwartet das Leben von dir. Du willst doch Erfolg haben, oder nicht? Meistens hörst du auf diese Menschen, weil es eben deine neue Realität ist. Weil es alle tun. Weil du den Weg gehen willst, der unauffällig und gängig ist. Du glaubst inzwischen selbst, dass das, was andere dir sagen, richtig ist. Und dass es wichtig ist.

Viele sagen es dir indirekt, durch die Blume. Andere wiederum machen es ganz gezielt.

Durch diese vielen Einflüsse wirst du zu einem Maulwurf. Du wühlst dich dem entgegen, was du für dein Ziel hältst – weil die anderen sagen, dass es das ist – und bekommst den Tunnelblick. Du schaust, während du gräbst, nicht nach links und nicht nach rechts. Du bist wie verbohrt und verlierst dich auf der Strecke. Das Schlimme an der ganzen Sache aber ist, dass du auch nicht nach hinten schaust. Du vergisst, wie es war. Damals.

Bis zu einem gewissen Punkt in deinem Maulwurfleben geht alles gut. Warum? Weil du Talent hast. Du hast etwas gelernt, bist geschickt und intelligent. Irgendwann kommt der Punk, und der kommt genauso verlässlich wie der Postbote Montagfrüh, an dem für jeden von uns was schiefläuft. Es kommt die Phase deines Lebens, in der alles aus dem Ruder gerät. Die Dinge klappen nicht mehr, deine Rechnung geht nicht auf. Ist dieser Punkt erreicht, geben wir, gibst du den anderen die Schuld.

Ich kann dir sagen, was aus dem Ruder geraten ist. Ich kann dir auch sagen, was auf der Strecke blieb.

*Es ist der Kampf!*

Du hast das Kämpfen verlernt.

Du hast verlernt, dich daran zu erinnern, wie es damals war. Als deine Eltern jeden Tag indirekt zu dir sagten: Kämpfe, kämpfe, kämpfe. Hinfallen, aufstehen Krone richten und weitermarschieren. Du weißt schon, es zählt nicht, dass du tausendmal hinfällst, sondern dass du dich tausend und einmal wieder erhebst!

Du kannst oder willst dich nicht erinnern, wie es war, als deine Eltern dir eingebläut haben, wie kämpfen geht. Du hast es vergessen.

*Die anderen sind schuld!*

Lass mich dir sagen, dass das Leben nicht nur ackern, lernen, büffeln und Maulwurfgräben ziehen ist. Das Leben ist auch nicht nur Regenbogen, Sonnenschein, Friede, Freude, Eierkuchen oder *happy life*. Nein. Das Leben ist manchmal brutal. Du gehst da gerade durch, erfährst es am eigenen Leib. Auf die harte Tour – wie ich damals. Du kriegst vom Leben richtig auf die Fresse.

Du bekommst viele harte Schläge. Und das so lange, bis du am Boden liegst. Und weißt du was? Du wirst so lange am Boden liegen bleiben, bis du von selbst, aus eigener Kraft wieder aufstehst und kämpfst. So wie damals. Erinnere dich. Du stehst also auf und gibst die Schläge zurück. Aber darauf kommt es nicht an. Es kommt nur darauf an, wie viele Schläge du einstecken kannst und trotzdem wieder aufstehst und unbeirrbar deinen Weg gehst. Deinen Weg. Nicht den der anderen.

*Deinen Weg gehen, egal der Schläge, die dich treffen!*

Das ist die Gewinnermentalität. Sie steckt in dir. Deine Eltern haben sie dir in den Rucksack gepackt, du hast es nur vergessen. Wenn du deinen Wert kennst, dann positioniere dich dort, wo du selbst deinen Wert – und deinen Weg – siehst. Nimm deinen Platz ein. Aber habe immer die Fähigkeit und auch den Willen, die Schläge, die das Leben dir gibt, einzustecken, ohne dabei mit dem Finger auf andere zu zeigen, um ihnen die Schuld für dein eigenes Unvermögen zu geben. Du darfst in deinem Leben nie den Punkt erreichen, an dem du dir sagst:

*Ich bin nicht der, der ich sein könnte, weil andere dies verhindert haben!*

Nur Angsthasen und Feiglinge denken und handeln so. Aber nicht du. Das ist nicht dein Anspruch.

Das alles ist ein Fingerzeig auf zwei Aspekte deines Lebens.

1. Vergiss nie, wer dir das Kämpfen beigebracht hat und wo du herkommst.
2. Sei kein Maulwurf. Lass dir nicht von fremden Menschen sagen, wie Leben geht, was du tun sollst und welchen Weg es zu beschreiten gilt. Bestimme, wo du hinmöchtest, und wähle den Weg dorthin selbst.

Der Weg ist das Ziel. Und auf diesem Weg mach mal Pause. Lebe. Lache. Tanze. Weine. Teile deine wundervollen Gefühle mit dir vertrauten Personen und lieb gewonnenen Menschen. Nimm die Freuden hin und genieße sie. Entspann dich. Es ist dein Leben. Krieger machen das so. Wahre Krieger sind nicht dazu geboren, ständig zu kämpfen. Es gibt eine Zeit für den Kampf. Es gibt aber auch eine Zeit des *laissez aller* und des *laissez faire*.

Oft genug wirst du in Situationen geraten, in denen du mitbekommst, wie andere Menschen – auch aus deinem nahen Umfeld – dich und deine Taten massiv kritisieren. Teilweise offen, meist aber versteckt haben sie keine guten Worte für dich übrig. Lass diese Kritik nicht an dich ran. Lass das Äußere der anderen nicht dein Inneres bestimmen.

Solange du mit dir im Reinen bist, sollte es dir egal sein, was andere von dir denken. Sag dir Folgendes: Wer dich kritisiert, wiederholt kritisiert, der hat sein eigenes Leben nicht im Griff. Lass dich nicht in einen emotionalen Sturm hineinreißen, den du nicht entfacht hast. Frag dich selbst, was einen Mann ausmacht. Möglicherweise kommst du zu folgenden Grundgedanken, die alle richtig sind.

- Ein Mann steht zu seinem Wort.
- Ein Mann geht seinen eigenen Weg.
- Ein Mann zeichnet sich auch dadurch aus, dass er seine Freunde unterstützt. Zumindest so lange, bis sie ihn selbst davon überzeugt haben, dass sie es nicht wert sind, von ihm unterstützt zu werden.
- Ein Mann macht aber auch aus, dass er es sich traut aus dem Rahmen zu fallen. Das tut er insbesondere, indem er nicht blind die öffentliche Meinung treu-dämlich teilt, wenn er nicht davon überzeugt ist. Oder indem er seine eigene Meinung anderen mitteilt, Protesten und allen Gegenwinden zum Trotz.
- Ein ganzer Mann tanzt im Regen, wenn ihm danach zumute ist. Das tut er auch dann, wenn alle anderen ihn auslachen oder mit dem Kopf schütteln.
- Ein richtiger Kerl geht zu einem ihm wildfremden Menschen und sagt ihm, wie schön er ist. Ein Mann verfolgt seine Ziele mit Ehrgeiz, wobei er sich aber nie zu schade ist, Irrtümer einzugestehen und eine perfekte Drehung zu vollziehen. *Ich gestehe, ich habe mich getäuscht!* Ein Schritt zurück, Kehrtwende und ab in die andere Richtung. Voller Elan.

Ich kenne viele Männer, die sich nie im Leben auch nur einen einzigen Fehler eingestehen würden. In meinen Augen sind das keine richtigen Männer, sondern Opportunisten, Fähnchen im Wind. Keiner von uns ist perfekt. Du nicht, ich nicht. Jeder macht Fehler. Meine größten Fehler waren, dass ich in gewissen Situationen zu lange und zu verbissen in eine Richtung marschiert bin. Meist fand dies in Beziehungen statt. Ich wollte niemandem wehtun, auch nicht wahrhaben, dass ich mich sehr so getäuscht haben konnte. Ich war stur und blind wie ein Maulwurf, obwohl mein Bauchgefühl längst sagte: Schluss! Ich hatte eben zu spät erkannt, dass ich das Leben der anderen lebte und keine Rücksicht auf mein eigenes nahm. Aus Fehlern lernen ist Teil des Mannwerdens. Fehler erkannt, holte ich stets meinen Kompass hervor, stellte eine andere Marschkompasszahl ein und lief auf meinem eigenen Weg weiter Richtung eigenes Leben. Meist war es Marschkompasszahl brutal, aber ich fühlte mich dabei immer gut. Wow! So geht Leben also.

Sei immer du. Versuche nicht jemand anderer zu sein, ahme nicht nach. Bleib authentisch du mit allen Ecken und Kanten und mit all deinen perfekten Unvollkommenheiten. Versuche auch nie, es allen recht zu machen. Mach es dir recht. Der kleine Junge in dir muss mit dir zufrieden sein, nicht die anderen mit dir. Besonders wenn du jemand bist, der die Harmonie sucht, neigst du dazu, es jedem recht machen zu wollen. Verabschiede dich davon. Spiel keine Rolle, sei keine Kopie, sondern sei einfach du. Kämpfe. Lerne. Lebe. Liebe. Ein echter Mann kehrt immer wieder mal dorthin zurück, wo er hergekommen ist: *Hallo, wie geht es euch? Kann ich euch helfen, braucht ihr etwas?* Aber er bleibt immer ein Original.

**Kurzes Zwischenspiel.** Wenn man mir früher die Frage stellte: *Wann ist ein Mann ein Mann*, hatte ich sofort ein ganz präzises Bild vor Augen. Ich sah eine Farm in Oklahoma (oder in Mecklenburg-Vorpommern) irgendwann um die 1889. Vater, Mutter, vier Kinder, einige Pferde, drei Ochsen, Ziegen und Schweine. Früh morgens reiten bewaffnete Männer vors Haus. Staatsbeamte angeführt vom Scherif.

*Ihre Kids müssen in die Schule, bla bla bla.*

Der Vater geht seelenruhig zurück ins Haus und erscheint mit einem Gewehr wieder, das er mit eben den typisch hässlichen Geräusch durchlädt.

*Wann meine Kinder in die Schule gehen und wohin, das entscheide ich. Hier bin ich der Boss. Ich bin's auch, der entscheidet, ob ihr meinen Sohn mitnehmen dürft, weil der gestern in der Stadt eine Schlägerei angezettelt hat, und jetzt verpisst euch.*

Er bringt die Waffe in Anschlag, zielt über Kimme und Korn, der Finger ist am Abzug.

Das waren Zeiten, in denen der Mann noch ein Mann und somit ein Entscheidungsträger war. Er schirmte nach außen ab. Er war – zumindest in Momenten wie diesen – Garant für die Sicherheit und das Wohlbefinden aller. Natürlich ist das jetzt alles sehr überspitzt und ich bringe dieses Beispiel im Bewusstsein, dass heute einiges ganz anders läuft und vielleicht auch laufen muss. Es ist nur so ein Fingerzeig dafür, dass man uns Männer im Laufe der Jahrzehnte entmannt, um nicht zu sagen, kastriert hat. Das, was sich Staat nennt, hat dem Mann jegliche Entscheidungsgewalt genommen. Letzteres haben wir während der ‚Plandemie 2019' ganz deutlich gespürt. Bis in unser Schlafzimmer hinein wurde über unsere Köpfe hinweg entschieden. Als Vater und Mann der Familie hattest du da nicht wirklich was zu melden. Einige werden jetzt ihr Veto vorbringen: Aber ich bin doch Boss (Führungskraft) einer Firma und entscheide jeden Tag, wo's langgeht.

Richtig und falsch! Gerade als Führungskraft oder Chef einer Firma hast du oben und unten, linke und rechte Grenze. Es gibt Gesetze, Richtlinien, die Bibel, Anweisung und SOPs, an die du dich halten musst. Du denkst, du entscheidest, dabei folgst du nur den lange vor deiner Zeit festgelegten Regeln. Alles ist vorgegeben und steht irgendwo schwarz auf weiß. Also Führungskraft hin, Chef her, dein Entscheidungsspielraum ist bescheiden, um kein anderes Wort dafür zu benutzen, doch schnell zurück zur Tagesordnung. Na ja. Fast!

**Kleiner Einschub:** Einer meiner Lieblingssprüche ist: Es herrschen schlimme Zeiten. Schalte das Radio oder den Fernseher an (was ich selbst schon ewig nicht mehr mache) und du wirst schlau. Die Straßen sind unsicher. In öffentlichen Freibädern herrschen Zustände wie in Waterloo, Stalingrad und Alamo. Alles *cringe*, um es mit den Worten meiner Tochter zu sagen. Die Angst geht um. Dir als Mann und Vater obliegt es, in den Reihen deiner Familien nach Anzeichen von Stress Ausschau zu halten. Hab deine Leute genau im Blick. Beobachte, wie sie gegebenenfalls mit Stress umgehen. Spürst du, dass sie moralische Unterstützung brauchen, dann sprich mit ihnen. Warte nicht. Ein fauler Apfel inmitten von einem Korb gesunder Äpfel sorgt für noch mehr Fäulnis. Kümmere dich. Unterstütze den faulen Apfel, wo es nur geht. Erfülle ihn mit deiner mentalen Stärke. Du weißt, dass eine Kette nur so stark ist wie das schwächste Glied in der Kette.

# Vaterpflichten

Die oberste aller Prioritäten deines Vaterseins ist deine Präsenz. Deine Kinder brauchen dich. Dein Sohn braucht dich. Es ist ein Irrtum, zu glauben, dass die Mutter allein imstande wäre, den Sohn großzuziehen und noch so nebenbei einen Mann aus ihm zu machen. Klar, als Papa in unserer modernen Zeit gehst du nicht mehr jagen und lutscht mit dem Sohn zusammen am Lagerfeuer sitzend das Mark aus den Mammutknochen. Es könnte auch äußerst schwierig, wenn nicht sogar unmöglich sein, den Spross von der Schulpflicht zu entbinden. Auch müsstest du auch zu Hause bleiben, also nicht zur Arbeit gehen, sollte denn die Papa-Sohn-Beziehung ernsthaft vorangetrieben werden.

*Wo also ist der Lösungsansatz?*

Ich werde es dir sagen!

Verbringe in deiner Freizeit so viel Zeit wie nur irgend möglich mit deinem Sohn. Natürlich sollen Töchter nicht zu kurz kommen, aber dein Fokus muss auf ihn gerichtet sein. Ist er noch klein, spiel mit ihm. Eine Stunde täglich ist genau die Dosis, die im Raum steht. Ist er älter, dann unternehmt männliche, menschliche Abenteuer, die sich nicht mehr indoor, sondern draußen in der Natur abspielen. Du siehst schon, wo der Weg hingeht: weg von Handy, weg von der Spielkonsole, weg von der Couch und von der Spielwiese des Kinderzimmers. Die Komfortzone hin und wieder zu verlassen, ist für euch beide ein Mehrwert. Outdoorunternehmen schweißen euch zusammen. Niemals wird dein Sohn die Momente vergessen, in denen du ihm zeigst, wie man ein Baumhaus baut, wie man einen Fisch fängt, ihn über einem offenen

Feuer brät oder wie du ihm sagst, wie die Bäume im nahen Wald heißen. Das frisst sich in sein Hirn wie der Virus in die Festplatte.

Die meisten Männer hängen in ihren von ihnen selbst und von der Gesellschaft fixierten Ansprüchen fest. Das verhindert, dass sie sich der Familie (Frau, Söhne und Töchter) im richtigen Maße annähern. Aus dieser Situation heraus würden sie niemals die relative Sicherheit des gut bezahlten Jobs und alles, was dieser Gutes mit sich bringt, infrage stellen.

Oh Gott, ich kann doch nicht meinen Job hinschmeißen! Ja soll ich etwa von Harz IV leben? Gegebenenfalls müsste ich meinen BMW oder Porsche verkaufen! Und was werden denn Freunde, Nachbarn, Schwiegereltern und der ganze Rest aller mir bekannten Menschen von mir denken, wenn ich das bestehende System derart infrage stelle, indem ich quasi aussteige?

Ich möchte an dieser Stelle gerne provozieren.

*... diese Art zu denken, wenn auch auf den ersten Blick ganz legitim, ist höchstens eines: mutlos!*

In Deutschland ist noch niemand verhungert (Ausnahmen bestätigen allenfalls die Regel). Oder wie sagt der Ex-Legionär in mir? Wer will, der kann. Mauern gibt es nur in unserer Fantasie und selbst die können niedergerissen werden. Man(n) kann durchaus andere Herausforderungen in seinem Leben annehmen. Such doch einfach nach neuen Projekten, die es dir erlauben, von daheim aus tätig zu sein. Oder in einem Umfeld, das zulässt, Familie und Job aufs Beste zu vereinbaren.

Die männliche väterliche Präsenz ist für deinen Sohn verdammt wichtig, denn der Junge bekommt auf diese Art und Weise ganz tiefe Wurzeln. Er identifiziert sich mit dir, mit der Familie, mit seinem Ich. Geht er dann irgendwann hinaus, die Welt allein zu konfrontieren, so ist da dieser Virus in seinem Kopf, der ihm zuflüstert: Erinnere dich, wie Papa dir beibrachte, wieder aufzustehen, wenn du mal auf der Nase landest!

## Bevor es jetzt weitergeht, hätte ich drei Fragen an dich

- Hast du oft Angst, Risiken einzugehen?
- Kommt es oft vor, dass du Angst hast zu versagen?
- Hast du Angst, vor Veränderungen im Leben?

Drei Sätze, dreimal das Wort Angst. Lies jede der drei Fragen einmal bewusst laut vor und gib dir die Antworten darauf dann selbst. Sei dabei schonungslos ehrlich. Wenn du dreimal verneinst, bist du entweder eine mentale Bestie oder ein unverschämter Lügner. Ich denke, dass zumindest jeder zweite Mann Angst vor Veränderungen in seinem Leben hat. Die ganze willkommene Routine, Arbeit, Familie, das Bankkonto, Einkäufe bei Edeka, Lidl & Co., Haus und Hof und der Urlaub nach Malle oder nach Rom, die Rente in greifbarer Nähe – es soll bitte schön immer so weitergehen! Dafür lügen sie. Dafür schweigen sie. Dafür verleumden sie sich selbst. Es sind genau die Menschen, für die, wenn es Scheiße vom Himmel regnet, die Welt zusammenbricht. Warum? Weil sie eben keinen Plan B haben. Weil sie sich nicht vorstellen können, oder es sich nicht vorstellen wollen, dass alles Gute auch mal eine Ende hat.

Mein Ratschlag an dich: Lebe positiv, aber rechne jeden Tag damit, dass sich deine Situation schlagartig ändern kann. Es könnte dir jetzt einfallen, dich für den schlimmst-anzunehmenden Fall vorzubereiten, zumindest wenn es darum geht, keinen Hunger und Durst schieben zu müssen oder dafür zu sorgen, dass irgendwelche bösen Jungs sich nicht bei dir zu Hause an Sachen bereichern, die dir gehören. Das wäre lobenswert. Besser wäre es jedoch, dass du dich zuerst auf der mentalen Schiene fit machst. Und das bist du in dem Augenblick schon, wenn du der Angst vor Veränderung keine Chance gibst dich zu dominieren. Akzeptiere die Möglichkeit der Veränderung. Lebe mit der ständigen Erwartung vor Veränderungen, aber hab keine Angst davor. Sag dir einfach immer wieder, dass du es gegebenenfalls mit einem Feind zu tun hättest, den du schon kennst. Und ein Feind, den man kennt, ist bekanntlich keiner mehr.

Und frag dich, was denn das Schlimmste ist, was dir passieren kann? Soll ich dir's sagen? Gar nichts kann dir passieren, gar nichts! Selbst der Tod wäre zu verkraften, wie du schon weißt. Nur darfst du am Ende deines Weges nicht Bedauern in dir tragen, nicht das erreicht zu haben, was du dir vorgenommen hast, und du wärst, um den Kreis rund zu machen, vollkommen verrückt, würdest du nicht versuchen, das absolut Beste aus der Zeit zu machen, die du im Jetzt und im Hier verbringen darfst. Erinnere dich: Wir kommen aus dem Nicht und wir gehen ins Nichts. Wir hätten mit dem Tod also nichts verloren und letzterer ist nicht unbedingt das Ende aller Dinge.

## Kontrollverlust. Verantwortung. Eigenverantwortung

*Denn das Leben ist ein verlorenes Gut, wenn man nicht gelebt hat, wie man hätte leben wollen.* – George Coşbuc.

Inwiefern schockiert es dich, wenn ich behaupte, dass wir Männer für Gegenwart und Zukunft verantwortlich sind? Wir Männer schaffen die Welt. Dafür ist der maskuline Part in uns zuständig. Wie der Titel bereits verkündet, geht es um Kontrollverlust. Wir geben die Verantwortung (sowie die Eigenverantwortung) über unser Leben nur allzu gerne in die Hände anderer. Und zwar von der Geburt an bis zum Sterbebett. Und wem überlassen wir die Verantwortung? Gewissen Ärzten, Ämtern, Institutionen und Politikern. Wir haben nicht mehr den Mut (Kahn würde sagen: Eier), die Verantwortung für unsere Kinder, Frauen und für uns selbst zu übernehmen.

Das beste Beispiel, das ich hier anführen kann, wäre die Geburt unserer Kinder. Der Urinstinkt jeder Frau (Kopf, Herz und Seele) sagt ihr, dass Gebären einfach und natürlich ist. Unsere Frauen – deine, meine, alle – sie wissen, wie Geburt geht. Sie können das, sie sind mutig. Weil Frauen gebären können, sind sie die Garanten unserer Zukunft. Auch mit aus diesem Grund spielen nicht wenige Paare mit dem Gedanken, ihr Kind daheim auf die Welt zu bringen, doch die Gesellschaft schreit in solchen Momenten der Verrücktheit: Skandal! Unseren Frauen und uns Männern sagt man, dass eine Geburt eine gefährliche Sache sei. Das tut scheißweh (meine Frau wird mir nicht das Gegenteil sagen), alles kann schiefgehen und überhaupt empfiehlt sich ein Kaiserschnitt.

Es gibt da einen ganzen Stab von Beratern, Fachärzten, Professoren (und ich erspare mir den Rest), die uns eine Hausgeburt ausreden und somit, und das ist der eigentliche Skandal, der Frau und uns Männern die Eigenverantwortung entziehen. Wir Männer hören mit und nicken brav und, ohne eine Rebellion anzuzetteln, mit dem Kopf.

*Na, wenn der Arzt es doch sagt!*

Dem Krieger von einst würde es nie einfallen, die Verantwortung für die Geburt seiner Kinder abzugeben. Er würde seiner Frau und ihrer Mutter vertrauen. So, wie es halt immer war, so, wie auch er auf die Welt kam. Natürlich. Im einzigen Rahmen der Familie. Nicht den Scheinwerfern der Krankenhausbeleuchtung und einer ganzen Horde von fremden und dazu noch lauten Menschen, oder den Krankenhausviren ausgesetzt.

Auch in Sachen Kindererziehung entziehen sich viele Männer der Eigenverantworten nur allzu oft. Warum? Na, weil alles andere wichtiger scheint als die Kids. Der Job, die Karriere, das Auto, das Haus, Hobbys siedeln sich in ihrem Ranking viel weiter oben an.

Was machen sie also? Sie geben die Kids in Kitas und Krippen, teilweise können diese Kids noch nicht mal allein laufen, sind gerade zwei Jahre alt, ja sogar jünger. Wenn du als Mann wüsstest, was du damit in den Köpfen der Kinder (und auch in ihren kleinen Herzen) anrichtest, würdest du sicherlich erschrecken. Nun wirst du mir sagen: *Bruder, aber mein Kind braucht doch soziale Kontakte und muss sich Sozialkompetenz aneignen und das geht nur dort, in diesen Krippen, in Kitas und Schulen.*

*Na klar.*

Denen, die so argumentieren, wäre es am liebsten, wenn die Kids den ganzen Tag unterwegs sind, und auch abends daheim bis spät in die Nacht über ihren Hausaufgaben in ihrer Stube hocken. So stören sie wenigstens nicht! Richtig?

 *Veto!*

Deine Kinder brauchen vor allem eines. Papa und Mama. Gerade wenn sie noch sehr jung sind. Vor allem der Sohn braucht den Papa dringend. Ich nenne das solide Wurzeln schlagen. Und Urvertrauen schöpfen. Weder Kita, Krippe noch Schule können dieses Gefühl der Geborgenheit und der Sicherheit und auch der Nähe, ausgehend von den Eltern, ersetzen.

Das Kind gar nicht oder erst ein, zwei Jahre später in Kitas und Krippen zu schicken, ist eine Option. Oder ein Elternteil bleibt daheim und man verzichtet freiwillig auf Kita, Krippe und Co.

Schule hingegen ist Pflicht. Aber nimm diese Pflicht locker und nicht allzu verkrampft. Es gibt inzwischen sehr gute Alternativen zur Regelschule. So habe ich die Erfahrung gemacht, dass gerade Walddorfschulen oft mal die bessere Option sind. Alles, nur weg von diesen alten, starren Regelschulen, wo Druck ohne Ende herrscht und man dem Kind Unfähigkeit, Blödheit und unsoziales Verhalten bescheinigt, je nachdem, ob es wagt aufzumucken; es nicht nach des Lehrers Pfeife tanzt oder mal eine Fünf plus schreibt. An den meisten dieser Schulen erwartet man von den Kindern Dinge, die sie noch nicht in der Lage sind zu bringen. Oder sie wollen es noch nicht.

Alles braucht Zeit und kein Kind ist dumm. Im Gegenteil. Jedes Kind kann was. Jedes Kind hat was. Jedes Kind ist auf seine Art und Weise einzigartig. Lass dem Kind die Zeit, sich nach seinem eigenen Rhythmus, nach seiner Natur und seinem Charakter zu entfalten, du wärst überrascht über das, was unterm Strich rauskommt. Nimm den Zwang weg und alles wird gut. Andere Kinder wiederum sind an solchen Regelschulen ganz einfach unterfordert. Aber auch dafür gibt es Lösungen.

Sich mit dem bisher Geschriebenem intensiv und klug auseinanderzusetzen, ist deine Aufgabe. Überlass diesen Prozess nicht denen, die dein Kind gar nicht oder nur oberflächlich kennen. Gib die Kontrolle nicht aus der Hand und übernimm Verantwortung. Denke immer daran, dass dein Kind den Platz in deinem Leben einnehmen möchte, der ihm zusteht und den ihm das Leben und die Natur in die Wiege gelegt hat. Nämlich ganz oben in deinem Ranking, in deinem Herzen und auf deiner *To-deal-with*-Prioritätsliste. Wenn du jedoch immer noch der Meinung bist, dass Karriere wichtiger ist als dein Kind, dann stell dir auch bitte gleichzeitig und sehr kritisch die Frage, warum du ein Kind hast.

Du wirst dich jetzt fragen, was das alles mit Mental Survival zu tun hat. Ich will es dir erklären. Wenn deine Kids von frühester Kindheit an feste Wurzeln erfahren, weil sie den Eltern nahe sind und wissen, sie können sich auf diese verlassen, was immer auch kommt, dann sind sie mental gefestigt. Weil die Basis stimmt. Das impliziert natürlich, dass du ihnen nicht alle Probleme von der Pfanne nimmst. Wenn meine Sprosse, vor allem die Jungs, ab dem sechsten oder siebten Lebensjahr in die Schule gehen, wäre ich als Papa heftig enttäuscht, wenn Sohnemann nicht ein- oder zweimal die Woche mit einem blauen Auge oder einer Schramme im Gesicht oder an den Fäusten nach Hause käme. Soll er lernen, sich zu behaupten, jawohl, kämpfen soll er können. Für einen gerechten Zweck. Um seine Integrität zu schützen. Um Kameraden damit zu sagen: Bis hierher und nicht weiter. Und bitte, ja, er soll sich auch nicht willkürlichen Zwängen anderer beugen, aber muss davon überzeugt sein, dass Schule an sich schon etwas Positives für ihn und seinen Werdegang darstellt. Der Kein-Bock-auf-nix-Philosophie, darf, nein, sollte er in jungen Jahren schon mit seinem inneren Schweinehund begegnen, der ihm Folgendes diktiert: Die eiserne Disziplin, die ich heute an den Tag lege, zahlt sich in späteren Jahren für mich aus. Also Arsch hoch und ran an die Buletten! Lange Rede, kurzer Sinn: Mental Survival beginnt im Kindesalter.

# Gesundheit

*Ärzte wissen es. Sie wissen, dass sie die Lehrbücher ändern müssten, wenn wir das Geheimnis bezüglich unserer „Gesundheit" entdecken. Dieses Geheimnis ist mit fünf Minisätzen enthüllt. Atmen in der Natur. Bewegen an der frischen Luft. Verlassen der Komfortzone. Positives Denken und Mindset. Gesund ernähren und immer in Maßen.*

Es geht weiter, Bruder. Sicher warst du schon mal krank. Vielleicht bist du gerade krank. Ganz sicher aber wirst du einmal krank (oder schwach) sein. Das Alter verschont niemanden. Was macht man(n) in solchen Situationen? Jopp! Mann rennt zum Arzt. Er braucht Pillen, er braucht ein Mittelchen hier, da muss geröntgt werden und überhaupt tut's da scheißweh. Eine OP drängt sich auf. Nach alter Manier muss jetzt eine schulmedizinische Lösung her. Mancher Mann sucht auch nur Zuwendung (über die der Krieger von einst gelacht hätte). Der Knackpunkt aber ist: Er gibt die Verantwortung für seinen Körper und Geist in fremde Hände. Was das alles mit Eigenverantwortung zu tun hat? Ich sage es dir, doch meine Antwort fällt nicht in den kurativen, sondern in den präventiven Bereich. Die meisten Männer nämlich, die heute dem Doktor die Tür einrennen, haben in der Vergangenheit falsch gelebt.

**Erfahrungswert:** Im Jahr 2004 tat mir das Knie höllisch weh. Jede Bewegung war eine Qual. Arthrose oder Arthritis, meinte der Arzt. Er wollte sich da nicht festlegen. Er verschrieb mir Spritzen, ließ mir Einlegesohlen anfertigen und sagte – ich höre es noch ganz genau –: *Kein Sport mehr, Herr Gast!* Sein Wort war mir Befehl. Ich holte mir fleißig weiter die Spritzen ab, schluckte brav irgendwelche Schmerzmittel, und die größte körperliche Anstrengung war der Weg von der Couch zum Kühlschrank und zurück. Eine Woche verging, ein Monat, zwei Monate, aber die Schmerzen blieben. Irgendwann hatte ich genug. Nein. Falsch.

*Ich hatte die Schnauze gestrichen voll!*

Konsequenterweise landeten die Schmerzmittel im Mülleimer. Von weiteren Arztbesuchen nahm ich Abstand und die orthopädischen Einlagen wurden feierlich in der Küchenhexe verbrannt. Doch nicht genug. Ich zog mir jeden Morgen meine Running von Nike und den Sportanzug an und rannte, eine Bandage umgewickelt, um mein Leben. Die ersten drei Tage war Zähneknirschen angesagt. Am vierten Tag tat sich was. Nach drei Wochen waren die Schmerzen im Knie Geschichte. Mir ging es wieder richtig gut. Ich habe eigenverantwortlich gehandelt. Ja, ich weiß. Der Schuss hätte auch nach hinten losgehen können. Tat er aber nicht.

Es geht noch weiter. Im selben Jahr bekam ich Magenschmerzen. Und Sodbrennen. Der Hausarzt verschrieb mir ein Medikament (Arzneistoff aus der Gruppe der Protonenpumpenhemmer), und das hochdosiert als Dauermedikation und ohne mich auf einen eventuellen Mangel an Vitamin B hinzuweisen, der sich schleichend und sicher mit der Zeit einstellen würde. Im Jahr 2007, also drei Jahre danach, hatte ich einen ischämischen Schlaganfall – *ein Schlägle*, würden die Schwaben sagen – und wieder etwas später in der Zeit, nämlich 2015, stellte sich ein Herzproblem ein. Mir wurden zwei Bypässe gelegt. Fuck! Eine OP am offenen Herzen; ich dachte, mein Leben wäre vorbei, das war's dann.

Ich zog um, was mit der Krankheit selbst nichts zu tun hate, und suchte gezwungenermaßen nach einem anderen Hausarzt. Beim Antrittsbesuch erzählte ich ihm meine Geschichte, worauf er sich die Haare raufte. *Der Arzt*, sagte er zu mir, *der dir den Protonenpumpenhemmer in dieser Dosis und als Dauermedikation verabreicht hat, hätte nie Arzt werden dürfen, denn er hätte dich fast umgebracht.* Es stellte sich nämlich heraus, dass diese Art Medikament in sehr vielen Fällen

Ursprung von Schlaganfällen und Herzproblemen ist. In Maßen eingenommen, kein Problem. Aber auf Dauer und täglich und das über lange Jahre hinweg: einfach tödlich!

Worauf ich hinauswill, ist einfach. Glaube nicht blind, was die Ärzte dir sagen. Mach dich schlau. Recherchiere. Hol dir mehrere Meinungen von anderen Ärzten ein. Immerhin geht es um deinen Körper, um deine Gesundheit, um dein Leben. Und noch ist es ja so (keine Ausnahme, die ich kenne, bestätigt diese Regel), dass du nur ein Leben hast.

Es ist Ausdruck einer starken Mental-Survival-Attitude, sich auch mal was zu trauen und sich offen gegen die Meinung (oder Diagnosen) eines Arztes auszusprechen, diesem zumindest nicht blind zu vertrauen. Leider haben wir gelernt, dass Ärzte Respektpersonen sind, denen man nicht so einfach widerspricht. Es braucht also schon Mut, die Faust auf deren Bürotisch knallen zu lassen und zu sagen: *Scheiße, nein, ich nehm' das nicht einfach so hin!*

Ach ja. Noch was in diesem Bereich, ich fasse mich kurz. Vor ein paar Jahren hatte ich ein massives Darmproblem. Jeder Arzt hätte mir vermutlich Antibiotika verschrieben. Aus der Vergangenheit jedoch schlau geworden, rannte ich anstatt zum Arzt, direkt in den Bioladen. Dort kaufte ich den besten Manuka-Honig, den es gab. Natürliches Antibiotika par excellence, Bruder. Ich nahm früh, mittags und abends je einen Esslöffel davon. Am vierten Tag ging es mir wieder gut. Gleichzeitig schluckte ich jeden Tag in aller Frühe und lange vor dem Frühstück eine Knoblauchzehe im Ganzen herunter. Das Darmproblem hatte sich damit ganz und gar erledigt. Da mein Wahlspruch *No Coffe, No Workee* (kein Kaffee, keine Arbeit) ist, möchte ich fairerweise noch hinzufügen, dass ich dem Kaffee zunächst mal die rote Karte zeigte. Und das ganze drei Monate lang. Danach nahm ich den Kaffeegenuss wieder auf, aber ich beschränkte ihn auf eine Tasse vormittags und eine nachmittags.

Zu fast jedem Medikament gibt es schonendere, natürliche Alternativen. Man muss sich nur die Zeit nehmen, sich damit etwas auseinanderzusetzen. Sport. Gute Ernährung. Natur. Stressfreie Zonen oder

Momente. Homöopathie. Heilpraktiker. Meditation: Diese Schiene hat mich ganz gewaltig überzeugt. Und das, obwohl ich als Mann vor dieser Zeit all dies genau als Humbug angesehen habe.

Das Stichwort ist gefallen: MEDITATION!

Ich weiß, dass es inzwischen sehr viele Männer gibt, die sich der Meditation, in welcher Form auch immer, hingeben. Sei dir bewusst, o tapferer Krieger, dass Häuser und Wohnungen – Innenräume allgemein, und das Anwenden von sogenannten Wireless-in-ear-Kopfhörern ziemlich brutal für deine Gesundheit sein können. Ich rede von Feinstaub, Strahlen und vom künstlich erschaffenen Umfeld. Du willst meditieren? Mach es wie ich! Ich gehe jeden Tag in den Wald. Mit Ruby, meiner Grönlandhündin. An einer bestimmten Stelle im Wald steht eine alte Kiefer. Vor der habe ich einen Heidenrespekt.

Die Luft ist klar, kein störendes Geräusch trifft mein Ohr, wenn ich an sie herantrete, sie mit der Hand sanft berühre, um dann meine Stirn gegen die kühle Rinde zu pressen. Und ich rede mit ihr. Aber zuerst fühle ich in sie hinein. Wo sie wohl herkommt, was sie wohl alles gesehen hat? Ich fühle Mutter Erde, bin ihr nah, erdbraun, kann die Erde riechen. All meine Sinne sind wach. Hellwach. Ohne zu denken, alles um mich herum vergessend versinke ich. Es ist eine Zeitreise, von der ich nie weiß, wie sie endet. Jeden Tag, nach so einem Tripp, komme ich als anderer Mensch nach Hause. Der Kontakt mit der Kiefer erfüllt mich mit Ruhe, Kraft und Frieden.

*Satire, marsch!* – Mal unter uns. Wie viele Ärzte gibt es, die ihren Patienten sagen, dass Zucker der Killer Nummer eins der gesamten Nation ist? Oh ja. Krebs hat verschiedene Ursachen. Erbgut. Tabak. Stress. Trauma. Alkohol. Strahlungen diverser Art. Aber eben auch falsche Ernährung. Und dass der liebe Krebs sich vom Zucker nährt, im saurem Umfeld wächst und gedeiht wie Efeu an der warmen, feuchten und alten Hausmauer, ist kein Geheimnis. Oder im Umkehrschluss, dass sich ein solcher – wenn du ihm den Zucker wegnimmst – eingeht wie eine Primel, die zwei Wochen keinen Regen gesehen hat? Es wird nicht explizit erwähnt. Gewollt ist die Chemokeule. Sie wollen dir Tabletten zu schlucken und Medikamente zum Verabreichen geben. Die Pharma schreit hurra, so kann's unendlich lange weitergehen. Bist und bleibst du gesund, trägst du nicht zu deren Prosperität bei. Also iss weiter Zucker, meide Brokkoli, Olivenöl, Nüsse, Cayennepfeffer, Gemüse, Obst und Sport. Das macht uns happy!

Kaum ein Arzt sagt dir offen, dass die Hanfpflanze mit das Beste ist, was du deinem Körper – und der Umwelt – antun kannst. CBD-Öl wird aus Nutzhanf gewonnen. Hanf, je nachdem in welcher Form du ihn zu dir nimmst oder wie du seine Komponenten verwendest, kann Vitamin- (ungleich mehr Vitamin B als in Fleisch) und Proteinquelle (wertvolle Aminosäuren und bioverfügbare Proteine) sein. Er kann zur Brennstoff- und Papiergewinnung genauso herhalten wie als Schmerzmittel. Hanf entgiftet den Körper, ist gut für den Muskelaufbau … und ich erspare mir den Rest!

Der Arzt sagt dir auch nicht, dass Krieg scheiße ist, denn ohne Krieg wären in vielen Regionen unserer Erde Ärzte so ziemlich arbeitslos und somit mittellos, nicht wahr? *Stopp, Satire!*

Aber ist es wirklich nur Satire?

*Dein Leben, Bruder. Dein Leben!*

# Die Verabschiedung der Komfortzone

Mach eine kleine Übung mit mir. Geh raus in den Wald. Lauf eine Weile, bis du dich komfortabel fühlst, bleib dann stehen und atme schnell und tief ein, und schnell und zur Gänze wieder aus. Mach das fünfundzwanzigmal hintereinander. Ab dem zehnten Atemzug fühlst du dich beschwingt. Ab dem zwanzigsten kommst du dir vor, als hättest du gekifft und die letzten fünf Atemzüge sind außerirdisch, all das natürlich im positiven Sinne. Jede Zelle deines Körpers benötigt frische Luft. Hast du zu wenig davon, fühlst du dich müde und schlapp und du hast Mühe, dich zu konzentrieren.

Wenn du Angst verspürst, in Panik gerätst oder brutal aus deiner Komfortzone gerissen wirst, hältst du instinktiv den Atem an. Achte darauf. Atme tief ein und wieder aus. Mach das immer, wenn du spürst: verdammt, da stimmt was nicht.

Solltest du in eine Notsituation, in Panik oder Stress geraten, bleib niemals passiv. Beschäftige dich. Konzentriere dich voll auf deine Arbeit, ob das jetzt das Errichten eines Shelters ist, die Planung einer Flucht, das Anfertigen einer Waffe zur Selbstverteidigung oder das Abholen der Kinder von der Schule. Fokussire dich auf die Aufgabe, ohne jedoch das Umfeld völlig aus den Augen zu verlieren. Aktiv zu bleiben, gibt dir das Gefühl, dass du alles unter Kontrolle hast (auch dann, wen dem nicht so ist)!

Geh einmal am Tag Sport machen. Nicht im blitzsauberen Fitnesssaal, sondern im nahen Park oder im Wald. Zieh dir dafür alte Klamotten an, los geht's. Geh joggen, nein, renn buchstäblich um dein Leben. Lass nichts aus. Kein Schlammloch, keine Pfütze, keinen umgestürzten, querliegenden verdammten Baumstamm. Wenn du vom Sport zurückkommst und du stinkst nach Schweiß (das Männerparfüm schlechthin), fühlst dich wie eine Wildsau, hast vielleicht die ein oder andere Schramme an den Armen und Schlammspritzer im Gesicht: Bingo! Alles richtig gemacht. Du hast frische Luft getankt, dich bewegt, obwohl es draußen kalt war und geschifft (geregnet) hat. Du hast eindeutig deine Komfortzone verlassen und du fühlst dich geil. Du bist in deiner lebensbejahenden Positivität. Wenn du jetzt nicht wieder alles kaputt machts, indem du irgendwelches Zeug in dich reinstopfst oder zu dir nimmst (Zucker, weißes Mehl, zu viel Fleischprodukte, Alkohol und Tabak gehören dazu), ist alles Bestens.

**Halte Folgendes zurück:** Deine größten Feinde im Leben sind Angst und Panik. Wenn du dieses schreckliche Duo nicht kontrollieren kannst, wird es dafür sorgen, dass deine Fähigkeit, eine intelligente Entscheidung zu treffen, im Ansatz schon zerstört wird. Du handelst dann nicht situationsbedingt, sondern lässt dich von deinen Emotionen, von Angst und Panik leiten. Was dabei rauskommt, ist mitunter sehr krass.

Jemand hat mich mal gefragt, wie ich es immer schaffe, mich zu jeder Zeit in Selbstdisziplin zu beweisen. Meine Antwort kam wie aus der Pistole geschossen: Ich mach es einfach! Beziehungsweise, ich mache gewisse Dinge nicht. Ich stehe sehr früh auf, auch und vor allem dann, wenn ich keinen Bock habe. Ich steh einfach auf. Ich trinke keinen Alkohol mehr. Ich trinke nicht mehr, Punkt! Ich höre dann auf zu essen, wenn's am besten schmeckt, und wenn ich Sport mache, ist die Session erst beendet, wenn ich völlig erschöpft bin. Und so ist es in allen Dingen. Ich mache es einfach. Oder eben nicht. Anders kann jeder, doch *jeder* zu sein, ist nicht mein Anspruch.

**Ich habe da einen Auftrag für dich:** Verdrück dich in die Natur. Mach Sport, und zwar genauso wie oben beschrieben. Nach dem Sport geh sofort duschen. Und zwar kalt! Ich habe nicht geschrieben *lauwarm*, sondern kalt! Außer dass deine Eier so klein wie Erdnüsse ohne Schale werden, kann dir nichts passieren. Ich weiß genau, was gerade in dir vorgeht: Du denkst, der Gast hat nicht mehr alle Latten am Zaun, richtig? Ich bedanke mich für deine geradlinige Einschätzung. Aber weißt du, was ich von dir denke? Ich denke, dass du ein erbärmlicher Feigling bist. Warum? Weil du den an dich herangetragenen Auftrag zwar verstanden hast, du aber nicht willens bist, ihn auszuführen. Klartext: Mir musst du nichts beweisen, sondern dir. Also los. Zieh deine dreckigste Sportswear an, zisch ab in den Wald und renn um dein Leben. Komm nach Wildsau riechend (ich habe *Wildsau* gesagt, nicht Löwin!) wieder heim und dusche dich sofort kalt ab.

*Jetzt bin ich aber mal gespannt!*

Der Benefit einer kalten Dusche wiegt das momentane Unbehagen allemal auf. Es stärkt dein Immunsystem, hilft dir dabei, einige Pfunde zu verlieren und es macht happy. Ansonsten: keine Sodas. Kein Alkohol, oder höchstens ein-, zweimal die Woche und dann in Maßen (nicht aus Maßkrügen). Und kein Tabak – tabu! Alkohol und Tabak killen dich. Sie lassen sich dabei Zeit, aber sie arbeiten sehr zuverlässig. Zu guter Letzt gehört zu jedem Essen der Leitspruch: Aufhören, wenn du noch etwas hungrig bist!

Raus aus der Komfortzone heißt Verzicht. Wenn du es bis zur Arbeit weniger als zehn Kilometer hast, lass das Auto in der Garage stehen und fahr mit dem Fahrrad. Gehöre bitte nicht zu den deutschen Männern, die mit 35 schon übergewichtig sind, mit 45 keine zehn Liegestütze mehr machen können und mit 55 den ersten Schlaganfall oder Herzinfarkt schon hinter sich haben. Das alles kommt (unter anderem) nämlich raus, wenn du immer nur an deinen Komfort denkst.

Um das Thema zu Ende zu bringen, noch eine kleine Geschichte. Im Jahr 2010 – ich arbeitete damals im Jemen – besuchte ich meine Mutter in Deutschland. Bei dieser Gelegenheit zeigte sie mir die Tabletten, die ein Arzt ihr täglich verschrieben hatte. Die waren in so einer Medikamentenbox: Montag, Dienstag, Mittwoch, und ich erspare mir den Rest. In jedem Fach – ich habe nachgezählt – waren siebzehn Tabletten: rote, grüne, gelbe, runde ovale und rechteckige. Das war tatsächlich der Wahnsinn in der Dose. Kein Mensch, so sagte ich mir, kann so viel Gift auf die Dauer überleben. Da bekanntlich die Dosis das Gift macht, wäre wohl jeder Elefant an diesen siebzehn tickenden Zeitbomben gestorben. Auch hier hätte der Verzicht auf die ein oder andere Zeitbombe sicher das Leben meiner Mutter signifikant verlängert. Nur wusste ich das damals noch nicht.

Wenn du in deine Männlichkeit kommen und gesund bleiben möchtest, brauchst du zuallererst eine Grundlage. Du musst dich selbst spüren. Du musst deinen Körper spüren und herausfinden, was dir guttut. Ich werde dir zunächst einige Stichpunkte an den Kopf werfen, die wir im Anschluss gemeinsam auflösen. Zumindest werden wir es versuchen.

- Umweltgifte.
- Nahrung.
- Handy und Internet.
- Virtuelle Ablenkung.
- Lärm.
- Angst.

Stell dir bitte folgende Fragen der Reihe nach.

- Wie viel Zeit nehme ich mir täglich nur für mich?
- Wie oft am Tag habe ich Lust, mich – abseits aller Ablenkungen hervorgerufen vom Hamsterrad Alltag, von Internet, Handy & Co. – selbst zu spüren?
- Was möchte ich essen; ich meine, was möchte ich wirklich essen?
- Wie möchte ich entgiften?
- Wie kann ich mich von schädlichen Substanzen (Tabak, Alkohol, Feinstaub, Lärm und ungesunder Nahrung) fernhalten?

Wenn du es schaffst, in deinem Jetztzustand deinen Körper zu spüren, kannst du darauf aufbauen. Die Basis ist da. Du hast eine Grundlage.

Welche Menschen hast du ständig um dich herum und ... fühlst du dich gut in ihrer Gesellschaft? Ich meine, fühlst du dich wirklich gut? Tun sie dir gut? Wie ist dein Umfeld gestaltet?

Zur Eigenverantwortung gehört, dass ich mich gesund ernähre und meinen Körper nicht als Mülleimer benutze. Es gibt Männer, die futtern da alles rein, was gar nicht reingehört. Du hast da nur zwei Möglichkeiten. Entweder ist Nahrung Medizin oder Gift. Das entscheidest aber nur du selbst. Ernähre dich gesund. Ernähre dich bewusst. Gib lieber einen Groschen mehr aus und kauf im Bioladen um die Ecke ein. Kauf dort Obst, Gemüse, Milch, Eier, Butter und Fleisch. Wenn du von allem etwas weniger isst, rechnet sich das wieder.

Stress ist ein Killer.

**Im Resümee.** Ernähre dich gesund. Beweg deinen Arsch, komm runter vom Sofa und vom Bürostuhl, mach Sport und kille den Stress. Bring ihn um!

Trenne dich von rücksichtslosen, falschen Menschen und falschen Freunden und nur sich selbst liebenden Lebenspartnern. Miste aus. Fang bei dir selbst an. Wie? Hör auf, dich in deinem Selbstmitleid zu suhlen, hör auf, anderen die Schuld für dein Elend zu geben, und schmeiß alles, was mit Nikotin, Alkohol, Boshaftigkeit, Völlerei, Bequemlichkeit und schnöden Mammon zu tun hat, über Bord und finde zu dir selbst.

> *Hör auf, dich in deinem Selbstmitleid zu suhlen, klemm die Arschbacken zusammen und kämpfe! Jetzt ist der richtige Zweitpunkt zu KÄMPFEN!!!*

Andere wichtiger nehmen als sich selbst. Besser zuhören als zu viel reden. Und: die eigene körperliche und seelische Schmerzgrenze etwas nach hinten schieben, wenn es sein muss – das hat noch niemanden umgebracht. Menschen, die sich bei jeder Gelegenheit selbst bedauern, vor Selbstmitleid dahinschmelzen und dies auch noch lautstark offen kundtun, suchen in schwierigen Situationen nicht nach einem anstrengenden Ausweg, sondern nach sofortigen und einfachen Lösungen aus ihrer Misere.

Sicher kennst du Iron Mike Tyson. Mike brachte das mit dem Reichtum mal ganz gepflegt auf den Punkt. Er sagte Folgendes:

*Die besten Jahre meines Lebens hatte ich im Knast.*

Als er gefragt wurde, warum, und der Fragesteller so nebenbei erwähnte, dass er im Gefängnis doch gar nicht auf seinen Reichtum und all dessen Vorteile zurückgreifen konnte, antwortete Mike:

*Geld nützt dir nichts, wenn du keinen inneren Frieden hast. Im Knast hatte ich Ruhe, Frieden, Stabilität und Balance. Ich war dort vernünftig. Ein Mann braucht Vernunft. Gott bestraft dich, indem er dir alles gibt, was du haben möchtest. Und dann musst du schauen, ob du damit umgehen kannst.*

Solche Aussagen sind nicht neu für mich. Als ich ein Schüler war, las ich oft Lebensberichte von Männern, die von heute auf morgen alles aufgaben, was sie besaßen, nur um im Dschungel, in der Wüste oder in der Steppe endlich ihren inneren Frieden zu finden.

Was möchtest du, dass dein Leben dir bringt? Stell dir diese Frage jeden Tag. Wir leben in einer schlimmen Welt in einer schlimmen Zeit. Das Ganze von uns erschaffene Empire bricht zusammen, man kann niemandem mehr glauben, alle belügen uns, jeder bereichert sich schamlos und in aller Öffentlichkeit.

Ich wünsche mir, dass ich gesund bleibe. Nur wenn ich gesund bin, kann ich meinen jetzigen Auftrag erfüllen. Für meine Lieben sorgen. Sie sind mir sehr wichtig. Wenn unser Empire zusammenbricht, alle mich belügen, so kann es für mich nur eine reale Challenge geben. Meine Familie. Ich investiere in mich und in meine Familie. In mich zuerst, weil ich der Wächter bin. Deshalb: Oberste Priorität muss die Gesundheit sein. Ich denke geradlinig, räume meine Gedankenwelt auf. Denn ich weiß: Ich kann im Außen nichts verändern, wenn in meinem Inneren Chaos herrscht, wenn ich das Chaos in mir nicht gelöst habe.

## Ganz unten, zerstört, Körper und Wille kaputt?

*Mich interessiert nicht, wie oft einer hinfällt, sondern wie oft er wieder aufsteht.* – General George Patton.

Ich bekomme täglich rund ein halbes Dutzend Mails. Von Kameraden, von Männern, die sich selbst nicht retten wollen. Letzteres ist keine Annahme, sondern leider Realität. Dazu lese ich dann oft in etwa Folgendes:

> *Lieber Thomas, ich habe mir dein letztes Video auf YouTube angeschaut (Männerschmiede) und ich muss sagen, ich bewundere deine Selbstdisziplin. Du nimmst dir was vor und ziehst es durch. Du machst einfach dein Ding. Das tust du auch dann, wenn es Scheiße vom Himmel regnet und dir alles um die Ohren fliegt. Leider bin ich aus einem anderen Holz geschnitzt. Vor einem Jahr hatte ich einen Schlaganfall, seitdem geht mental gar nichts mehr. Ich kann meinem Körper zwar wieder alle Belastungen zumuten, kann laufen, für mich selbst sorgen, klar denken und reden, aber ich habe die Lust am Leben verloren. Vielleicht liegt das auch mit daran, dass fast all meine Freunde mich verlassen haben. Die Familie hat sich von mir abgewandt. Das Ziel ist weg. Tagsüber lieg ich auf der Couch, esse (nein, ich fresse!) billiges Fastfood. Dazu trinke ich Bier. Nachts liege ich dann, meist betrunken, im Bett und denke über mein miserables Leben nach. Immer kommen meine Gedanke zu demselben Resultat. Nämlich, dass es für mich und auch für alle anderen besser wäre, demselben ein Ende zu bereiten. Meinen Arsch krieg ich nicht mehr hoch, in meinem Hirn ist Gift und Hass, Freunde und Verwandte sind weg. Auf den Straßen lauern Feinde, ich nenne sie Gesellschaft! Das Leben verlangt so viel von mir. Scheiß Leben, was soll's! Ich habe keinen Bock, will nicht mehr kämpfen.*

Am selben Tag bekam ich eine zweite Mail von einem mir unbekannten Mann.

> *Hallo Thomas, Kamerad. Ich bin desillusioniert wegen der ganzen Geschichte, die grad in der Heimat passiert. Bin deswegen in ein Loch gefallen. Aus Hilflosigkeit. Aus Hass und Wut und, ich gebe es zu,*

*wegen der Rachegedanken, die sich mir aufdrängen und die mich ob ihrer Dringlichkeit selbst überraschen. Ich trinke wieder. Zu viel antideutscher Scheiß. Die wollen unser Land kaputtmachen!*

*Wie du war auch ich einmal Soldat. Ich war sogar Panzergren-Uffz. Es gab eine Zeit, da habe ich im Strafvollzug gearbeitet. Heute bin ich Frührentner. Ich bin auch der Natur sehr verbunden, sonst würde ich das alles gar nicht schaffen. Bin ein Waldläufer, und der Wald gibt mir Kraft. Aber alles drumherum ist öde ...*

Zum Mann, der mir die erste Mail geschrieben hat: ... *und denke über mein miserables Leben nach. Immer kommen meine Gedanke zu demselben Resultat. Nämlich, dass es für mich und auch für alle anderen besser wäre, demselben ein Ende zu bereiten,* möchte ich Folgendes sagen. Vielleicht ist es dir möglich, noch etwas zu warten? Ja, warte noch etwas. Tu es morgen. Was du vorhast, ist für immer. Ein *final step*. Es soll daher gut überlegt sein. Und bevor du es überhaupt tust, sag all deinen Leuten Bescheid. Sie sollen wissen, dass du diese Gedanken in dir trägst. Und hast du niemanden, der dir zuhören könnte, geh ins Krankenhaus und sage denen, dass du ein suizidgefährdeter Mann bist. Wenn du schon das *final game* spielst, kannst du, bevor es so weit ist, auch noch ein paar Medikamente schlucken. Möglicherweise helfen sie dir. Das ist die eine Seite.

Aber es gibt ja noch die Rückseite der Münze. Auch wenn du es nicht wahrhaben willst, so gibt es sicherlich jemanden, der dich liebt. Aus der Ferne. Ein alter Klassenkamerad oder eine alte Beziehung. Jemand, zu dem du kaum oder gar keinen Kontakt mehr hast, in dessen Kopf du aber immer noch herumspukst. Ich zum Beispiel denke hin und wieder an ein Mädchen aus alten Zeiten. Ich meine aus wirklich alten Zeiten. Schulhofgeplänkel. Niemals habe ich auch nur ein einziges Wort mit ihr gesprochen. Aber ich liebe sie. Wüsste ich, dass sie mit Selbstmordgedanken spielt, heute, 55 Jahre später, wäre ich der traurigste Mensch der Welt. Barfuß würde ich von München nach Hamburg laufen, um sie davon abzuhalten, ganz sicher. Würde sie sich umbringen, wäre mein Leben weniger schön. Ein Schatten tiefer Trauer würde darauf fallen. Denselben abzuschütteln wäre auf ewige Zeiten unmöglich. Ich weiß es.

Du denkst, du würdest mit so einem Akt den Menschen um dich herum einen Gefallen tun? So denken leider viele Männer, die mit Depressionen kämpfen. Mit Selbstzweifel und mangelndem Selbstwertgefühl. Aber genau das ist es, was auf die Zurückgebliebenen bei deinem unerwarteten Ableben zukommt. Sie werden sich auf irgendeine Art und Weise schuldig fühlen.

Nimm doch mal an, du rufst einen Freund an. Er ist aber gerade beschäftigt und geht nicht ans Telefon. Eine Stunde später begehst du Selbstmord. Dein Freund wird den nichtangenommenen Anruf – zu Recht oder zu Unrecht – mit deinem Selbstmord in Verbindung bringen und wäre sein Leben lang unglücklich. *Hätte ich doch abgenommen. Warum zur Hölle habe ich nicht mit ihm gesprochen! Vielleicht wäre er noch am Leben, wenn ...!* Er wird mit einer großen Schuld weiterleben, während du dich sauber aus der Affäre gezogen hast. Möchtest du das? Wirklich?

Deine Aussage: ... *und denke über mein miserables Leben nach. Immer kommen meine Gedanke zu demselben Resultat. Nämlich, dass es für mich und auch für alle anderen besser wäre, demselben ein Ende zu bereiten*, ist leider sehr weit weg von jeglicher Realität, Bruder.

Wenn solche Mails bei mir eintrudeln, bewirken sie zweierlei. Zunächst finde ich es ungerecht, dass es mir gut geht und dass andere Kameraden auf täglicher Basis leiden müssen. Hörst du aus meinen Worten eine Gefühlswelt raus, die da Mitleid heißt? Richtig. Ich habe zuerst mal Mitleid. Dann aber denke ich nach und sage mir – und das wäre der zweite Gedanke –, dass Mitleid die schlimmste Gefühlsregung ist, mit der du einem Mitmenschen begegnen kannst. Mitleid ist Verachtung. Mitleid ist ein Gefühl, das mit Respekt nicht vereinbar ist. Mitleid ist eigentlich Hass, auf wen auch immer. Da ich nicht immer der Mann schöner Worte bin, gebe ich meine Antwort sofort und so ziemlich brutal, legions-like halt. Meist sieht diese so aus:

> *Lieber Freund. Um wieder in die Spur zu kommen, hast du tausend Möglichkeiten, aufgeben gehört definitiv nicht dazu. Aufgeben ist keine Option. Du singst mir dein Lied vom Aufgeben, ich pfeife contra und sage:* Scheiße ist's, der Mond scheint helle. *Geboren werden,*

*leben, laufen, hinfallen, aufstehen, weiter. So geht Leben. Wenn du aufgibst, ist das eine Kapitulation vor dem Leben. Steh auf und schau aus dem Fenster raus. Da draußen gibt es Menschen, die dich brauchen. Auch wenn sie das gerade nicht in allzu bester Manier manifestieren, ist dem so. Wenn du nun aufgibst, verrätst du sie. Du lässt sie im Stich: Das ist Hochverrat! Zumindest aber ein kapitales Verbrechen. Das macht dich in aller Augen zu einem Scheißegoisten. Also, denk nicht nur an dich, denk nicht:* Ach, geht's mir scheiße, wie brutal bullshitmäßig bin ich drauf oder beieinander. *Sondern denk an die, die einst deine Freunde waren. An deine Familie. An gute Bekannte. Warum die weg sind? Weil sie dich kämpfen sehen wollten, du sie aber immer wieder enttäuscht hast. Du kennst Mark Twain? Mark hatte einen guten Spruch auf Lager. Er sagte:* Sie wussten nicht, dass es unmöglich ist, also taten sie es! *Nun, Mark hatte mit jedem Wort recht. Das hat was mit Willen zu tun. Mit Überwindung und Selbstdisziplin. Nicht die Gesellschaft, nicht deine Freunde und Verwandten sind deine Feinde. Du bist dir selbst der ärgste Feind.*

*Ich habe nur einen einzigen Auftrag für dich, lieber Kamerad. Kämpfe! Überwinde deinen inneren Schweinehund. Binde dir den Arsch hoch, sei kein Scheißegoist und kämpfe! Das Leben fordert viel von dir? Gut! Ich sage dir, verlange deinerseits dem Leben mehr ab. Viel mehr. Fordere vom Leben das, was die anderen nicht wollen. Frag nach den Dingen, die schwierig zu bewerkstelligen sind. Bitte um Kälte, um Hunger, bitte um Schmerz, bitte um schier unlösbare Probleme, dann nimm den ganzen Mist auf dich, kremple die Ärmel hoch und schau dem Teufel gerade ins Gesicht. Sag ihm:* Okay, das ist okay, ich schaffe das. *Sag es ihm mit einem Lächeln im Mundwinkel. Du sagst, dein Ziel ist weg und dass du am liebsten sterben würdest? Lass dir gesagt sein, dass es Schlimmeres gibt als den Tod. Schlimmer ist, dass du tot bist, obwohl du noch lebst. Und tot bist du, wenn du kein Ziel mehr vor Augen hast. Dann bist du nur eine Hülle ohne Leben. Wer kämpft, kann verlieren, wer nicht kämpft, hat schon verloren. Das ist nicht nur ein Spruch. Möglicherweise gehörst zu den Menschen, die sich sagen, dass selbst wenn sie kämpfen, es nicht schaffen würden. Denen sage ich:* Glaubt! Glaubt an Gott. Glaubt an euch.

*Glaube an dich! Ich glaube fest an dich.*

*Wenn du etwas unternimmst, wenn du kämpfst, dann kann es sein, dass du verlierst, dass dir etwas nicht gelingt. Das ist nicht schlimm. Viel schlimmer ist, es gar nicht versucht zu haben. Nicht gekämpft zu haben ist unverzeihbares Übel.*

*Und dann, du weißt schon: Badezimmer. Spiegel. Reinschauen.* Ich bin ein geiler Typ. Mich gibt es nur einmal. Ich kann alles schaffen. Alles wird gut. Ich denke positiv und zum Teufel der ganze Rest!!!

## Von der Angst (Plus das Experiment für Anfänger)

*Ich habe gelernt, dass Mut nicht die Abwesenheit von Furcht ist, sondern der Triumph darüber.* – Nelson Mandela.

Viele Männer haben Angst. Wenn man genau hinsieht, kommt man schnell zum Resultat, dass es sich um ähnlich gelagerte, immer wiederkehrende Ängste handelt. Männer haben Angst, den Job, den Partner oder ihre Gesundheit zu verlieren. Sie befürchten, dass sie die Raten für das Haus nicht mehr zahlen können. Einige haben Angst vor dem Tod. Manchmal haben Männer auch einfach Angst vor anderen Männern. Weil die anderen mehr schaffen. Mehr leisten. Sie fürchten deren selbstbewusstes Auftreten, deren Eleganz, deren Stärke und Attraktivität. Sie beneiden den Erfolg anderer Männer und haben Angst vor dem eigenen Misserfolg. Viele Männer haben Angst, etwas zu tun, was sie noch nie in ihrem Leben getan haben. Ihnen fehlt der Mut, neue Wege zu gehen. Manche Männer, und derer gibt es nicht wenige, sagen sogar, dass sie Ängste haben, denen sie keinen Namen geben können. Sie wachen früh auf und haben Angst. Schon lange vor dem Frühstück sammelt sich der Angstschweiß auf ihrer Stirn. Und dieser Angstschweiß stinkt zum Himmel. Männer haben Angst, dass sie Dinge, die sie sich vorgenommen haben, nicht mehr schaffen. Ihnen fehlen die mentale Kraft und der Wille. Nicht zuletzt aus eigener Erfahrung weiß ich, dass wir Männer manchmal kneifen (Kneifen ist das Gegenteil von Arschbackenzusammenklemmen), sich laut vor einem großen Publikum zu äußern. Den Mund auftun, wenn ein klares Wort, ein Veto, eine Idee oder eine Meinung hermuss, ist einfach nicht drin.

In der heutigen Zeit ist Mut beim Mann eher eine Seltenheit. Der Krieg in der Ukraine macht uns Angst, das tut er direkt, aber auch indirekt. Besonders jüngere Männer haben Angst, dass der Krieg eskaliert und dass sie als Soldat mit der Waffe in der Hand an die Front müssen. Andere haben Schiss vor einem eventuellen Atomkrieg. Viele mach sich Sorgen um die jetzt deutlich spürbaren Auswirkungen unsinniger Sanktionen und den daraus resultierenden wirtschaftlichen Umständen. Alles wird teurer, Arbeitsplätze werden gekündigt. Firmen verlegen ins Ausland. Die Zensur schlägt karnickelfangschlagartig zu: Bumm!!!

Man(n) darf sich nicht mehr zu gewissen Dingen äußern oder man muss darauf achten, seine Worte so zu wählen, dass sie dem Mainstream angepasst sind. Es gibt inzwischen nur noch Gut und Böse, Schwarz oder Weiß. Verkörperst du nicht die gerade angesagte Seite – bist also nicht das, was sich politisch korrekt nennt –: aus die Maus, Ende Gelände, *rien ne vas plus*, ab in die Ecke. Dort schmorst du so lange, bis die Luft um dich herum nicht mehr mit dem Angstschweiß der anderen verpestet ist.

Die Frage ist: Was macht das mit einem Mann?

Es macht, dass Man(n) sich fühlt, als hätte ihm jemand die Eier abgeschnitten, denn gerade der Mut, unsere Meinung immer kundzutun, zu äußern, sie zu vertreten und sich nicht einen Zoll davon abbringen zu lassen, mal auf den Tisch zu hauen und für Klarheit zu sorgen, und nicht zuletzt unsere Transparenz – *ich sage immer, was ich denke, und ich denke, was ich sage* – genau das war es doch, was uns zum Manne machte. Den Mund immer dann auftun, wenn was schiefläuft, aus dem Ruder gerät, wenn was einfach nicht passt oder stimmt oder wenn die Sicherheit und das Wohlbefinden unserer Familie, deren Oberhaupt wir sind, kompromittiert ist. Aber eben auch dann, wenn die gesellschaftliche Ordnung zu kollabieren droht und einfach nur Unrecht geschieht.

Wer angstfrei geboren wurde, der lässt sich den Mund nicht verbieten, weil er mutig konditioniert, verpackt und schließlich zugestellt wurde.

Jeder sollte für sich entscheiden, ob er das ängstliche Leben so vieler Männer teilen möchte oder nicht. Wenn du eher der Typ Mann bist, der sich einreiht, sich hinten anstellt in der Warteschlange derer, die Angst zu ihrem Gott gemacht haben, dann lass dir eines sagen: Den Mief der Angst kriegst du nie wieder weg und gegebenenfalls besteht sofortiger Handlungsbedarf.

Bevor ich nun unsere – deine, eure – Ängste unter die Lupe nehme, erzähle ich von mir, von meinem Stigma und von meinen Ängsten. Vielleicht erkennt sich der ein oder der andere von euch ja hier oder da wieder. Die Erkenntnisse, wer ich war, wer ich bin, sowie der Wunsch, wer ich sein möchte, all das hängt unmittelbar mit Urängsten und, im Finale, mit gemeisterter Angst zusammen. Doch lest selbst.

Ich bin 62 Jahre alt und ganz ohne Vater aufgewachsen, nie, und das bedaure ich zutiefst, ist sein kritischer Blick wie ein Schatten auf mich gefallen. Obwohl von meiner Mutter erzogen, hatte ich es nach Abschluss dieser Erziehung spätestens aber nach Beendigung meiner Schulzeit fast ausschließlich mit Männern zu tun. Ich erkläre euch einmal kurz, in welchen Männerwelten ich unterwegs war.

Mit fünfzehn begann ich eine Lehre, und drin war ich, in einer damals noch exklusiven Männerdomäne. Die Lehre zum Metzger dauerte drei Jahre. Ihr Beginn war das Startsignal zur Abkopplung und zum inneren Lossagen von der Mutter.

Wenn es stimmt, und davon bin ich überzeugt, dass in jedem Mann ein männlicher und ein weiblicher Part steckt, dann habe ich letzteren für die nächsten Jubeljahre recht ostentativ (und insofern das überhaupt möglich ist) auf Wiedersehen gesagt. Ich habe dem weiblichen Part in mir die rote Karte verpasst. Heute weiß ich, dass es ein Fehler war, aber es war halt so. Dass sich unsere Wege – weiblicher Part trifft Mann – eines Tages wieder kreuzen würden, daran zweifelte ich jedoch keine Sekunde.

Ich frage mich, was ich in meinem Leben anders gemacht hätte, hätte ich einen Vater gehabt. Um ehrlich zu sein, ich weiß es nicht, ich kann es nur vermuten. Meine Gedanken gehen da in die folgende Richtung.

Vielleicht bin ich nur den harten Weg gegangen, weil ich dem fehlenden Vater etwas beweisen wollte. Ist es das? Vielleicht wollte ich ihm und nicht mir selbst beweisen, was ich alles kann, was ich wert und zu was ich fähig bin.

Wie sieht es denn bei dir aus?

Das ist jetzt keine einfach in den Raum geworfene Frage, ganz im Gegenteil. Wie sieht es bei dir aus?

Annahme. Du hattest, wie ich und wie so viele andere, keinen Vater. Oder einen, der nur sporadisch auftauchte, in deinem Leben also keine übergeordnet Rolle spielte. Hat das Fehlen deines Vater dein Leben beeinflusst? Nehmen wir weiter an, du hattest oder hast einen Vater. Hast du ständig versucht ihm zu gefallen? Empfandest du seine Präsenz, sein Wirken und seinen Einfluss auf dich als eine Art Hemmschuh für deine eigene Entwicklung zum Mann? Hat er versucht, dein Leben zu steuern? Oder war er dir Hilfe und Leitfaden? Hättest du dein Leben genauso gelebt, wenn es ihn nie gegeben hätte? Spielte die Abwesenheit oder, im gegenteiligen Fall, die Gegenwart deines Vaters ein große Rolle für dich?

*Denk drüber nach und gib dir die Antworten auf meine Fragen selbst! Nur eine Bitte hätte ich an dich: Sei gnadenlos ehrlich dir selbst gegenüber!*

Männer, die von ihrer Mutter aufgezogen wurden, sind vom Fehlen des Vaters und der Omnipräsenz der Mutter geprägt. Auf Lebzeit. Was ich diesbezüglich in späteren Jahren lernen sollte, war, dass die Mutter niemals den Vater ersetzen kann, auch wenn viele Mütter das gerne so hätten.

Bevor es an dieser Stelle weitegeht, hätte ich einige Fragen; und ich bitte dich darum, dir diese Fragen selbst zu beantworten.

- Wurdest du von einer Frau erzogen?
- Von einem Mann?
- Von der leiblichen Mutter?
- Von Vater und Mutter, wobei es sich bei ersterem um den Stiefvater handelte?

- Von Mutter und Vater, wobei es sich bei ersterer um die Stiefmutter handelte?
- Nur vom leiblichen Vater?
- Vom leiblichen Vater und gleichzeitig von der leiblichen Mutter?

Natürlich gibt es noch andere Konstellationen, aber die gängigsten sind genannt. Gestatte mir noch zwei weitere Fragen.

- Wurdest du vom Vater teilweise oder in Gänze abgelehnt? Oder von der Mutter? Von beiden? Welche Gründe gab es deiner Meinung dafür und: suchst die Schuld für diese Ablehnung bei dir selbst, auch heute, im Alter noch?

Was meine Fragen und eure Antworten darauf mit dem Thema Mannsein und noch expliziter mit dem Thema Angst zu tun haben, darauf komme ich am Schluss meiner ganz bewusst herbeigeführten Selbstdarstellung, die ich nun weiter ausführe.

Nach drei Jahren Lehrzeit, den Gesellenbrief in der Tasche, ging es ab zur Bundeswehr. Ich taumelte also übergangslos von einer Männerwelt in die nächste. Das war im Jahr 1979. Ich betone das, um daran zu erinnern, dass es damals noch keine Frauen beim Bund gab. Zumindest kann ich mich nicht daran erinnern, damals jemals einen weiblichen Soldaten gesehen zu haben.

An was ich mich aber erinnere, ist, dass ich als junger Mann sehr angeberisch und großkotzig redete und auch handelte, und sicherlich bei anderen auch so rüberkam. Ich hielt mich für den besten Soldaten der Welt – und das, ohne dass ich mich damals als Soldat in einem scharfen Einsatz bewiesen hatte. Bei der Bundeswehr gab es damals keine scharfen Einsätze, sie sind, Gott sei Dank, sogar heute, in einer Zeit, in der es überall auf der Welt Kriege gibt, Mangelware. Mein Stolz war also nur Männergeplänkel. Heiße Luft. Wer an meiner Fassade kratzte – und es gab da ein paar Menschen (ich nenne sie Freunde), die das tatsächlich wagten –, entdeckte Unsicherheit und Angst.

Nach meinem heutigen Wissensstand und mit viel Abstand zu dem Prozess des Mannwerdens, der auch bei mir jetzt und heute noch lange nicht vollendet ist, erlaube ich mir, Unsicherheit und Angst betreffend, folgende Schlussfolgerungen. Die Unsicherheit verkörperte das weibliche und somit den Bezug zum Weiblichen in mir, sprich: den Bezug zu meiner Mutter. Die Angst hingegen findet ihren alleinigen Ursprung im gänzlichen Fehlen des Vaters. Was wie eine Schuldzuweisung klingt, ist keine. Es ist unter dem Strich nichts anderes als die Summe der Erkenntnisse, eines abenteuerlichen Lebens, in dem ich mich stets nur und ausschließlich darum bemühte, durch das zu lernen, was ich selbst sah, mit eigenen Ohren hörte und geistig und körperlich fühlte. Ich sah äußere Realitäten durch die Brille meines Inneren. Interpretationen von anderen Personen, mein Leben und mein Inneres betreffend, lehnte ich ab. Somit war ich nicht mit Suggestionen, sondern mit der knallharten Wahrheit konfrontiert. Ich war und lebte authentisch. Authentizität um jeden Preis! Das habe ich mir bis heute erhalten.

Eine weitere Wahrheit ist auch, das spüre ich heute deutlicher denn je, dass der Ursprung der Angst oder der Grund vom Fehlen jeglicher Angst (was kein Gegensatz in sich ist) bereits im Mutterleib keimt. Noch ungeboren werden unsere Weichen fürs Leben gestellt. Worte, Ängste, Angstgefühle, Hoffnung oder Hoffnungslosigkeit dringen an unsere embryonale Perzeption. Noch winzig klein, saugen wir alles auf. Flutschen wir schließlich durch die weibliche Vagina hinaus ins grelle Tageslicht Freud und Leid entgegen, sind wir bereits geprägt: Da geht's lang!

Ich bin mir sicher, dass, wenn Vater und Mutter das immer so wüssten, sie mehr Wert auf das gesprochene Wort (oder das unterdrückte Wort) legen würden, denn der Angstschweiß, von wem auch immer er ausströmt, legt sich wie ein Mantel entweder um das Ungeborene oder um das gerade geborene Kind. Sein langer Kreuzweg, einer schwierigen Prüfung gleich, ist vorprogrammiert. Die Angst wurde dir in die Wiege gelegt: Danke, Mama, merci, Papa!

Unter diesem Aspekt betrachtet, hast du als Mann keine bis wenig Chancen, dem zu entfliehen, was wir hier als Angst bezeichnen. Das zu wissen, ist für uns Männer wahnsinnig wichtig, denn wir können endlich weg vom ewigen Narrativ: *Ich habe oft oder immer Angst und bin deswegen ein Feigling!*

Stattdessen können wir hin zur erleichternden Realität. Es ist alles gut. *Es liegt nicht an uns!*

Der Ursprung unsere Angst ist nun klar, sie jedoch in Schach zu halten, sie zu kontrollieren ist ein von unserem Willen unabhängiger Prozess. Wir wurden mit der Angst geboren und müssen erst mal mit ihr zurechtkommen. Basta. Was aber in unserer Macht steht, ist, selbst zu definieren, wie wir mit der Angst im täglichen Leben umgehen.

> *Wir wurden mit der Angst geboren und müssen erst mal mit ihr zurechtkommen. Basta. Was aber in unserer Macht steht, ist selbst zu definieren, wie wir mit der Angst im täglichen Leben umgehen!*

Und jetzt sind wir beim Thema. Der Umgang mit der Angst. Es geht um Disziplin und Selbstdisziplin. Und es geht darum, ein akzeptables, ausgeglichenes Männerleben zu führen, das zwar auch unsere Partner, in allererster Linie aber uns selbst mit Freude erfüllen soll. Halte das mal so im Hinterkopf und lass es arbeiten. Es geht weiter mit mir, denn anhand meines Lebensweges möchte ich dir einen Spiegel vor Augen halten.

Als die Bundeswehrzeit zu Ende war – ich blieb tatsächlich vier Jahre bei den Fallschirmjägern in der damaligen Schwarzwaldbrigade 25 (Nagold–Calw) –, machte sich in mir etwas breit, was ich heute folgenermaßen benennen möchte: *ein völliges Unverständnis, zu erkennen, wer ich wirklich war.* Was ich wollte und was nicht, das wusste ich aber ganz genau. Letzteres schien mir immer schon wichtiger.

Wer ich war? Ich hatte keinen Einfluss darauf. Du weißt schon: Wiege, ungeboren, Angstschweiß und Hoffnungslosigkeit mancher Eltern. Ich war, was meine Eltern aus mir gemacht haben, war das Resultat zweier Menschen, die ihrerseits wohl auch nie Einfluss darauf hatten, wie und wer sie sein sollten oder wollten. Das geht dann wohl zurück bis zum Anfang der Menschheit.

Vielmehr war es mir wichtig, an meinem Werdegang als Mann zu arbeiten. Wer wollte ich sein, wo wollte ich hin und wer könnte ich sein? Was ich heute weiß, ist, dass wir Männer der Angst, egal welcher, nicht aus dem Weg gehen sollten. Ihr nicht ausweichen, ist der richtige Umgang. Unser Fortschreiten als Mann wird immer erst dann gefördert, wenn wir die Angst akzeptieren und uns dann über die Grenzen unserer Angst hinauswagen.

In jedem von uns steckt ein Held, und wie Nelson Mandela in seinem Zitat schon richtig sagte, zeichnet sich Heldentum nicht durch das gänzliche Fehlen von Angst aus, sondern dadurch, dass wir diese Angst in Taten umsetzen. Salopp ausgedrückt heißt das nichts anderes, als dass wir den Ängsten unsere beste und effizienteste Waffe entgegenstellen, die wir haben: das absolute Vertrauen (Urvertrauen) in uns selbst. Unsere Stärken. Unser Wissen um Kampf und Sieg. Du wirst mich jetzt zurecht fragen, woher du dieses Urvertrauen denn nehmen sollst, wenn dir doch Angst und Unsicherheit in die Wiege gelegt wurden? Wie komme ich ins Vertrauen? Wie geht das?

*Dazu eine kleine Geschichte am Rande.*

Mit der Fremdenlegion habe ich genau dreizehn scharfe Einsätze hinter mich gebracht. Darauf bin ich heute nicht mehr so stolz, denn Krieg ist scheiße. Aber sei's drum. Ich kann die Uhr nicht zurückdrehen. Fast jedes Mal, wenn es zum Kampf kam, hatte ich Angst. Manchmal hatte ich gleich so viel Angst, dass ich schier verrückt wurde. Das war verstärkt immer dann der Fall, wenn ich vom Gegner das Weiße in seinen Augen erkennen konnte. Erst nach einiger Zeit wurde mir klar, dass ich meine Angst nicht eliminieren, ihr aber mit dem Vertrauen in mich selbst begegnen konnte. Dieses Vertrauen war meine Waffe. Und Waffen dieser Art habt ihr alle. Auch du hast sie, doch schnell zurück zum Einsatz und zu meiner Angst.

Wie fühlte sich das an? Nun, ich kam mir vor, als hätte ich zwei Seelen und zwei Körper. Einerseits war ich passiver Zuschauer. Einer, der auf der Tribüne hockt und einem Theaterstück beiwohnt. Dieser Zuschauer geht keine Gefahr ein. Er lehnt sich ganz entspannt zurück und genießt das ihm gebotene Spektakel, währen der andere (mein zweites, reales Ich) mit seiner Angst und mit dem Gegner kämpft. Ich bin Kämpfer und Zuschauer zugleich. Die genaue Rollenverteilung (oder gerne auch das Drehbuch) ist folgende:

## Was nimmt der Kämpfer war?

Die Angst schnürt deinen Brustkorb ein, sie raubt dir den Atem. Jemand zieht dir den Boden unter den Füßen weg und du fällst in ein tiefes Loch. Alles ist dort dunkel, eng und kalt. Du hast Angst, dass du nie wieder aus diesem Loch herauskommst. Es ist zu vergleichen mit den Träumen meiner Kindheit. Du läufst durch einen dunklen Wald, kommst auf eine Lichtung und siehts einen Tyrannosaurus Rex. Er hebt seinen Kopf schaut dir in die Augen und rennt, sein vom Blut beschmiertes Maul ganz weit offen, auf dich zu. Du drehst dich um, gibst Fersengeld, aber du kommst nicht von der Stelle. Du rennst und rennst und rennst, bewegst dich jedoch nicht vom Fleck. Du rennst um dein Leben, aber du rennst, wie du entsetzt feststellst, immer auf der Stelle.

Jedes Mal, wenn du dich umdrehst, ist der T-Rex näher dran. Dann wird es plötzlich dunkel. Sein auf dich fallender Schatten nimmt dir das Licht. Jemand schreit. Du spürst seinen heißen Atem in deinem Genick, wachst schweißüberströmt auf. Erst nach einer Weile realisierst du, dass du es warst, der geschrien hat. Genau so ist Angst im Einsatz. Oder im Leben weit weg von Waffen, Soldaten und vom Krieg.

*Das war der Junge. Jetzt zurück zum Soldaten im Einsatz.*

Du bist wie gelähmt. Wie du dich bewegst, wie du Befehle entgegennimmst oder selbst gibst, wie du die einzelnen Abläufe wahrnimmst und Bilder in dich aufsaugst, all das scheint irreal, langsam wie in Zeitlupe, du fühlst dich oft gar nicht betroffen, obwohl um dich herum Granaten explodieren, Kugeln die Luft nahe an deinem Körper zerschneiden und ohrenbetäubender Kampflärm deine Trommelfelle fast zum Platzen bringt. Du bist wie in Trance. Das alles macht die Angst mit dir. Aber es ist eine Form von positiver Angst. Diese Angst ist eine Triebfeder, sie ist dein bester Berater. Und der schreit dir ins Ohr: *Aktion, komm in die Gänge, Junge, oder willst du hier elendig verrecken!!?*

## Was sieht der Zuschauer auf der Tribüne?

Alles spielt sich rasend schnell ab. Es kommen glasklare Befehle, die sofort umgesetzt werden. Jeder Handgriff des Kämpfers passt. Die Perfektion der Gesten und das Ineinandergreifen der einzelnen, fast kaum auseinanderzuhaltenden Aktionen ist bestechend. Die Präzision des Feuers stimmt, die Effizienz auch. Was dem Kämpfer zäh und wie in Zeitlupe erscheint, geschieht in der absoluten Realität in Sekundenschnelle.

Nun. Was ist geschehen? Der Kämpfer ist seiner Angst mit der stärksten Waffe begegnet, die er besitzt. Dem Vertrauen in sich und in seine Fähigkeiten. Tage, Wochen, Monate, ja jahrelang hat er für diesen einen Moment geübt. Es gab Drills, Manöver, Trainings und wieder und nochmal. Bruce Lee sagte einmal: *Ich fürchte nicht den Mann, der 10.000 Kicks einmal geübt hat, aber ich fürchte mich vor dem, der einen Kick 10.000-mal geübt hat.* So ist es auch bei Soldaten. Wir übten immer und immer wieder die gleichen Szenarien, bis alles passte. So lange auch, bis jeder Kämpfer wusste: *Ich kann das alles!* Er war im Vertrauen. Als es dann so weit war, mitten im Einsatz und mit der Angst Auge in Auge, hat er instinktiv alles abgerufen. So war es auch bei mir.

*Mein Vertrauen schickte die Angst in die Ecke; verpiss dich, Bruder!* Das Vertrauen übernahm das Kommando.

Zurück zur Frage, woher du dein Urvertrauen schöpfen kannst.

Du musst herausfinden, was dich ins Vertrauen bringt. Dazu gehören folgende Überlegungen. Wo sind deine Stärken? Frag nicht andere, frag dich selbst. Es muss etwas sein, das dir Spaß macht. Ein Hobby. Ein bestimmter Bereich deines Jobs. Dein Umgang mit anderen Menschen, deine Rhetorik und/oder deine Fähigkeit, anderen Menschen zuzuhören. Vielleicht hast du heilende Hände oder ein beruhigendes Wesen? Suchst du gerade umsonst, lass dir sagen: Jeder kann was, jeder hat was, jeder weiß was! Jeder ist auf einem speziellen, ihm eigenen Gebiet ein Crack. Das bist du auch. Solltest du nicht draufkommen, dann frag deine Freunde. Deine besten Freunde. Können die dir nicht weiterhelfen, beobachte dich. In welchen Situationen fühlst du dich gut? Was erfüllt dein Herz mit Freude? Warum? Wann verrichtest du eine Arbeit oder erfüllst eine Pflicht, die du weder Arbeit noch Pflicht nennen magst, weil eine Arbeit und eine Pflicht, die man gerne tut, weder Arbeit noch Pflicht ist?

Sicherlich wirst du fündig. Jetzt beginn deine Manöver, dein Training, deinen Drill. Im Zivilleben übertragen, nenne diese Phase einfach *die Suche nach der Perfektion*! Arbeite ständig an deinen Stärken, schleife Ecken und Kanten rund, schrei deine Lust, genau das zu tun, in die Welt hinaus und schau königlich, ja verächtlich über die Schwächen hinweg. Lass andere deine möglichen Schwächen beäugeln und lach darüber. Bring dich ins Vertrauen. Dieses Vertrauen im Gepäck, lässt dich jede Angst überwinden. Jede. Geh vom Negativ ins Positiv. Sag: *Okay. Ich habe eine Scheißangst. Ich sehe sie, nehme sie an und akzeptiere sie.* Wow! Wenn du diese Ebene erreicht hast, gibt es nur einen Weg und der führt dich dorthin, wohin du auch immer willst.

Du läufst aber nicht etwa vor der Angst weg, nein! Mach die Angst zu deinem ständigen Begleiter zu deinem *frère d'armes*, zum Waffenbruder. Die Angst zu akzeptieren, ist der erste Schritt, ein äußerst mutiger Mann zu werden. Und es ist der wichtigste Schritt!

Wenn du eines Morgens aufwachst und feststellst, dass du keine Angst mehr hast, und zu dir sagst: *Hoppla, um die Uhrzeit habe ich doch immer Angst*, dann ruf sie. Ruf nach ihr. Sprich mit ihr: *Hey, Freund, wo hast du dich heute Mal wieder versteckt?*

Treib ein Spiel mit deiner Angst. Spürst du das Rumoren? Sie kommt. *Gut, na also. Da bist du endlich.* Du lachst. Ihr lacht beide. Von dir akzeptiert, ja, mit einem Grinsen begrüßt – *hallo Angst* – muss sie dich immer daran erinnern, dass du ohne sie kein Held sein kannst. Niemals!

Wenn du ein Mann bist, der oft Angst hat, oft auch völlig ohne erkennbaren Grund, dann könnte es durchaus sein, dass da ein Kontrollverlust dahintersteckt. Angst hat immer was mit Kontrollverlust zu tun. Geh weg von dem Gedanken, etwas kontrollieren zu wollen und bewege dich lieber hin zu deinem Urvertrauen. Einer Sache musst du von Beginn an den Zahn ziehen. Der Angst vor deinem Tod. Diese

Angst steht oft übermächtig im Raum. Meist siehst du sie nicht, denkst aber völlig unbewusst immer daran. Ich verstehe dich, möchte dir hier und heute einfach sagen, dass gerade diese Angst völlig irrational und in Gänze unbegründet ist. Ich glaube sowieso, dass wir Menschen – wir Männer – viel mehr Risiko im Leben eingehen sollten. Wir werden nackt geboren. Wir sterben nackt, können also nicht verlieren. Wer nichts zu verlieren hat, kann und sollte sich den Luxus leisten, risikoreich durchs Leben zu gehen. Aber ich bin gerade etwas abgeschweift, zurück also zum Thema.

Wir werden ungefragt in ein Leben hineingeboren, dass wir nicht lebend verlassen können. Zumindest wenn wir den Zustand Leben so definieren, wie wir es in der Schule lernen. Frage: Kannst du dich daran erinnern, wie es war, als du noch nicht geboren warst? Nein? Natürlich nicht! Es waren aber genau diese Momente, *dein Leben vor dem Leben (also der Tod)*, die sicherlich sehr angenehm waren. Zumindest lastet keine unangenehme Erinnerung von dieser Zeit auf deinen Schultern. Dein ungeborenes Leben war okay, um nicht zu sagen *best of*. Und genau da will ich hin. Wenn du stirbst, kehrst du in eben diesen *best-of*-angenehmen Zustand zurück. Es wird sein, als hättest du dieser irdischen Welt nie hallo gesagt, als wärst du nie geboren. Du siehst, alles ist okay. Sei voller Vertrauen und glaube fest daran, dass der Tod an sich zumindest nichts Negatives mit sich bringen wird. Eher wohl im Gegenteil. Okay, vielleicht ist es dir nicht mehr möglich, an den Kühlschrank zu gehen, eine Bierdose rauszuholen und zu sagen: *Prost!* Dafür aber werden sich andere Möglichkeiten auftun.

Und wenn es nicht die Angst vor dem Tod ist, die dich heute peinigt, was soll dir denn dann Angst einjagen? Ich möchte es dir sagen: Gar nichts! Nada. Nothing. Rien. Que dalle!

Angst vor dem Tod solltest du nur dann haben, wenn du nicht gelebt hast oder wenn du dein Leben nicht zu Ende gelebt hast. Wenn dein Kreis nicht rund ist. Wenn Menschen der Naturvölker den Tod vor Augen haben, legen sie sich hin. Sie sterben mit einem Lächeln auf ihren Lippen. Sie haben ihr Leben gelebt und nichts, aber auch gar nichts ist zu bedauern. Sie sagen ihren Angehörigen vorher auch: *Bitte weint nicht um mich. Mir wird es sehr gut gehen.* Lebe also immer so, dass du keine Bedauern hast, wenn der Sensenmann dich holen kommt.

Nun rasch zurück zur Angst und zum Kontrollverlust.

In meinem letzten Buch *Urban Survival* habe ich Wege aufgezeigt, wie sich ein Mann aus schwierigen Situationen befreien kann. Die Hypothese eines Angriffs anderer Männer auf seine Integrität stand im Raum, da wurde er im öffentlichen Space angepöbelt und musste sich verteidigen. Mit List und bloßen Fäusten. Unser Mann fand sich also in die Ecke gedrängt wieder. Seine Feinde waren zu dritt. Eine Flucht schien unmöglich, weil alle Fluchtwege verstellt waren. Was tut er? Richtig! Er folgte meinem Ratschlag, der da hieß: *Attack the attacker.* Greife den Angreifer an! Er setze meinen Ratschlag in die Tat um und er gewann. Warum? Weil ihm keine andere Wahl blieb als zu gewinnen. Und weil er die kämpferische Ader, die in jedem Man steckt, nach außen kehrte. Er war der Krieger, der das Mamut jagte und abends am Lagerfeuer dessen Knochen auslutschte.

Denke immer daran. Egal wie groß und stark du bist, egal der Lehrgänge oder Kurse in irgendeiner Kampfsportdisziplin, es findet sich immer jemand, der besser ist als du. Jeder Schüler findet seinen Meister. Vor deinem Meister, vorausgesetzt du erkennst ihn, solltest du keine Angst haben. Höchstens Respekt.

Kleiner Einschub, was ich in diesem Zusammenhang auch unter Mental Survival, vielleicht eher unter mentale Kraft *mental force* verstehe. Augen zu. Ich sage dir, wer du bist und wie du bist oder sein könntest. Du bist ein mehr oder weniger erfolgreicher Kampfsportler. Oder ein Typ, der ganz einfach kräftig gebaut ist und mit seiner Kraft auch vernünftig und sehr geschickt umgehen kann. So weit so gut? Stell dir vor, du bist mit deiner Frau auf dem Jahrmarkt, auf der Kirmes oder einfach in der Stadt beim Bummeln oder Eisessen. Plötzlich kommt ein Halbstarker daher und pöbelt dich oder deine Frau an. Du weißt schon, so ein Spargeltarzan, der nass 64 Kilo wiegt, sich aber aufführt, als hieße er Arnold Schwarzenegger. Der hört nicht auf mit seinen Sticheleien – *komm doch, komm doch* – und zeigt Anzeichen, handgreiflich zu werden. Natürlich könntest du dem Ganzen ein jähes Ende bereiten, tust es aber nicht. Ganz im Gegenteil. Du beweist mentale Stärke, indem du den Typen von seiner Wolke runterholst und mit ihm ein Gespräch auch Augenhöhe führst. Er wird handzahm, verschwindet und sucht sich möglicherweise ein anderes Opfer, was dir ja egal sein kann. Der Deal ist: Jeder wusste, dass du alle Chancen auf deiner Seite hattest. Ein Sidekick oder ein gezielter Uppercut und der Typ läge auf der Fresse. Eine Sache von zwei Sekunden oder so.

Unmittelbar darauf stoßt ihr auf einen aggressiv, gefährlich dreinschauenden Mann. Zwei Meter groß, Muckis wie Jean-Claude Van Damme, hässliche Narben im Gesicht. Auch der pöbelt euch an. Mentale Stärke in diesem Fall wäre es, den großen Jungen ohne Vorwarnung aus den Stiefeln zu kicken. Kompromisslos und ohne ein einziges Anzeichen eines Zögerns. Ungefährer Zeitaufwand: auch zwei Sekunden! Denk drüber nach und zieh deine Lehren daraus.

1986 in unserem Legionspuff in Kourou (Französisch-Guyana) wurde ich Zeuge einer Prügelei zwischen einem Franzosen und einem Briten. Der Franzose war gebaut wie ein Schrank, ansonsten aber dumm wie Brot. Der Brite sah aus, als hätte er ein Jahr gefastet. Klein, hager, nervös. Er war neu im Regiment. Auf jeden Fall kam es zu einem Disput zwischen den beiden. Der Franzose machte sich wiederholt über den Briten lustig. Irgendwann reichte es dem. Der Brite stand von seinem Tisch auf, trat an den Franzosen heran und schmetterte ihm die Faust unters Kinn. Ich hör's heute noch krachen. Das war das Ende des Franzosen, der einen Ruf als Schläger hatte. Den Briten juckte das nicht. Seelenruhig ging er auf seinen Platz zurück, trank sin Bierglas leer und verschwand mit einer hübschen Kreolin in ihr Zimmer.

Und die Moral von der Geschichte? Es kommt nicht darauf an, wie groß oder stark du bist, nein! Was zählt, ist das Mentale. Ich will, ich kann, ich werde. Spargeltarzan hatte Eier und war zu allem entschlossen, dem Großen hat in letzter Konsequenz der Entscheidungswille und der Mut gefehlt. Körperlich stark, wies er mentale Defizite auf.

Nun zu dir. Selbst wenn dir der Arsch auf Grundeis geht, komm raus aus deiner Schockstarre. Versetz dich in den Kampfmodus und übernimm ein *combative mindset.* Ohne ein solches bist du verloren. Fakt ist: Du kommst hier ohne Kampf nicht mehr weg! Also kämpfe und gehe, sobald du zu dieser Einsicht gelangst, ohne Zeitverlust in den Angriff über.

Das *combative mindset,* auf Deutsch die kämpferische Bereitschaft, muss immer in dir sein. Leg sie nie ab. Die Bereitschaft zu kämpfen ist nicht etwa nur eine Marotte harter Jungs oder gar eine Paranoia von ewigen Schwarzsehern. Vielmehr ist es die tiefe Überzeugung, dass Selbstrespekt unwahrscheinlich wichtig ist. Es ist das profunde Wissen, dass niemand das Recht hat, dir einen Schaden zuzufügen. Zumindest nicht ungestraft. Solltest du moralische Zweifel haben, dann sag dir einfach, dass der, der dich angreift, im Unrecht ist. Sag dir weiter, dass jede Aktion, jeder Schaden, den du an ihn heranträgst, notwendig ist. Skrupel sind nicht angebracht, denn es geht vielleicht um dein Leben. Du reagierst offensiv auf einen Angriff und das ist völlig legitim. Achte jedoch darauf, dass deine Reaktion sich nur gegen jene richtet, die gegen dich agierten. Sind sie außer Gefecht, wehrlos oder drehen sie dir den Rücken zu, beende den Kampf. Sie stellen keine Gefahr mehr für dich dar. Bleib aber weiter in der kämpferischen Bereitschaft.

Die kämpferische Bereitschaft geht immer einher mit einem Zustand der völligen Entspanntheit. Oder nennen wir es einen relaxten Alarmzustand. Letzteren sieht man dir aber nicht an. Kommt es zum Kampf, katapultiert dich dieser relaxte Alarmzustand binnen einer Sekunde von Null auf Hundert. Um dich erfolgreich zu verteidigen, brauchst du Wut. Andere haben diese Wut auch. Es sind dieselben, die sich täglich die Ohren mit Mainstream-Bullshit volldröhnen. Sie werden aggressiv, nehmen vielleicht Drogen und richten ihre Wut meist gegen Schwächere. Du erkennst sie. Sie werden in dir ein leichtes Opfer sehen und dich angreifen und das wiederum sollte deine Wut aufs Parkett rufen. *Greif den Angreifer an* gilt aber nicht nur für dich. Auch wenn du Zeuge von Unrecht wirst, wenn Schwächere oder Frauen angegriffen werden, dann hilf und steh ihnen zur Seite.

*Combative mindset* im normalen Leben und weit weg von Straßengewalt angewandt hilft dir einen kleinen Schritt Richtung Mannwerdung zu tun.

Nämlich dann, wenn es darum geht, die täglichen Aufgaben angstfrei und voller Zuversicht zu meistern. Warte nicht, bis die kleinen Aufgaben sich von selbst erledigen, sondern kremple die Ärmel hoch und mach dich an die Arbeit. Widme dich jeder noch so kleinen Aufgabe mit Inbrunst und Liebe. Und mit der Gewissheit, dass es keine kleine Aufgaben gibt, denn alles verdient deine höchste Aufmerksamkeit. Das, was du im Augenblick machst, hat Priorität. Dazu eine kleine Geschichte aus meiner Zeit bei der Fremdenlegion.

Im Jahr 1997 waren wir in Kongo-Brazzaville im Einsatz. Es handelte sich um die Operation Pelikan. Unser Regimentskommandeur bekam Wind von einem Nachlassen der Disziplin und natürlich hatte er nichts Eiligeres zu tun, als uns die Leviten zu lesen. Er ließ alle Offiziere und Unteroffiziere in einem Saal antreten, verdonnerte sie ins Stillegstanden und sagte:

*... Wenn Paris entscheidet, dass wir sämtliche Pariser Toiletten schrubben sollen, dann machen wir das auch. Und dann sind die Fallschirmjäger der Legion die besten Toilettenputzer, die es gibt. Und wenn Paris uns in den Krieg schickt, dann sind wir die besten Soldaten der Welt! Jetzt geht an die Arbeit und macht, wofür ihr bezahlt werdet!*

Dieser Weckruf sollte uns eben daran erinnern, dass wir verdammt nochmal im Einsatz waren und wir in der Pflichterfüllung nicht nachlassen durften. Doch das war nicht alles. Unser Colonel wollte uns daran erinnern, dass alles, was wir taten, von extremer Wichtigkeit war, die großen wie die kleinen Dinge und dass wir alles, was wir anpackten, mit demselben Eifer erledigen sollten. Das Putzen der Toiletten ebenso wie das Agieren im scharfen Einsatz, wenn es um Leben oder Tod ging. Wir alle wussten natürlich, dass der Einsatz und der Kampf immer im Vordergrund standen, das Putzen der Scheißhäuser hingegen ein notwendiges Übel war.

## Zurück zum eventuellen Kontrollverlust

Es ist ein Zustand, den du nicht unbedingt beeinflussen kannst. Ich sage es mir selbst immer wieder und ich sage es jetzt auch dir, dass, wenn du auf gewisse Dinge, Abläufe oder Abwicklungen keinen Einfluss hast (also keine Kontrolle), dann lass sie einfach laufen. Lass es geschehen. Männer werden umso älter und leben gesünder, wenn sie diese Laissez-faire- oder Laisser-aller-Attitüde übernehmen. Ungezwungen gewähren, Dinge einfach geschehen lassen, macht happy. Nur Männer, die in der Zukunft leben, haben Angst davor, nichts mehr kontrollieren zu können. Hör verdammt nochmal auf, vor Dingen Angst zu haben, die du nicht kontrollieren kannst und auf die du in der Realität auch keinen Einfluss hast. Und hör gefälligst auch damit auf, Dinge erzwingen zu wollen. Lös den Knoten in deinem Bauch auf, lächle und verabschiede dich von derartigen Problemen und Ängsten. Sag dir mehrmals am Tag: *Ich kann nicht alles kontrollieren. Ich will nicht alles kontrollieren. Vieles ist mir einfach scheißegal, hurra, die Gams, das meiste ist eh nicht so wichtig. Ich habe Vertrauen in mich selbst und in die Zukunft.* Diese Erkenntnis muss dein Herz und dein Hirn erreichen. Vertrauen in dich selbst, in deine Fähigkeiten. *Ich lebe mein Leben* im Hier und im Jetzt, *alles wird gut.*

*Keine Kontrolle möglich? Du hast keinen Einfluss? Gut! Lass laufen! Lass lächelnd laufen und wende dich anderen Dingen zu, die nach deiner Aufmerksamkeit schreien, und auf die du Einfluss nehmen kannst. Frag dich jeden Tag einmal:* Was ist das Schlimmste, was mir heute passieren könnte? *Dass es kein Bier mehr im Kühlschrank gibt? Na, wenn es das nicht ist …*

Na, siehst du. Gar nichts kann dich umhauen. Nichts. Dass nicht mal der Tod so schlimm ist, dass wir vor ihm Angst haben müssen, das haben wir schon gehört. Also geh deine Tage entspannt und angstfrei an. Lass laufen. Lächle dich in den Tag und marschier mit dem Kopf, Bruder.

*… marschier mit dem Kopf, Bruder!*

- Ich will meine von jeglicher Kontrolle losgelösten Ziele erreichen.
- Ich kann meine Pläne heute umsetzen, zumindest werde ich damit beginnen.
- Ich werde ein Selbstvertrauen an den Tag legen, das Berge versetzt.

Suche, finde und lege den Schalter Vorstellungskraft auf Position off. Ja. Antizipation kann Leben retten, da sind wir uns, glaube ich, alle einig. Aber zu viel Antizipation und auch zu viel Fantasie und Vorstellungskraft, *was nicht alles passieren könnte, wenn ...*, ist kontraproduktiv. Vorstellungskraft katapultiert dich in die Zukunft, du aber lebst Millisekunden genau im Augenblick. Fokussiere dich immer auf diesen Moment. Wenn du in der Vergangenheit lebst, wirst du niemals das Glück erfahren, das dir zusteht. Lebst du immer in der Zukunft, wirst du Zukunftsängste haben. Also bleib hier. Im Jetzt. Lebe dein Leben von einem Moment in den nächsten. Nur so kannst du die Situationen auch händeln. Also, wenn du nicht gerade Autor in Sachen Endzeit-, Horror- und Katastrophenromanen mit Inhalt à la *Friedhof der Kuscheltiere* von Stephen King bist, dann verbanne deine wilden Fantasien dorthin, wo sie auch hingehören: aufs Klo!

Es gibt Männer, die schämen sich, Angst zu haben. Oder in gewissen Momenten ihres Lebens Angst gehabt zu haben. Oder eben, dass sie Angst haben, Dinge zu tun oder tun zu müssen, die in der Zukunft liegen. Da ist er wieder, der Friedhof der Kuscheltiere. Hör gut zu. Ich war in einer der härtesten Armeen der Welt. Siebzehn Jahre Fremdenlegion sind kein Pappenstiel. Harte Einheit, harte Männer? Nicht immer. Denn ich hatte manchmal große Angst. Heute sage ich mir, dass diese Angst nicht nur legitim war, nein. Ohne diese Angst hätte ich einige Situationen gar nicht überlebt. Immer wenn es brenzlig wurde, hat die Angst mir zugeflüstert: *Arsch runter, es wird eng!* Es hat immer gestimmt. Die Angst lag mit ihren Prognosen immer richtig. Ich habe Danke gesagt, der Angst ein Küsschen auf die Stirn gedrückt und der Auftrag ging weiter. Und so ging es nicht nur mir. Die meisten Legionäre, die ich kannte, hatten mal Angst. Du siehst also, Angst ist nicht dein Privileg. Du hast da kein Patent drauf. Auf dem Sofa mit der Aufschrift Angst tummeln sich auch schwere Brocken. Also, keine Scham, wenn du mal Angst hast. Alles ist gut.

*... das Umsetzen deiner Angst in Taten!*

Du erinnerst dich an den Spruch von Nelson Mandela? Um sicherzugehen und weil er so wichtig ist, schreib ich ihn nochmal schwarz auf weiß in die fröhliche Männerlandschaft: *Ich habe gelernt, dass Mut nicht die Abwesenheit von Furcht ist, sondern der Triumph darüber.*

Du bist also plötzlich ein Held. Ein Hero. Konsequentermaßen, Mann der Tat, lass uns zusammen eine Challenge machen. Dein Experiment, wenn auch dieses Mal nur für Anfänger.

Ich möchte von dir, dass du wartest, bis die Nacht hereinbricht und dass du dich, wenn es so weit ist, passend zum Wetter anziehst. Steig ins Auto oder aufs Fahrrad und fahr oder radle zum nächsten großen Wald. Such dir dort einen Abschnitt aus, in dem es keinen Weg, keinen Pfad und kein Licht gibt und dann lauf zu Fuß los. Pfeilgerade, Marschkompasszahl brutal, auf Deutsch querfeldein, immer geradeaus. Sagen wir Pi mal Daumen drei Kilometer. Und du läuft wirklich auf dieser geraden Linie, egal ob da ein Bach kommt, ein steiler Hang, ein Berg, der Dschungel wie in Französisch-Guyana, ein Sumpf, ein Graben, ein Brennnesselmeer oder schräge, dir die Hose zerreißende Wildzäune. Vielleicht bist du Jemand, der nachts und vor allem nachts allein im Wald Angst hat. Ehrlich gesagt hoffe ich es, denn es geht bei dieser Übung um deine Feuertaufe. Du packst die Angst bei den Hörnern. Eines möchte ich dir gleich sagen: Es wird dir nichts passieren. Außer eben, dass deine Hose anschließend vielleicht in den Mülleimer wandert oder vom Schneider eine neue Seele eingehaucht bekommt. Niemand wird dir auflauern. Keiner wird kommen, um dir den Garaus zu machen.

Das Einzige, vor dem du Angst haben müsstest in dieser denkwürdigen Nacht, wäre deine Angst. Und natürlich die Angst vor deiner Angst. Aber wie du schon weißt, ist die Angst ja dein bester Kompagnon. Außerdem bist du mit Waffen unterwegs, die diese Angst in Schach halten. Urvertrauen. Fähigkeiten. Glaube an Gott. Fantasielosigkeit (die ja auch Positives mit sich bringt, wie du bereits weißt).

Die Worte Nelson Mandelas im Hirn ziehst du los in die völlige Dunkelheit. Möglicherweise ist der Himmel klar und du siehst die Sterne mit gelbem Licht durch die Baumkronen flackern. Du gibst der Angst einen Kick in den Allerwertesten und sagst: *Schau hoch! Ist das Leben nicht geil?* Dann steht ihr da, Seite an Seite, eine Weile stumm und voller Ehrfurcht, du und deine Angst, und ihr kriegt euch nicht mehr ein, so fantastisch ist euer Abenteuer.

Mit jedem Schritt und je mehr du dich körperlich anstrengen musst, steigt die Herausforderung. Irgendwann, den genauen Zeitpunkt kannst du nicht mal zeitlich ansiedeln, ist die Angst weg. Sie ist weg! *Mist aber auch*, sagst du dir, *dann lauf ich halt allein weiter.*

Du bist nur noch Aufmerksamkeit. Ein keuchendes, vor Anstrengung schniefendes sympathisches, mit immenser Freude erfülltes Etwas, dessen Ziel, die drei Kilometermarke, noch lange nicht erkennbar ist. Aber du näherst dich ihr. Aus schwarzer panischer anfänglicher Angst wurde ein Abenteuer, wie du es nicht erwartest hast. Eine wirkliche Challenge. Es ist zunächst ein Kampf gegen dein Unbehagen. Dann einer gegen die Grenzen deiner körperlichen Belastung. Und du kämpfst gegen deinen Willen, der da sagt: *Welchen Unsinn mach ich da, lass mich den Scheiß abbrechen und nach Hause gehen.*

Du bleibst, machst weiter, hast diesen Kampf für dich entschieden. Dir geht es jetzt nur noch darum, deine Umgebung in dich aufzusaugen. Das nächste Hindernis zu umgehen oder zu überwinden. Wie auch immer. Ein Bach. Kaltes Wasser bis zu den Waden. Nasse Füße, aber auch die Gewissheit, dass dein Ofen daheim sie wieder wärmt. Ein Lächeln und ja, die Angst ist definitiv Opfer deiner Neugier und deiner Freude. Es gibt keine Kameras, aber dennoch willst du jemandem etwas beweisen, tust, als hättest du zumindest einen Zuschauer. Wer das wohl sein kann? Verwundert stellst du auch fest, dass bis jetzt noch nichts Schreckliches passiert ist. Und du spürst das Blut in deinen Adern kochen. Der Wald ist plötzlich dein Leben. Die Dunkelheit verkörpert deine Urängste.

Du keuchst und schwitzt, fluchst und sagst dir mit jedem Schritt, nein, du schwörst, von nun an mehr auf deine körperliche Fitness zu achten. Ein neues Gefühl keimt in deiner Brust: Stolz. Du bist stolz auf das, was du gerade tust. Auch weil du weißt, dass keiner von deinen Freunden oder Bekannten solch verrückte Dinge tun würden, wie du es gerade tust. Du bist stolz, weil du weißt, dass du nicht mehr in die Schublade Allerweltsmensch passt.

Angekommen bei Kilometer drei bist du erstaunt. Oh? Schon fertig mein Abenteuer? Gerne wäre ich noch eine Weile gelaufen. Ich war nämlich im Vertrauen. In der Zuversicht. Im Schweiß gebadet und meinem Körper und meiner Seele näher als sonst die letzten Tage oder gar Wochen. Der nächtliche Ausflug hat dir Spaß gemacht. Du fühlst dich großartig. Ein oder zwei Pflaster auf Schnitte hier und da, Ofen und Hirn an: *debriefing*. Doch das machst du mit dir selbst aus. Die Nachbereitung.

### Ein kurzes Zwischendrin

*... marschier mit dem Kopf.* Der Satz ist gefallen. Natürlich ist es weit mehr als ein einfach dahingeschmissener Satz, für uns Männer sollte es die Lebensphilosophie Nummer eins sein. Im Juli 2023 startete ich über meinen YouTube-Kanal eine Give-away-Aktion. Ich wollte mich bei meinen Abonnenten für ihre Treue bedanken und mich von einem Gegenstand trennen, an dem ich sehr hänge. Meine Wahl fiel auf mein Képi Blanc.

Das Képi Blanc ist die Kopfbedeckung und das Markenzeichen für uns Fremdenlegionäre. Du bekommst es überreicht, wenn du den sogenannten *Marche Képi Blanc* hinter dich gebracht hast. Dieser führt dich, einen schweren Rucksack auf dem Rücken, über 110 Kilometer hinweg durch eine bergige Region im Süden Frankreichs. Drei Worte: Blut, Schweiß und Tränen.

Nach zehn Tagen bekam ich eine Meldung rein von einem mir unbekannten Mann. Er kenne da einen 15 Jahre alten Jungen namens Garfield. Garfield hat sich in der Vergangenheit wohl oft meine alte Männerschmiede angesehen und der Satz *Marschier mit deinem Kopf* hat sich in seine Festplatte eingefressen. Er lebte strikt danach. Das musste er auch, denn Garfield hatte das Chaplin-Syndrom. Während die Knie normal geradeaus zeigten, wuchsen die Füße nach außen. Die Sache musste mehrmals operiert werden. Dazu trennt man gewöhnlich die Füße ab und setzt sie neu an. Via Orthesen wird das Ganze dann gerichtet. Zuerst das eine Bein, dann das andere, doch der ganze Prozess zieht sich über ein Jahr lang hinweg. Und er ist sehr qualvoll. Mehr als einmal konnten interessierte Beobachter Garfield dabei ertappen, dass er sich auf Hintern und mit der einzigen Kraft seiner Arme bis ins zweite Stockwerk nach oben quälte. Dies tuend, hatte er immer den Satz *Marschier mit deinem Kopf* im Sinn. Obwohl er während des Heilungsprozesses sehr große Schmerzen hatte, fehlte er außer an den Krankenhaustagen kein einziges Mal in der Schule. Es war mir Ehre und Vergnügen, Garfield mein altes Képi Blanc zu überlassen. Garfield, der Kämpfer, hatte es sich verdient.

# Knast, asozial, *misfit*?

Manchmal drängt dich das Leben in die Ecke. Und dort hagelt es Schläge. So gibt es Jungs da draußen – vielleicht gehörst du ja auch dazu –, deren Leben von Beginn an völlig aus dem Ruder läuft. Der Vater ist Alkoholiker, die Mutter kümmert sich nicht und ist überfordert (oder umgekehrt), und daheim ist kein schöner Ort. Nie gewesen. Deine Marschkompasszahl ist von Anfang an falsch eingestellt. Das Resultat? Du verirrst dich. Ein *ras le bol* macht sich breit, so zumindest würden es die Franzosen sagen. Übersetzung gefällig? Ich habe die Schnauze gestrichen voll vom Leben!

Du wirst straffällig. Du kommst ins Heim. In eine Anstalt. Wieder draußen geht der Zirkus weiter. Kleine Schlägerei gefällig? Kokain, Crack, Meth? Alkohol? Dinger à la Schwarzwald Rambo? Ab in den Knast mit dir. Das ist gesellschaftliche Konsequenz.

Drei Jahre. Drin läuft alles in geregelten Bahnen, die Abläufe werden bald Routine, Wohlfühlfaktor weder heiß noch kalt. Der richtige Schlamassel, Bruder, fängt für dich erst dann an, wenn du wieder draußen bist. Aus dem Heim. Aus der Anstalt. Aus dem Knast.

Draußen bist du allein. Da lauern zweibeinige Wölfe.

Von dreien, die rauskommen, gehen zwei in absehbarer Zeit wieder rein. Sie werden rückfällig. Jobsuche, Wohnungssuche, Behördengänge brechen ihnen das Genick, sie sind hoffnungslos überfordert. Um so was wie einen guten Sozialbetreuer zu sehen, brauchen sie ein Fernglas.

Du wirst dich jetzt fragen, was Thomas Gast mit dem Knast zu tun hat. Kann ich dir sagen. Ich war im Knast. Im Knast in der Fremdenlegion. Und da weht ein eisiger Wind. Das ist eine andere Hausnummer als Zivilknast. Der Tatsache geschuldet, dass ich in der Legion war, bin ich ein Fürsprecher für das, was man eine zweite Chance im Leben nennt. Die bekamen wir ganz zu Beginn. Die Legion hat da beide Augen so richtig zusammengekniffen. Und landetest du irgendwann mal im Knast, dann wurden, wenn du wieder rauskamst, die Zähler auf null gestellt. Keiner hat mehr darüber ein Wort verloren. Das ist fair. Doch fair ist der kleine Bruder von Scheiße. Jetzt stehst du mit deinen Erfahrungen Rücken zur Knasttür. Oder du verlässt das Heim. Die Anstalt, die Klapsmühle.

Bruder, lass dir eines sagen. Als ich damals zur Legion ging, wusste ich nicht, was auf mich zukam. Aber einer Sache war ich mir ganz sicher: Egal was die von mir verlangen, egal was passiert, ich box mich durch, ich schaffe das.

Genau das verlange ich jetzt von dir. Setz dir ein Ziel, geh raus in dein neues Leben und kämpfe hart, um dein Ziel zu erreichen. Sei nicht hart gegen andere, sondern sei hart gegen dich selbst. Kämpfe also nicht mit der Waffe in der Hand, kämpfe nicht im Milieu, nicht in der Gosse.

Verändere deine Geisteshaltung, dann verändert sich auch dein Leben. Erwarte von der Gesellschaft nichts, was du nicht auch selbst bereit wärst zu geben. Über eine Sache musst du dir im Klaren sein. In der Gesellschaft stößt du als Außenseiter auf Vorurteile, Ablehnung und Misstrauen. Das kommt so sicher wie die Faust aufs Auge, wenn du einem ebenbürtigen Kontrahenten im Ring gegenüberstehst. Das hatten wir schon. Jetzt stellst du dir möglicherweise die Frage: *Soll ich mich ändern?* Die Frage, wenn auch legitim, ist fehl am Platz. Und ich bin der Letzte, der von dir verlangt, ein Anpasser zu werden. Im Gegenteil. Ich möchte, dass du – mit all deiner Arroganz, mit deinem hochmütigen Charakter und mit all deinen großartigen Fähigkeiten – die größte Herausforderung annimmst, die du dir nur vorstellen kannst. Eine, die deine ganze Größe zeigt. Deinen großen

Mut, deinen unerschütterlichen Willen und schlussendlich deinen wahren Charakter.

*Beweise dir selbst, dass die ganze liebe Gesellschaft Unrecht hat. Dass die anderen sich täuschen.*

Ich bin von dir überzeugt. Ich weiß, dass du es schaffst. Ich bin der große Bruder vom Teufel, der auf deiner rechten Schulter hockt und aufmunternd und anerkennend nickt.

Teufel? Rechte Schulter? Kennst du nicht?

Jetzt aber! Auf jedermanns Schultern sitzen zwei Teufel, auch auf deiner. Der eine hockt links, der andere rechts. Der eine lacht sich ständig ins Fäustchen, der andre weint. Links schreit: *Du schaffst das nie, du Loser.* Rechts kontert: *Du kannst alles schaffen, ich werde dir zeigen, was ich im Sack habe!* Du bist dieser Teufel. Und ich dein großer Bruder. Höre immer nur auf den, der mich zum Bruder hat und dann hau dem Teufel auf deiner linken Schulter – der viel zu laut schreit und immer grinst – auf die Fresse. So einfach geht Leben. Marschier mit dem Kopf, Bruder. Lass nicht zu, dass der Teufel auf deiner Linken deine Gedanken manipuliert und die Oberhand gewinnt. Beweise, wer der Loser ist. Du sicherlich nicht.

*Bedenke, dass es bereits eine Art von Manipulation ist, wenn andre dir ein Scheißgewissen einreden wollen für dein Verhalten auf deren Respektlosigkeit.*

Dein Wille, alles zu meistern, wird dir Flügel verleihen. Leg dir einen Panzer zu, ein Schutzschild, dass das Böse – Ignoranz, Diskriminierung, Hass und Häme – von dir abhält. Mach Sport, bis dir die Sicherungen rausknallen. Bis an die Grenzen des Ertragbaren. Das tut so gut, Bruder. Hast du die körperlichen Grenzen erreicht, dann mach es wie wir Legionäre es taten, wenn die Beine uns nicht mehr trugen. Wir marschierten mit dem Kopf weiter unsrem Ziel entgegen!

*Wenn du für die Idee, ständig an deine Grenzen zu gehen, offen bist, wirst du deinem Lebensziel unweigerlich näherkommen und ohne ein bewusstes Lebensziel bist du als Mann verloren: Lost in space! Schlittere mutig von einer Ebene in die nächste. Lebe ständig hart an deinen körperlich- und geistigen Grenzen und dein Lebensplan, nenn es Ziel, schält sich deutlicher aus der grauen Masse unwichtiger Dinge heraus.*

Die VAM- Gesellschaft (VAM steht für Vorurteile, Ablehnung und Misstrauen) vergibt dir nichts. VAMs beobachten dich. VAMs haben, was dich angeht, eine klare Erwartungshaltung. Sie wollen dich trinken, spritzen, schlägern und weinen sehen. Damit sie sich auf die Schulter klopfen können. Sie lauern nur darauf, dass du scheiterst und wieder in den Knast zurückkehrst. Aber den Gefallen wirst du ihnen nicht tun, denn du schlägst sie mit deinen neuen Waffen, die da wären: Abstinenz. Freundlichkeit. Ehrlichkeit. Friedfertigkeit, Zufriedenheit und innere Ruhe. Mit der Zeit werden die netten VAMs also feststellen müssen, dass du *sober* bist, dass dir Drogen am Arsch vorbeigehen und dass du friedvoll bist, und dann, Bruder, dann hast du sie alle dort gepackt, wo es ihnen wehtut. Nicht erfüllte Erwartungen bescheren VAMs nämlich heftige Bauchkrämpfe.

Du hast deine Hausaufgaben gemacht, die anderen können dich mal!

Jetzt könntest du dir sagen: *Ich hab's doch im Blut.* Das Versagen. Schuld dran sind Mama und Papa, die Gene. So ganz nach dem Motto, das Scheißleben meiner Eltern und mein eigenes Scheißleben. Hörst du ihn, den Teufel auf deiner Linken? Egal was deine Eltern geschafft, unterlassen und gesagt haben (oder nicht). Sie konnten es nicht besser. Und warum? Weil sie der Spiegel ihrer Eltern sind. Wie weit willst du zurückgehen? Bis ins Mittelalter? Oder willst du der Serie ein für alle Mal ein Ende bereiten, hier und jetzt.

*Sei anders!*

Auf die Gefahr hin, dass ich mich wiederhole, sage ich dir noch einmal klipp und klar, was Phase ist. Es sollte niemals dein Ansinnen sein, der Gesellschaft zu beweisen, was du auf dem Kasten hast. Du musst es dir selbst beweisen. Sei diszipliniert. Nimm alle wichtigen Termine wahr. Halte Verabredungen ein und erscheine dort *sober*, abgeklärt und cool. Sicher kennst du Sprüche wie: *Man soll sich selbst nicht so ernst nehmen.* Vergiss sie. Im Gegenteil. Nimm dich und deine Person tierisch ernst. Kein anderer sonst wird dir diesen Gefallen tun. Nimm dich so ernst und wichtig, wie der Ertrinkende die Rettungsboje. Habe Respekt vor dir selbst und sage sooft es nur geht: Ich bin einzigartig!

Wenn du dich zu klein dafür fühlst, dann wachse. Selbstliebe – wir haben im ersten Kapitel davon gesprochen – ist einer der wichtigsten Faktoren, wenn du wachsen willst. Es braucht Zeit, die Vorteile von Liebe zu spüren und zu genießen. Zweifle weder an dir noch an der Eigen- oder Selbstliebe, sondern mach dich auf den Weg, zu entdecken, was Liebe auch in deinem Leben bewirken kann.

Das ist nämlich genau das, was dich auf die schiefe Bahn gebracht hat. Selbstzweifel. Eigenhass. Resignation *(... das Scheißleben meiner Eltern!).*

Miss dein Leben in deinem neuen Universum in Tagen. Es zählt nur das. Der Augenblick. Was vergangen ist, wo du durch bist, das alles ist Schnee von gestern. Denke nicht mehr dran und dreh dich nicht um. Laufe auf Pfaden, die du noch nicht kennst. Alles neu. Neue Abenteuer. Stell dir für jeden einzelnen Tag eine kleine Herausforderung. Was das sein könnte?

Jemandem helfen, der deine Hilfe braucht. Einen Menschen zum Lachen bringen. Ein Kapitel eines interessanten Buches lesen. Deine Bude nickelchrome (Legionärsslang) aufräumen. Dich rasieren, dir die Haare schneiden. Jemanden anrufen, dem du wehgetan hast, um ihm oder ihr zu sagen: *Hey, sorry, es tut mir leid. Ich hatte Unrecht!* Mach Letzteres aber nur, wenn es tief aus deinem Herzen kommt. Du musst davon überzeugt sein. Was kommen wird, das Morgen, in einer Woche oder in einem Monat, ist irreale Zukunft. Du hast es nicht in der Hand. Kannst sie nicht immer beeinflussen. Was also zählt, ist das Jetzt. Lebe im Jetzt.

Bereits Lao Tzu, ein legendärer chinesischer Philosoph, der im 6. Jahrhundert v. Chr. gelebt haben soll, sagte:

> *Wenn du depressiv bist, lebst du in der Vergangenheit. Wenn du ängstlich bist, lebst du in der Zukunft. Wenn du hingegen Frieden in dir spürst, lebst du im Jetzt!*

Steh sehr früh auf. Beginne deinen Tag mit Sport. Mach ein Frühstück, nimm eine Dusche und starte durch. Denk positiv. Halte dich von Idioten fern (oder von Arschlöchern, was oft aufs Selbe rauskommt) und achte sorgsam darauf, wen du an dich ranlässt. Soziale Kontakte müssen dir guttun. Was dir guttut, kannst nur du wissen. Orientiere dich idealerweise an Menschen (Frauen oder Männern), die genügend Lebenserfahrung mitbringen und die selbstlos und behutsam an dich herantreten. Nicht von oben herab.

### Du solltest, du müsstest, du könntest!

Umgib dich nicht mit Klugscheißern, die ständig an dir herumnörgeln oder Forderungen stellen. Vernetze dich vielmehr mit Freunden, die aus dir das Beste herausholen.

Wenn dich die Lust überkommt, dich zu betrinken, einen Joint zu rauchen, dir die Spritze zu geben oder jemanden zu vermöbeln, dann sag dir einfach, dass du es wieder mal mit dem Teufel auf deiner linken Schulter zu tun hast. Was wir mit ihm machen, das wissen wir beide. Genau. Gib ihm eine auf die Zwölf. Zieh deinen Sportanzug an, ab in den Wald oder in den nahen Park und renn, bis du kotzt. Und wenn du schon kotzt, dann mach das bitte mit Klasse und mit Stil. Ich sage dir das alles, weil ich von zwei Dingen felsenfest überzeugt bin:

1. Du bist ein geiler Typ. Ich glaube fest an dich.
2. Das Beste, was ich dir wünsche, ist ein Leben in Freiheit.

Frei bist du weder im Knast noch in einer Anstalt – und dort würde man dich (und deine Werte) entweder gar nicht wahrnehmen oder wahrnehmen wollen. Im Knast bist du ein Sklave.

Folgendes kann passieren. Du hast deine guten Vorsätze, doch alles geht schief. Du willst, du willst, du kämpfst und kämpfst, aber es klappt einfach nicht. Du kriegst vom Leben immer wieder dein Fett weg. Das sollte Ansporn für dich sein. Wenn du nur fest an dich glaubst, wirst du irgendwann oben auf einem Berg stehen und schreien: *Ja! Das ist es!*

Du kennst den Spruch. Wer kämpft, kann verlieren. Wer nicht kämpft, hat schon verloren! Deshalb: Hör nie auf zu kämpfen, Bruder. Beuge nie den Kopf. Weder vor dem Teufel noch vor den unzähligen Herausforderungen, die auf dich warten. Gib niemals auf. Tu es für dich.

## So und jetzt machen wir eine kleine Übung

Ich möchte, dass du Folgendes tust. Steh auf. Verlasse das Haus. Gehe in deinen Graten oder dorthin, wo du ganz allein mit dir bist, und sage dreimal ganz laut und aus tiefster Überzeugung:

*Ich liebe mich vollkommen und bedingungslos so, wie ich bin. Mein Leben ist wie ein stiller, aber mächtiger Fluss. Ich spüre Liebe und Freude; und ich spüre auch, wie es mir jedem Tag und in allen Belangen besser geht!*

Lass dir, während du das sagt, den Wind ins Gesicht wehen und lächle. Sag dir dabei: *Ja! Genau so ist es.*

## Mental brutal

Für mich das mental Brutalste geschah mir in dem Augenblick, in dem ich die Legion verlassen habe. Ich erinnere mich gut. Nachdem wir durchs Tor der Viénot-Kaserne in Aubagne marschiert sind, nichts weiter als eine kleine Reisetasche und einige Papiere am Mann (und 17 Jahre Erinnerungen) drehten wir uns um. Wir, das waren der Italiener Fagherazzi und ich. Wir grüßten erst den Wachsoldaten, dann das Monument *aux morts*, ein Kultmonument für uns Legionäre, und wir hatten Tränen der Wut und der Erleichterung in den Augenwinkeln. Ich weiß bis heute nicht, was schwerwiegender war, diese Wut oder die Erleichterung. Ich fühlte mich gleichermaßen euphorisch und am Boden zerstört. Verdammt! Siebzehn Jahre Legion und nun war Schluss. Wir gingen ins nächste Restaurant, aßen was weiß ich was, tranken einen guten Rosé (daran erinnerte ich mich bestens, also gehe ich davon aus, dass Fisch auf unsren Tellern zappelte) und wir versuchten heiter zu sein. Miteinander zu reden. Aber wir schwiegen uns an, sahen zu, wie schnell eine Flasche Rosé nach der anderen leer wurde. Wir wussten: Wir hatten unsere Patria verlassen. Legion war für uns Game Over!

Warum sag ich dir das? Es gibt Dinge im Leben, die vergisst man schnell. Vermutlich waren sie es nicht wert, dass man länger oder oft an sie denkt. Dann gibt es andere Dinge: Menschen, Begegnungen, Abenteuer oder gewisse Situationen, die zu vergessen einem unmöglich scheinen. Man kann sie hinter sich lassen, doch sie lassen einen nicht in Ruhe.

*Lass es zu!*

Denn es sind die schönen Dinge, die dich nachts nicht schlafen lassen oder, im Gegenteil, die dir vor dem Einschlafen ein Lächeln auf die Lippen zaubern.

## VOM MANNSEIN IN DER KRISE.
### Inklusive: das Verhalten als Mann im Umgang mit Partner, Kindern und Verwandten

*„Ich bin kein Psychologe, kein Psychotherapeut, kein Neurologe. Alles, was du hier liest, Bruder, entspringt meinem Herzen, denn nur mit dem Herzen sehen wir Männer gut."*

*„Es gibt zwei Sorten Männer. Die, die sich nichts trauen. Und die, die vor lauter Angst mehr tun, als gut für sie ist."*

#### Partnerschaft/Familie.

*Die erste Regel in einer Partnerschaft: Spiel nicht, sei kein Täuscher! Sei von Anfang an immer authentisch du. Wenn du ein Arschloch bist, dann benimm dich so. Siehst du dich eher als Gentleman oder als einen ganz feinen Typen mit Manieren und Prinzipien – ein echter Mann also –, dann verhalte dich so. Gib einfach her, was auf der Packung steht! Deine Partnerin möchte dich, nicht dein Möchtegern-Ich. Die meisten Partnerschaften gehen kaputt, weil der eine oder die andere erst nach einer bestimmten Zeit des Zusammenseins (manchmal erst viele Jahre später) sein wahres Ich nach außen kehrt.*

Ich sage dir klipp und klar wie ich die Rolle – deine Rolle als Mann in der Familie – sehe. Im Zentrum steht die Frau. Sie dreht sich um sich selbst. Im nächsten Kreis um die Frau und Mutter herum bewegen sich die Kinder. Im äußeren Kreis findest du deinen Platz. Die Frau ist also das Zentrum der Familie. Sie trifft die Entscheidungen. Du, im äußeren Kreis, beschützt das Gesamtgefüge. Gibt es Gefahren, übernimmst automatisch du die Führung und in der Gefahr, wie immer eine solche auch aussieht, bestimmst du, was geschieht. Dass die Frau in der völligen Abwesenheit von Gefahren das Ruder übernimmt, sollte dich weder erschrecken, noch solltest du an deiner Stärke als Mann oder an deiner Männlichkeit Zweifel haben. Ganz im Gegenteil. Verlass dich auf sie.

Als Jugendlicher und später teilweise als gestandener Mann, habe ich nicht immer alles (oder alle) liegen lassen. Hörner abstoßen plus so viel Erfahrungen sammeln wie möglich war Pflicht. Heute bin ich 62 Jahre alt, in der dritten Ehe und fünffacher Familienvater, was einem Fulltime-Job gleichkommt. Aus meinen Erfahrungen mit dem weiblichen Geschlecht schlau geworden, gebe ich dir heute einige Tipps, nach welchen Kriterien du dir deine Partnerin und/oder zukünftige Frau aussuchen könntest.

Ganz oben auf der Liste steht ein Wort: Geruch! Du liest richtig. Du musst sie riechen können. Und sie dich. Dies sagend, meine ich keinesfalls irgendein Parfüm oder ein Deo, nein. Dein Partner sollte einen für dich angenehmen eigenen, vom Körper ausgehenden Geruch haben, der dir sprichwörtlich die Sinne vernebelt. Steck deine Nase überall dorthin, wo Körpergerüche üblicherweise entstehen (eine Skizze des weiblichen – oder männlichen – Körpers muss ich dir hier an dieser Stelle hoffentlich nicht machen) und lass deine Sinne spielen. Mach das auch, nachdem sie (oder er) sich zwei Tage oder länger nicht geduscht oder gewaschen hat.

Macht dich der Geruch immer noch tierisch an, dann ist die erste und wichtigste Hürde genommen. Rieche an ihren Füßen. Küsse sie. Es stößt dich nicht ab? Du magst den Geruch? Wenn ja, ist das ein Zeichen davon, dass du mit diesem Partner sprichwörtlich und bedenkenlos Pferde stehlen kannst. Es passt einfach. Natürlich muss es deinem Partner ebenso ergehen. Er oder sie muss dich riechen können. Vorsicht ist immer dann geboten, wenn sie die Pille nimmt oder raucht. Beides verfälscht den Geruchsinn dramatisch. Beispiel: Sie nimmt die Pille. Ihr lernt euch kennen. Deinen Geruch mag sie sehr gerne, du ihren auch. Im Laufe der Monate und Jahre setzt sie die Pille ab und stellt zu ihrem (und deinem) Entsetzen fest, dass dein Geruch eine mittelprächtige Katastrophe ist. Nein. Schlimmer noch. Sie findet deinen Geruch abstoßend.

Du bist recht wohlhabend, um nicht zu sagen reich, und du willst herausfinden, ob dein Lebenspartner / deine Lebenspartnerin nur wegen des Geldes bei dir ist? Mach den Test. Dusch dich drei Tage nicht und geh dann mit ihr ins Bett. Verführe sie. Oder versuche es. Lehnt sie Sex mit der Begründung ab, du würdest stinken, dann mach dich vom Acker oder hilf ihr beim Kofferpacken. Arnold Schwarzenegger würde höflich, aber bestimmt sagen: Ciao bella! Von Liebe kann hier nicht oder nicht mehr die Rede sein. Nicht umsonst heißt es auch: Man kann den anderen oder eine Person nicht mehr riechen. Da ist was dran.

**Hinter jedem erfolgreichen Mann steht eine starke Frau (Gefährtin oder Lebenspartner).** Du willst dein Mannsein in Fülle leben. Du möchtest in deine Kraft kommen, spüren, wie sich der männliche Part in dir nach seinen Wünschen und Träumen verwirklicht, und du möchtest Dinge, die du beginnst, zu Ende führen. Mit Erfolg zu Ende führen. Du hast Ambitionen und nach dem Erfolg ist sinnigerweise vor dem Erfolg. Hinsetzen und ausruhen, ja. Aber nur für eine kurze Weile. Um Mut und Kraft zu schöpfen, um dich deinen Träumen hinzugeben und um deinen Ideenreichtum zu prüfen, ihn und deine Kreativität auf die Probe zu stellen.

Um in deine Kraft zu kommen und deine männliche Fülle und deine Träume wahrhaftig zu leben, dafür brauchst du einen Partner, der dich unterstützt. Diese Lebenspartnerin könnte keine bessere sein als diejenige, die deine Träume und deren Umsetzung in Taten auch auf ihrer Agenda ganz oben ansiedelt. Suche dir also einen Partner aus, der im

Takt deiner männlichen Träume tanzt. Einen, der hinter dir steht, dir ganz aufmerksam über die Schulter schaut, dich dirigiert und darauf achtet, dass du nicht abschweifst, denn er weiß, wie wichtig es auch für dich ist, dass deine Träume nicht nur geträumt werden. Diese eine Lebenspartnerin steht gänzlich hinter deinen Träumen. Gerne sieht sie sich als Botschafter derselben nach außen.

Diese Frau ist Wind in deinen Segeln. Sie unterstützt dich auch deshalb sehr gerne, weil sie weiß, dass du, indem sie das tut, ihrer Weiblichkeit huldigst, sie beflügelst und förderst, wo du nur kannst. Ihre Identität als Frau stärkt sich mit jedem tröstenden Wort, das sie für dich übrighat, mit jedem Klaps auf deine Schulter, mit jedem guten Ratschlag, den sie dir geben kann. Nur wenn du eine starke Partnerin an deiner Seite hast, gelingt es dir, deine Tugenden – du erinnerst dich: *Ehrlichkeit, Zielstrebigkeit, Großzügigkeit, Mut, Weisheit, Beharrlichkeit und Fairness (Demut und Mäßigung gehören sicherlich dazu* – zu leben, an ihnen zu arbeiten, sie zu perfektionieren.

Wenn du spürst, dass deine Lebenspartnerin deinen Träumen nicht dienlich ist, such das Gespräch. Mach ihr klar, dass sie nur dann ein erfülltes Leben an deiner Seite finden kann, wenn sie dich unterstützt. Lehnt sie diesen Support oder diese Lebenshilfe ab, dann zieh weiter. Lass sie gehen.

Such dir niemals eine Frau als Partner aus, die gerettet werden will. Du bist ihnen sicher schon oft über den Weg gelaufen. Die Rede ist von Frauen, die von Männern schlecht behandelt oder gar misshandelt und oft verlassen wurden, Frauen, die in finanziellen Nöten sind, die vielleicht in ihrer Kindheit nur als emotionaler Spielball oder gar seelischer Mülleimer für dumme Eltern herhalten mussten. Sehr gesprächig, mal heiter über andere Menschen lästernd, dabei oft depressiv und emotional am Boden zerstört, ist diese Frau wie ein Magnet. Eines, das Probleme magisch anzieht. Und Männer, die sie retten wollen! Sie suchen (und brauchen) keinen Mann, sondern einen Samariter, dem sie ihr ständiges Leid klagen können. Haben sie ihn in dir gefunden und klebt der Ring am Finger, dann zeigen sie ihr wahres Ich. Sie bringen ihr Chaos in dein Leben. In euer Leben. Du bist es, der sie unterstützen musst, nicht umgekehrt. Nicht du und deine Träume werden im Mittelpunkt deines Ichs stehen, sondern sie und ihr Leid, das es aufzuarbeiten gibt. Oft ist es dann aber so, dass sie ohne Leid und ohne böse Menschen gar nicht glücklich werden kann.

*Leid und Chaosbewältigung, insgeheim wird es nur noch darum gehen.* Diese Frau, bald schon moralisch von dir abhängig und somit immens an deinen Kräften zehrend, wird nicht vordergründig deine Träume im Fokus haben, sondern ihren Rachefeldzug gegen ihre eigene Misere. Gegen die Männer. Gegen Eltern, die vielleicht längst tot sind. Gegen Freunde, die sie haben fallen lassen. Du bist kein barmherziger Samariter und auch nicht Robin Hood für Frauen mit Problemen. Halte dich von Frauen fern, die ostentativ ein Schild mit der Aufschrift *Opfer* vor sich herschieben! Tust du es nicht und lässt dich auf eine Allianz mit ihr ein, wird sich eine Art Co-Abhängigkeit ergeben, was wiederum heißt, dass sie ihr Chaos auf dich überträgt und du ab sofort im Zentrum dieses Wirrwarrs leben musst. Ihr ist damit nicht geholfen. Dir ist nicht geholfen. Der Menschheit ist nicht geholfen.

Das nächste Kriterium, nach dem du dir deine Partnerin fürs Leben aussuchen solltest, ist auch ein ganz wichtiges. Man nenne es gemeinsame Interessen. Beispiel. Ich war und bin ein begeisterter Sportler. Als solcher nutze ich jede Gelegenheit, raus in die Natur zu kommen und mich dort – egal wie – auszutoben. Meist gehe ich laufen (joggen), oft schnalle ich mir den Rucksack auf den Rücken und mache Outdoor- und Bushcrafting. Bei den beiden letzten Disziplinen möchte ich gerne allein sein, bei ersterer mit meiner Gefährtin. Ich denke nämlich, dass es keine bessere Demonstration des Zusammenhaltes und der Einigkeit gibt, als Seite an Seite (Blut) Schweiß und Tränen in die Welt zu kotzen.

Nun war ich aber lange Zeit mit einer Frau verheiratet, die anfangs zwar vorgab, dieses Interesse, man nenne es auch Hobby, mit mir zu teilen, aber sie tat es nicht, als wir dann verheiratet waren. Immer wenn ich dann allein draußen beim Joggen war und mir Paare entgegenkamen, die sich dieser Kür ebenfalls mit Inbrunst vereint hingaben, gab es mir einen Stich. Ich war etwas eifersüchtig auf den Mann, hatte er doch eine Partnerin, die seine Interessen teilte. Auf den Gesichtern dieser durch den Wald tobenden Paare konnte ich immer genau das lesen, was ich gerne im Gesicht meiner Frau gelesen hätte: *Hurra, die Gams, geil, geil, geil!* Doch dieses Glück sollte mir nicht vergönnt sein. Diese nicht geteilten Interessen waren nicht der Hauptgrund für die spätere Scheidung, doch sie lagen mit auf der Waagschale neben Chaos und nicht unterstützten Träumen. Ganz sicher.

*Last but not least* komme ich zu einem Kriterium, das ich ebenfalls als sehr wichtig einstufe. Sex. Es sollte im Bett (oder auf dem Küchentisch) einfach klappen. Gegenseitige sexuelle Anziehungskraft, Verlangen: *Ich möchte dich berühren, ich möchte, dass du mich berührst, ich möchte, dass wir uns spüren und unsere Berührung mit Lust zelebrieren* … Das muss einfach gegeben sein. Auch das ist Ausdruck von tiefer Liebe. Von Hingabe. Nehmen und Geben.

Man steckt als Paar oft im Hamsterrad. Beruf, Kinder, Gesellschaft, Eltern und Schwiegereltern, Finanzen (Finanzamt) und – ich erspare mir den Rest. In all diesen Domänen entstehen wie von Zauberhand kleinere oder größere Probleme. Probleme, die sind wie Ratten. Sie kommen aus allen Löchern gekrochen, euch zu prüfen. Guter gemeinsam zelebrierter Sex kann viele dieser kleineren Alltagsprobleme einfach so vom Tisch fegen. Guter Sex ist sozusagen die beste Rattenfalle, die es gibt. Klappt dieses Zusammenspiel guter, auf Respekt basierender und beidseitig gewollter Sex jedoch nicht, so werden aus kleineren Problemen mit der Zeit und mit den Jahren riesige Baustellen. Die Ratten (Probleme) gehen somit bei euch in der Küche ein und aus, wie es ihnen beliebt. Sex in der Ehe oder in der Partnerschaft sollte jedoch keinesfalls mit Begriffen wie Leistung, Perfomance oder gar Pflicht verbunden sein. Eher dazu passend wären bedeutende Ausdrücke wie Respekt, Liebe und Lebenslust. Diesen Respekt, diese Liebe und Lebenslust können (und sollten) sich Paare bis ins hohe Lebensalter und darüber hinaus bewahren.

Oft ist es so, dass Frauen, je länger sie keinen Sex hatten, auch weniger Lust auf Sex verspüren. Irgendwann regt sich gar nichts mehr und das Paar lebt nebeneinander wie Bruder und Schwester. Es könnte also eine Idee sein, ein oder zwei Mal die Woche einen Eltern- oder Partnerabend einzuführen. Kinder husch, husch ins Bett, den elterlichen Boxring romantisch herrichten: Kerzen, Räucherstäbchen, entspannende Musik, prickelnd warmes Massageöl, etwas Tantra und die körperliche zwischenmenschliche Beziehung so immerfort hegen und pflegen. Auch wenn es an solchen Abenden nicht zur finalen körperlichen Vereinigung, sondern einfach nur zu Berührungen und Nähe kommt, ist das sehr wichtig. Und das in jedem Alter.

### Du bist ein Mann mit exzellenten Manieren? Dann lies die folgenden fünf oder sechs Sätze aufmerksam durch

Eine Erfahrung, die ich machen durfte, war diese: Ab und zu wollen Frauen einen Bad Boy neben sich liegen haben. Nicht irgendeinen Bad Boy, sondern dich. Bad Boy heißt böser Junge. Frauen sind nicht einfach, okay, sie sind sogar manchmal richtig kompliziert. Ihre sexuellen Wünsche zu erraten und darauf einzugehen, gehört dann zu deiner … sagen wir … Aufgabe und Pflicht. Zurück zum Bad Boy. Wenn es einen Ort auf der Welt gibt, an dem deine guten Manieren so was von null gefragt sind, dann ist das derselbe, in den du dich nachts müde reinquälst und aus dem du dich morgens hoffentlich in aller Frische wieder herausschälst: das Bett.

Generell kann man sagen, dass gute Manieren Merkmale von gutem Anstand sind. Jeder Mann sollte eine Portion Anstand besitzen. Und er sollte friedfertig sein. Im Bett aber will deine Partnerin nicht immer den braven Michel, der keiner Menschenseele was zuleide tun kann. Sie möchte die Bestie in dir! Einen Killer. Sie möchte einen, der unbeirrbar die Führung übernimmt, damit sie sich ganz und gar fallen lassen kann. Frag nicht, was sie gerne möchte, sondern nimm, was du von ihr willst. Sei sehr bestimmt und sag ihr auf dem Höhepunkt eurer Vereinigung die schmutzigen Worte, die ihr (und dir) tagsüber die Schamesröte ins Gesicht treiben würden. Achte darauf, wie sie reagiert. Wenn du absolutes Unbehagen spürst, frag sie ganz direkt, wie sie sich fühlt. Vielleicht ist dieses Unbehagen nur auf die Tatsache zurückzuführen, dass sie noch im Zweifel darüber ist, ob sie mit deiner ihr zugedachten Rolle einverstanden ist oder nicht. Wenn sie aber in dem Moment in ihrer absolut weiblichen Rolle steckt, wird sie das Unbehagen schon mit ihren Kleidern ablegen.

Nochmal: Lass zu bestimmten Zeiten eurer Beziehung den Anstand einfach beiseite und besinne dich, dass du ja eigentlich der bist, der am Lagerfeuer hockt und den Mammutknochen aussaugst, während er voller Gier, voller Leidenschaft und Vorfreude an die kommende Nacht mit seiner Partnerin denkt.

Die Frau will einen Bad Boy (im Bett) mit exzellenten Manieren (außerhalb desselben). Das schlägt bei ihr ein wie die Granate einer 155-mm-Haubitze. Aber beides bitte schön uhrzeit- und ortsabhängig!

Wenn wir schon bei der Sache sind, gehen wir doch auch bitte schön kurz unter die Gürtellinie. Als ich 1995 zum ersten Mal in Gabun war, absolvierten wir das *Centre d'Entraînement Commando en Forêt Équatoriale (CEFOGA).* Das ist ein Einzelkämpferlehrgang, der uns tief in die Wälder des Landes führte. Gegen Ende der Ausbildung nahm mich einer der Ausbilder beiseite und zeigte mir einen mittelwüchsigen Baum. Mit seinem Coupe-coupe (Machete) schabte er einen Teil der innen rostroten Rinde ab und sagte: *Lass das Zeug trocknen, zerreibe es fein wie Mehl und misch es in deinen Tee.* Mit einer typischen Macho-Männer-Geste fasste er sich an die Eier und fuhr grinsend fort. *Yohimbe*, sagte er, *Yohimbe. Das Zeug wirkt Wunder.* Gut. Ich hab's damals nicht ausprobiert. Noch nicht!

Neun Jahre später, ich befand mich in Riad, Saudi-Arabien, erinnerte ich mich daran. Unser Fahrer, ein Jordanier erzählte mir von einem angeblich unglaublichen Mix: Yohimbe mit *horny goat weed,* und dass dieser Mix umwerfend sei. Jetzt wurde ich hellhörig. Dasselbe hatten mir die Jungs vom Team nämlich auch schon erzählt. Was macht Gast? Richtig! Ich ging nach der Arbeit zur nächsten Drogerie. In Riad kannst du dieses Zeug rezeptfrei kaufen. Und ich probierte es aus. Ein Wort: Hammer! Zu dem *horny goat weed* gab's eine Geschichte. Es handelt sich hierbei um ein Kraut, das vor allem in China wächst. Da hatte wohl mal ein Hirte seine Ziegen (*goats*) auf die Weide geführt, auf der dieses Kraut wuchs. Die Ziegen fraßen es und siehe da, die männlichen

Vertreter der Rasse wurden alle wuschig. Ich weiß jetzt nicht, was dein Arzt oder Apotheker dir verschreiben würde, ich empfehle dir den Mix *horny goat weed* / Yohimbe, (aber bring vorher alle Ziegen außer Reichweite.). Doch schnell wieder rüber zur Tagesordnung!

Es erübrigt sich nicht von selbst, wenn ich meinen Worten den Begriff Treue hinzufüge. Nicht wenige Männer, aber mindestens genauso viele Frauen, betrügen ihre Partner mit anderen Frauen oder Männern. Dieser Betrug ist kein Problem in Form einer Ratte, sondern er ist ein T-Rex im Pelz eines putzigen Schafes. Lässt du ihm Zeit und Gelegenheit, frisst er euch und eure Beziehung über kurz oder lang auf. Selbst offen geführte Beziehungen werden dieses Fremdgehen auf Dauer nicht überleben.

*Kommt Zeit, kommt Leid. Immer! Auch sehr viele Jahre danach!*

Meine erste Frau hat mich betrogen. Ich verzieh. Machte mir selbst was vor. Die Ratten aber fraßen meine Seele auf. Langsam, gierig, stetig. Nach zwei Jahren besuchte mich das Leid in Form einer kaputten Psyche. Ich konnte nicht mehr so tun, als wäre nie etwas geschehen. Immer wenn ich die Augen schloss, sah ich sie in den Armen des anderen Mannes. Meine Seele war plötzlich ein Friedhof, dunkel, kalt, geschändet! Aber nicht mal ansatzweise war mein Leid mit dem Leid unseres gemeinsamen Kindes zu vergleichen. Ob Krieg oder betrogene Liebe, die Kinder leiden immer am stärksten. Die Lektion? Jeder sollte sich immer und zu jeder Zeit der Konsequenzen seiner Akte bewusst und im Klaren sein.

**Rückblick auf des Mannes gute Manieren außerhalb der nächtlichen Zweikampfarena:** Du als Mann solltest immer gute Manieren an den Tag legen. Es gibt allerdings auch Grenzen. Wenn du irgendwann mal von Idioten richtiggehend umzingelt bist, Schluss mit lustig, aus mit guten Manieren. Verschwinde und räume das Feld. Es ist deiner nicht würdig. Aber verlasse das Schlachtfeld mit Würde und lass dich verbal nicht auf das Idiotenniveau der anderen ein. Du weißt ja: Diskutiere nie mit einem Idioten. Er zieht dich auf sein Niveau runter und besiegt dich aufgrund seiner jahrelangen Erfahrung.

Wir bleiben noch eine Weile bei der Partnerschaft. Natürlich kommt es vor, dass du vom Partner verletzt wirst. Durch Taten. Mit Worten. Meist geschieht das ganz ohne Absicht seitens deiner Frau oder deiner Partnerin. So zum Beispiel könnte es sein, dass sie sich über deine Unzulänglichkeiten im Bett beschwert. Nicht jeder ist perfekt. Was du jetzt machen solltest, ist: in dich reinfühlen. Was bewirkt diese Kritik in dir? Zieht sich in deiner Magengegend alles zusammen? Bist du wütend. Angepisst? Ziehst du dich in dich zurück und legst eine Art Schutzpanzer um dich? Wenn das alles auf dich zutrifft, dann lass dir sagen, dass du damit auf dem Holzweg bist. Deine Frau oder deine Partnerin übrigens auch.

Ein kleiner Tipp von mir. Anstatt dich innerlich von ihr zu entfernen, geh auf sie zu. Nimm sie in den Arm und öffne dich ihr total. Du musst nicht reden, umarme sie einfach. Atme tief ein, und zwar genau dorthin, wo dein Schmerz sitzt; spüre deine Wut, deinen Ärger und deine Unsicherheit und schau deinem Partner dabei in die Augen. Du weißt inzwischen: Wegrennen ist keine Option! Stell dich der Situation mit Liebe.

### Das Wichtigste in einer Partnerschaft

Das Wichtigste in einer Partnerschaft ist, dem anderen zuzuhören. Versuche, ihre oder seine Worte nicht schon zu beurteilen, während dein Partner oder dein Gegenüber noch spricht, sondern lasse sie oder ihn ausreden und höre genau hin. Bereite während des Zuhörens nicht schon vor, was du antworten wirst. Warte einfach ab. Schau dem Gegenüber in die Augen. Somit vermittelst du das Gefühl der Wertig- und Wichtigkeit. Und dass es wichtig ist, was sie oder er zu sagen hat. Das nennt man Respekt. Jeder hat Respekt verdient. Hör zu, sei einfach da. In der Gegenwart. Dieses Verhalten bringt Tiefe in die Beziehung, eine Tiefe, die ihre beide braucht, um zu wachsen.

Etwas weiter oben im Text schrieb ich vom Zusammenhalt. Im weitesten Sinne meinte ich damit auch die Solidarität. Hier ein kleines Beispiel, was Solidarität bedeuten könnte.

Dazu muss ich wieder einmal zurück in den Dschungel Französisch-Guyanas. Wir befanden uns auf einer Mission Profonde. Man stelle sich vor. Dreißig Tage Blut. Dreißig Tage Schweiß. Dreißig Tage Tränen. Und nicht zuletzt: dreißig Tage Nonstop-Regen. Es ging darum, Guyanas Dschungel von Ost nach West zu durchqueren.

*Auf geht's, Männer. Nicht trödeln!*

Die Stimme unseres Chefs klang genervt. Den Rest Kaffee ins Feuer schütten, dieses löschen und sich gleichzeitig FAMAS (unser Sturmgewehr) und Rucksack zu schnappen, war inzwischen eine Kunst, die ich gut beherrschte. Na ja. Sich den Rucksack zu schnappen, hört sich leicht an, war es aber dann doch nicht. Der wog nämlich knappe fünfzig Kilo.

Der Tagesablauf war immer gleich. Wecken um fünf. Abmarsch um sechs. Jede volle Stunde eine zehnminütige Pause. Während dieser Pausen waren alle gereizt bis aufs Blut. Ausgezehrt und hungrig saßen wir lethargisch auf unsren Rucksäcken und warteten auf das Signal *Sac a dos*. Das hieß so viel wie: Es geht weiter.

Gleich in der ersten Pause des fünften Tages zog ein Legionär alle Blicke auf sich. Er hatte sich erhoben, seinen Rucksack geöffnet und stand nun mit einer Melone in der Hand vor uns. Eine Melone hier im Urwald kam uns allen wie ein Wunder vor. Eines, das uns an Hunger und Durst erinnerte. Das Ding wog gut zehn Kilo. Möglicherweise hatte er sie in dem Indianerdorf erstanden, das wir vor Tagen durchquert hatten. Maghenan, so hieß der schmächtige Franzose, hatte die Melone zusätzlich zu seinen fünfzig Kilo durch den Urwald geschleift. Nun nahm er sein Messer, ein Camillus (aus dem in den späteren Jahren das berühmte K-BAR USMC Mark 2 wurde), und teilte das Wunder in acht gleiche Teile.

Jeder bekam sein Stück. Es war eine Demonstration der Kameradschaft, Verbundenheit und Solidarität unter Waffenbrüdern wie ich sie noch nie vorher erlebt hatte. Und war Maghenan vorher immer ein Eigenbrötler, der abseits der Gruppe stets sein eigenes Süppchen kochte, so hatte sich das mit dieser Geschichte radikal geändert. Er war nun mitten unter uns. Wir beschützten ihn von da an gegen alles und jeden. Seine Probleme waren fortan unsere Probleme.

Als wir weitermarschierten, dachte ich an nichts anderes als an die Melone. Sie war das Köstlichste, was ich je in meinem Leben gegessen hatte. Doch das war nicht so wichtig. Wichtiger schien mir die Tat an sich selbst. Obwohl Maghenan bereits fast 50 Kilo Gepäck auf seinem Rücken hatte, fand er auch noch für diese Melone Platz in seinem Rucksack und hatte diese brüderlich mit uns geteilt. Ich dachte verzweifelt nach. Hätte ich selbst diese Melone mitgenommen und tagelang durch den Busch mitgeschleift? Nein! So verrückt war ich nun doch nicht. Hätte ich sie – wenn dem doch so gewesen wäre – gegebenenfalls mit den Kameraden geteilt? Hätte ich sie womöglich heimlich selbst verdrückt? Ich weiß es nicht. Sicher aber war, dass der Franzose uns daran erinnert hat, dass der Zusammenhalt unsere größte Stärke ist.

Immer wenn ich an das Ereignis denke, bekomme ich eine Gänsehaut. Entnimm der Geschichte, was du ihr entnehmen möchtest. Für mich ist es ein Wink mit dem Zaunpfahl: *Haltet zusammen. Seid selbstlos und opferbereit in der Krise. Setzt ein Zeichen.* Doch die ganze Sache geht viel weiter als das. Maghenan hatte, ohne dass er es wusste oder je wissen wird, mit diesem simplen Akt der Solidarität alle männlichen Tugenden auf einmal bedient. Mutig war er, weil er absolut nicht wissen konnte, wie wir auf seine Melonen-Offerte reagieren würden. Es hätte durchaus passieren können, dass einige Legionäre ihm vorgeworfen hätten, er wolle sich doch eh nur einschleimen. Gegebenenfalls hätte der gute Franzose einpacken und den weiteren Fußmarsch mit zwei blauen Augen fortsetzen können. Natürlich war es fair und auch großzügig, mit uns zu teilen. Beharrlich und zielstrebig hatte er sie durch den Urwald geschleift. Und er war sehr weise, sich auf diese unaufdringliche Art und Weise Freunde fürs Leben zu schaffen.

Bruder, niemand erwartet von dir, dich in der Legion zu engagieren und einen Rucksack sowie eine Melone durch den Urwald von Französisch-Guayana zu schleifen. Du könntest aber durchaus punkten, indem du ganz einfach präsent bist, wenn andere deine Hilfe benötigen. Einfach da sein, frei von jeglichem Eigennutz und ohne Tamtam.

## Vom Anderssein

*Jeder hat einen Plan, bis er eins auf die Fresse bekommt.*
– Iron Mike Tyson.

Ich verließ Deutschland zweimal. Erst im Frühjahr 1985 und dann erneut im Herbst 2021. Beide Male hatte dieses Weggehen fast identische Gründe. Einer dieser Gründe war fehlender Mut. Ich hatte nicht mehr den Mut, inmitten einer mutlosen Gesellschaft zu leben. Ich wollte nicht mehr Teil einer biederen Masse von Menschen sein, die in der ständigen Angst lebte, sich auch nur ansatzweise über gängige Normen hinwegzusetzen; was man tut und was man gefälligst lässt. Ihren Schiss, frei und souverän aus den Vollen zu schöpfen und in voller Eigenverantwortung zu leben, roch ich von Weitem. Er war mir zuwider. Lieber folgte ich einem Stern, dessen Bedeutung sich am besten mit folgendem Spruch von Albert Schweitzer beschreiben lässt, von einem Mann, dessen Bücher ich in meiner Jugend regelrecht verschlungen hatte. Schweitzer sagte Folgendes:

> *Ich will unter keinen Umständen ein Allerweltsmensch sein. Ich habe ein Recht darauf, aus dem Rahmen zu fallen, wenn ich es kann. Ich wünsche mir Chancen, nicht Sicherheiten. Ich will kein ausgehaltener Bürger sein, gedemütigt und abgestumpft, weil der Staat für mich sorgt.*
>
> *Ich will dem Risiko begegnen, mich nach etwas zu sehnen und es zu verwirklichen, Schiffbruch zu erleiden oder Erfolg zu haben.*
>
> *Ich lehne es ab, mir den eigenen Antrieb mit einem Trinkgeld abkaufen zu lassen.*
>
> *Lieber will ich den Schwierigkeiten des Lebens entgegentreten als ein gesichertes Dasein führen; lieber die gespannte Erregung des eigenen Erfolges als die dumpfe Ruhe Utopiens. Ich will weder meine Freiheit gegen Wohltaten hergeben noch meine Menschenwürde gegen milde Gaben.*
>
> *Ich habe gelernt, selbst für mich zu denken und zu handeln, der Welt gerade ins Gesicht zu sehen und zu bekennen, dies ist mein Werk:*
>
> *Ich bin ein freier Mensch.*

Im Jahr 1985 verließ ich Deutschland, weil die Gesellschaft duldete, dass schwache Menschen diskriminiert und stigmatisiert wurden. Ich war damals ein schwacher Mensch, auch weil noch jung, und ich war anders. Ich wollte weg von dieser mutlosen Gesellschaft, weil ich, zu diesem Zeitpunkt noch völlig unbewusst, Zeuge davon wurde, wie diese Gesellschaft alles ablehnte, was anders war. Weil sie jeden, der muckte, jeden Schüler, der die Meinung der Lehrbücher nicht ebenfalls im selben Maße vertrat, und jeden Erwachsenen, der nicht wie der Mainstream tickte, misstraute und zutiefst verabscheute.

Das waren unbewusste Prozesse, sicher, aber sie fanden statt. In den Köpfen der Erwachsenen, in Kinderköpfen. Den Großteil meiner Kindheit und Jugend hatte ich damit verbracht, herauszufinden, welcher Verbrechen sich Menschen schuldig gemacht haben, die einfach nur anders waren, die anders dachten, die sich anders als andere verhielten und anders äußerten. Menschen, die völlig frei ihre Überzeugung laut in die Welt hinausschrien. Menschen, die quer, *aber völlig richtig*, zumindest aber nicht falsch dachten. Du liest richtig, Bruder, Querdenker gab es schon damals, nur nannte man sie anders.

Querdenken war damals vergleichbar mit Mitdenken oder mit Selbstdenken.

Anders sein, ohne damit automatisch dem Hass der Masse ausgesetzt zu werden, das musste in einer Demokratie, deren Kernstücke die Menschenwürde und die Meinungsfreiheit waren oder es zumindest sein sollten, doch drin sein?

War es aber nicht. Man ließ es nicht zu. Die Gesellschaft hatte einen Weg eingeschlagen, an dessen Ende nur eines zu erwarten war und das ganz sicher: ihre Spaltung.

Egal. Ich war anders. Und ich ging. Ohne Geschrei und ohne Firlefanz. Das war konsequent. Angehende Alphatiere machen das so. Sie fragen nicht. Sie künden nicht an. Sie machen einfach.

Im Jahr 2002 kam ich zurück. Ich kam auch deswegen zurück, weil ich von der Hoffnung getragen war, dass sich die Welt, meine alte verkorkste

Welt, inzwischen zum Besseren gewandt hatte. Zunächst sah alles gut aus, aber dann kam das Jahr 2020 und es kam Corona. Eines führte mir diese *Pandemie* deutlich vor Augen. Die Menschen waren immer noch mutlos. Den Menschen um mich herum – Freunde und Teile der Familie zählte ich durchaus dazu – fehlte der Mut zusammenzuhalten. Ihnen fehlte der Mut, Andersdenkende in ihre Mitte zu nehmen und ihnen den gleichen Schutz und dieselbe positive Aufmerksamkeit zu gewähren wie den Normalos, den Vernünftigen, den Allerweltsmenschen. Alles war aufgeteilt in Gut oder Böse und warst du nicht auf der richtigen Seite: aus die Maus, Ende Gelände. Niemand nahm auch nur noch ein einziges Stück Brot von dir. Arme Demokratie. Die Solidarität war futsch, die Gesellschaft nicht mehr nur auf dem Weg der Spaltung, die Spaltung war bereits teilweise vollzogen.

Ich ging also wieder, buchte mein One-Way-Ticket. Zum zweiten Mal wegzugehen, dieses Mal im Herbst 2021, fiel leicht. Warum ich ging, ist mit einigen Sätzen schnell erklärt. In der Zeit zwischen 1985 und 2021 bin ich zum Mann herangereift. Ich war plötzlich so etwas wie ein Alphatier, fühlte aber immer noch Schmerzen in der Seele, wenn mich ob meiner Art anders zu sein misstrauische und ablehnende Blicke trafen, wie eine Boden-Luftrakete Stinger den unvorsichtig tieffliegenden Hubschrauber traf. Es waren verheerende, nachhaltige Treffer. Ekelhaft in jeder Hinsicht.

Ein Andersdenkender, das hatte ich schnell raus, passte nicht in das Konzept des Allerweltsmenschen, der Konservativen und der ewigen Dulder und Kopfnicker. Nichts, absolut nichts hatte sich geändert.

Nur dass mich als Mann und Alphatier das alles nicht mehr störte. Selbstbestimmt und nicht ferngesteuert, traf ich meine eigene Entscheidung und ging meiner Wege. Unbeirrbar. Kaum die Entscheidung getroffen, geschah etwas völlig Unerwartetes. Zumindest unerwartet für die meisten von uns. Es kam zum Krieg in der Ukraine.

## In Zeiten wie diesen

Oh ja, wir leben schwierige Zeiten. Manchmal ist es sogar richtig gruselig. Jedes Mal, wenn ich ins Auto steige und das Radio anschalte, springt mir das leidliche Thema ‚Krieg in der Ukraine' mit dem nackten Arsch ins Gesicht. Als gäbe es nichts anderes mehr, als wären sie alle verrückt. In solchen Momenten muss ich immer dran denken, wie ich als Jugendlicher den normalen Menschen eingeordnet hatte. Messlatte Kiosk. Stell dir vor, dort steht der Zeitungsverkäufer und verkauft seine Bild am Sonntag. Ist auf der Titelseite nichts Aufregendes zu sehen, gehen die Leute weiter. Sieht man jedoch Blut und liest Schlagzeilen wie *58 Tote durch einen Bombenanschlag* oder *Messerstecherei fordert 16 Opfer*, dann bleiben sie alle stehen. Sie kramen die 2,49 Euro aus dem Portemonnaie, kaufen das Blatt, rennen schnell nach Hause, um schnell zu lesen, um nur nichts vom Bombenanschlag zu verpassen.

*Geier!*

Doch zurück zum Krieg. Wir erleben gerade das, was ich den Niedergang des Sozialstaates nenne. Da ist nichts mehr sozial. Das Haltbarkeitsdatum des Vertrauens in unsere Politiker läuft aus. Im Namen der Wirtschaft, des Dollars und des Euro werden wir richtiggehend auf die Schippe genommen. Wäre ich mutiger, hätte ich an dieser Stelle gesagt: Wir werden verarscht!

Aber dann sag ich mir halt auch immer: *Thomas, gib dem Clown nicht die Schuld daran, dass er sich wie ein Clown verhält. Frag dich lieber, ob es nicht angebracht wäre, den Zirkus zu verlassen (was ich als Antwort darauf auch konsequenterweise getan habe.).*

Wir können getrost davon ausgehen, dass über kurz oder lang alle vorhandenen Systeme crashen. Die Frage ist nicht mehr ob, sondern wann. Deswegen auch mein Tipp an dich. Deck dich gut ein, sorge vor und rechne damit, dass im kommenden Frühjahr nichts mehr so ist, wie es einmal war. Die Welt wird eine andere sein. Bleib wachsam. In Zeiten wie diesen – mit unsren Sorgen und Nöten alleingelassen – musst du das, was sich Solidarität nennt, forcieren. Als Mann lebst du ständig in einer Dualität. Da ist auf der einen Seite dein stark ausgeprägter Individualismus. Dein nach innen gekehrtes Ich. Das ist richtig und wichtig. Du darfst das nie aufgeben.

Auf der anderen Seite steckt in dir auch sehr viel von dem, was ich Gemeinnützigkeit nenne. Es beschreibt dein selbstloses Leben für andere. Du hilfst anderen, bringst dich ein, kümmerst dich und machst dir Sorgen. Du kannst dein Leben als Mann nur nach dieser Dualität ausrichten. Stets der einsame Krieger sein, der nur an sich denkt, der Individualist, hurra, die Gams, ich kümmere mich nur um mich. Ich schlage meine Schlachten allein und nach mir die Sintflut: nein, das geht nicht! Du musst auch die Fähigkeit besitzen, dich in die andere Richtung zu drehen, dir sagen können: *Okay, die Zeit des Individualismus ist angesichts der Schwierigkeiten, in denen wir alle stecken, vorbei, jetzt stehe ich der Kollektivität mit all meiner Macht zu Verfügung. Euch zu Diensten.*

Ich gebe dir ein Beispiel aus meiner Zeit bei der Legion. Im Jahr 1986 durchquerten wir Französisch-Guyana von Ost nach West zu Fuß. Dieser Gewaltmarsch dauerte dreißig Tage. Dreißig Tage ging es quer durch den Dschungel. Jeder von uns hate schwer zu tragen. Und es regnete. Ohne Unterlass. Unser Zugführer, ein junger Leutnant, hatte den Zug in fünf Elemente aufgliedert. Topografie. Athleten. Lyonneure, Träger und Topofil.

Im Grunde seines Herzens war jeder Legionär ein Individualist. Alle waren aber auch davon überzeugt, dass wir unser Ziel nur dann erreichen konnten, wenn wir zusammenhielten. In diesem Sinne marschierte die drei Legionäre des Trupps Topgrafie vorneweg. Sie gaben die Richtung an. Dicht auf ihren Fersen folgten die Athleten. Sie markierten die Bäume, damit die nachfolgenden Trupps dem Pfad leicht folgen konnten, ohne sich in der Weite des Dschungels zu verlaufen. Dahinter kamen die Lyonneure; sie hauten den Pfad in die Breite, damit die Träger mit den schweren Lasten auch gut vorankamen. Als Träger war die Sache einfach. Entweder du zerbrachst an deiner Aufgabe oder du wurdest zur mentalen Bestie.

Warum, hatte ich bereits angesprochen. Du trägst 35 Kilo Last. Dazu kommt noch eine Kettensäge, ein dickes fettes Seil oder ein zweiter Rucksack, je nachdem wie deine Chefs es entscheiden und wie du körperlich rüberkommst. So marschierst du den ganzen Tag, den Kopf meist gesenkt. Du siehst den Mann vor dir nicht und solltest du es schaffen, einen Blick nach hinten zu werfen, was gänzlich ein Ding der Unmöglichkeit ist, würde dir auffallen, dass auch dein Hintermann sich in Luft aufgelöst zu haben scheint. Rutschst du aus, so alle gefühlt hundert Meter, wirft du erst die Lasten ab, rappelst dich auf, nimmst die schweren Lasten wieder auf und trottest weiter. Mach das dreißig Tage – so lange dauerte nämlich unsere Mission Profonde (und so lange regnete es auch) –, dann wird aus dem Greenhorn, der den Marsch glattrasiert und sauber wie ein Babyarsch antrat, ein nach Blut und Schweiß stinkender, bärtiger, ganzer Mann. Eine, wie schon gesagt, mentale Bestie!

Ganz hinten liefen die Jungs mit dem Topofil. Ihre Aufgabe war es, die zurückgelegte Distanz zu ermitteln. Zugunsten des Gemeinwohls wurde das Eigenwohl und jeder Hang hin zum Individualismus schon im Keime erstickt. Das war richtig, wichtig und gut. Nur so konnte das gemeinsame Ziel erreicht werden.

Kamen wir dann abends erschöpft an die Stelle, an der wir unser Biwak errichteten, wurden wir von der Leine gelassen. Jeder war plötzlich wieder in seiner eigenen Welt. Die Männer bauten schweigend ihr Hamac (brasilianische Haushängematte) auf. Sie kochten sich, jeder für sich und über seinem Feuer, eine warme Suppe, schnappten sich danach ihre Waffe und ab ging's zur individuellen Körperpflege runter zum Fluss. Waren Hunger und Durst gestillt, folgte meist der Checkup des eigenen Körpers. Habe ich einen wundgescheuerten Rücken, einen Wolf, kleine Wunden an den Füßen, Blasen, Bisse oder Stiche? Ja? Ab zum Sanitäter, der seine Hängematte zentral aufgeschlagen hatte. Abends am Feuer machte jeder für sich ein Brainstorming. Wie fühle ich mich? Wie komme ich mit den Schwierigkeiten wie Regen, Matsch, Gewicht des Rucksacks klar? Einige lasen in solchen Momenten in der mitgeführten Bibel, andere lasen zum x-ten Mal den letzten

Brief ihrer Eltern oder der Freundin, kurz: man kümmerte sich (vom Wacheschieben mal abgesehen) nur um sich. Diesen individuellen Space, diese paar Stunden hast du ohne Reue genossen. Nur wenn du als Einzelner wieder in die Kraft kamst, deine individuelle Befriedigung hattest, konntest du als Teil der Kollektivität am nächsten Tag wieder gut funktionieren.

Was ich damit zum Ausdruck bringen möchte, ist Folgendes. Jeder Legionär musste eine Zeitlang tagsüber seine Individualität zugunsten der Kollektivität in die Ecke verbannen. Jeder einzelne Trupp war auf die Arbeit des anderen angewiesen, musste sich darauf verlassen, dass der Vorauslaufende ohne Fehler seinen Job verrichtete. Beging ein Element einen Irrtum: aus die Maus, Ende Gelände. Die von Tieren abgenagten, zu Staub verfallenen Knochen der Männer würden wahrscheinlich 320 Jahre später von irgendwelchen Archäologen gefunden werden.

Wenn du als Mann wachsen und fortschreiten möchtest – deine Kriegerseele fordert genau das –, solltest du zwei Gesichter haben. Auf der einen Seite diesen großen Individualismus, der fast schon an Egoismus grenzt, aber auch das Sich-Hingeben für die Kollektivität.

*Bist du mit deinem Egotrip fertig, öffne dich voller Kraft und frisch getankter Energie nach außen.*

Als Mann darfst du es dir gestatten, dich ohne ein schlechtes Gewissen einmal am Tag in dich zurückzuziehen. In solchen Momenten des Rückzugs schick sie alle scheißen. Da darf man dich gerne mal können. Zieh dich zurück und leck deine Wunden. Sag dir einfach: *Ich kümmere mich jetzt nur um mich und meine Belange. Von anderen Menschen möchte ich nichts hören und nichts sehen, Punkt!* In diesem Prozess nimmst du Anlauf und sammelst die Kräfte, die es dann braucht, um der Kollektivität (Familie, Firma, Projekt) von großem Nutzen zu sein. Hast du keine Familie, kümmere dich um hilfsbedürftige Menschen, um die Jugend oder um deinen Nachbarn, der, ins Alter gekommen, deine Hilfe bräuchte. Beuge dich voller Tatendrang über verlorene Seelen und steh ihnen bei. Und wenn du merkst: *Hoppla, mir geht die Kraft aus,* dann zieh dich wieder zurück in deinen Kokon. Bleib dort so lange, bis du wieder deine alte Stärke erreicht hast, und dann zieh wieder los. Misch dich mit aufgeladenen Batterien wieder unter das Volk. Es gibt genug zu tun. Pack es an und der Kreis wird besonders in Zeiten wie diesen wieder rund.

**Kleiner Einschub am Rande: Sei eine mentale Bestie.** Sicherlich kennst du das Schicksal der Rugby Mannschaft des Old Christian's Club, Oktober 1972? Ich habe darüber in meinem Buch *Survival für Anfänger* berichtet. Da ist etwas passiert, das man später auch das Wunder der Anden nannte. Eine Maschine vom Typ Fairchild-Hiller FH-227 mit vierzig Passagieren an Bord zerschellte am 13. Oktober 1972 an einem Berghang in den Anden in 4000 Metern Höhe. Für die Menschen war es ein Desaster. Einige überlebten den Absturz, doch zu dem Zeitpunkt wussten sie noch nicht, dass ihr Leidensweg erst beginnen sollte. Um zu überleben, mussten sie Menschenfleisch essen. Das schockiert dich? Mich ehrlich gesagt nicht.

Im Leben gibt es Momente, in denen du vor der Wahl stehst: Leben oder Tod, ich oder die anderen, Wohlergehen oder Leid! In solchen Momenten kann es sein, dass du unpopuläre, grausame Entscheidungen treffen musst. Entscheidungen, die dir widerstreben, weil sie nicht deiner Natur oder deinem Wesen entsprechen.

Mental da sauber aus der Affäre zu kommen, fängt dann immer zuerst im Kopf an. Ich kanns nicht oft genug sagen: **Wenn das Desaster zuschlägt, entscheide dich fürs Leben und für dein Wohlergehen und marschiere mit deinem Kopf.**

Nun muss man keinen Flugzeugabsturz hinter sich bringen und Menschenfleisch essen, um mental eine Bestie zu werden. Du weißt selbst, wie schnell es geht, dass dein persönliches Desaster urplötzlich an deiner Tür klopft. Ein Autounfall. Der Verlust des Jobs. Eine Trennung oder eine Krankheit, du bist nie in Sicherheit. Solltest du deinem persönlichen Desaster begegnen, denk an eine eisige Bergkuppe auf 4000 Metern Höhe, denk an die Verzweiflung der Überlebenden des Wunder der Anden und sag dir: *Ich bin eine mentale Bestie und ich schaffe auch das!*

## Kinder

Du hast Kinder? Herzlichen Glückwunsch. Ich weiß, wie traumhaft schön und erfüllend Vater-Kind-Beziehungen sein können. Halte dir aber immer vor Augen, dass deine Kinder – insofern du eine intakte und glückliche Ehe oder Partnerschaft führst – nicht unbedingt die wichtigsten Menschen in deinem Leben sind. Diese Aussage steht jetzt wie der Betonpfeiler einer Brücke über dem Rhein vor deinem inneren Auge Wie ich darauf komme, ist einfach. Sehr oft stellte ich Freunden, Bekannten oder männlichen Verwandten die Frage: Wer ist denn der wichtigste Mensch oder wer sind denn die wichtigsten Menschen in deinem Leben? Die Antworten glichen sich wie ein Ei dem andren: *Meine Kids!* Kinder kommen meist immer an erster Stelle. Spätestens jetzt schrei ich laut NEIN!

*Ich schrei nicht Nein, ich brülle NEIN!*

Sicher kennst du das auch, dass entweder deine Frau oder du die Kinder über die Beziehung stellen.

*Das kann nicht gut gehen.*

Deine (eure) Kinder sind das Ergebnis der Liebe, die dich mit deiner Frau verbindet. Wenn du jetzt anfängst, oder wenn deine Partnerin jetzt anfängt, die Kinder vor eure Beziehung zu stellen, dann zerstört das die Basis. Die Basis besteht aus deiner Frau oder der Lebenspartnerin und aus dir. Ihr habt möglich gemacht, dass die Kids auf der Welt sind, dass sie ein eigenes Leben haben und dieses Leben genießen. Wenn du (oder deine Lebenspartnerin) das anders sehen, kann es durchaus sein, dass eure Kinder bald ohne den einen Elternteil aufwachsen müssen, weil der ein oder andre Elternteil diese Einstellung *Kids first* eben nicht mitträgt und es aus diesem Grund zur

Trennung kommt. Das Wichtigste ist, dass ihr eure Beziehung erhaltet, diese hegt und pflegt. Auch die Kinder sollen nicht darüber hinwegtäuschen, dass es so etwas wie Liebe zwischen euch beiden gab und hoffentlich noch gibt. Das heißt jetzt nicht, dass du dich nicht liebevoll um deine Kinder kümmern darfst. Dazu rate ich dir aus vollem Herzen. Aber Platz eins und zwei – oder die ersten beiden Plätze auf Augenhöhe – sind schon belegt. Wenn die Kinder genau das spüren, dann, und erst dann werden sie euch lieben.

### Machen wir drei kleine Übungen. Ich bitte dich, so bald wie möglich damit zu beginnen

1. Du hast jemanden, der dich anlügt. Oder jemand macht sich über dich lustig. Auf der Arbeit meinetwegen. Während eines Gespräches unter vier Augen oder eines Meetings mit mehreren Personen. Mach Folgendes. Schau dem anderen so lange in die Augen, bis er von selbst den Blick senkt. Dein Blick sollte nicht rügend sein oder gar böse, sondern gelassen und wissend. Ein leichtes Lächeln darf – ja, sollte – diesen Blick begleiten. Mach das bei jeder oben genannten Gelegenheit und du wirst merken, wie du wächst. Wie du mental an Stärke gewinnst. Dem anderen sagt dieser Blick so einiges. Zum Beispiel: *Ich bin entlarvt!* Ich kenne Männer, die brechen mit ihrem Blick einem Ochsen das Genick. Aber eben auf die nette Art und Weise. Wenn andere sie anschauen, trotten sie in den meisten Fällen wie Verlierer vom Schlachtfeld.
2. Wenn du das nächste Mittag- oder Abendessen zu dir nimmst, bitte ich dich, den Tisch zu verlassen, oder aufzuhören zu essen, wenn du noch etwas hungrig bist. Dein innerer Schweinehund flüstert dir ins Ohr: *Ich will mehr.* Thomas Gast sagt: *Stopp!* Du willst deinen inneren Schweinehund überwinden? Ja? Dann weißt du, was zu tun bleibt!
3. Du bist bislang jeden Tag um 07:00 Uhr aufgestanden? Okay. Ab heute stehst du eine Stunde früher auf. Frag nicht warum, mach es einfach und nutze diese eine Plusstunde für dich und deine Belange.

## Wenn dem Jungen eine gewisse Männlichkeit fehlt oder diese nicht ausreichend vermittelt wird

*... dann fehlt ihm jegliche Identifikation. Nicht nur als Mann, sondern auch als Mensch.*

In meiner Kindheit wurde mir vorgelebt, dass nur der ein Mann ist, der säuft, raucht, schlägt und auch sonst den dicken Macker spielt. Das war für mich damals so eine Richtlinie. Das war toxisch. Das war gefährlich und es war falsch. Auch weil es keinen gegeben hat, der mir das Gegenteil vorgelebt oder gesagt hat. Also soff ich. Und ich rauchte alles, wo auch nur ein Krümmel Tabak drin war: Gauloises, Marlboro, Roth-Händle, Pall Mall, Winston, krumme Hunde, selbst Gedrehte und – ich erspare mir den Rest.

Natürlich hatte ich auch schnelle Fäuste. Diese Epoche – ich nenne sie meine Angeber-Periode – dauerte an, bis ich 1985 in Französisch-Guyana ein ernsthaftes Gespräch mit einem meiner Vorgesetzten hatte. Sergent-Chef Zoltan Sass. Sass war Ungar. Ein Vorbild in jeder Hinsicht.

Sass trank, aber gemäßigt. Er rauchte Gauloises (Caporal), teerschwarzen Tabak, ein übles Zeug und ziemlich viel davon. Eine Schachtel. Jeden Tag. Er hatte Beine bis zum Himmel und marschierte wie der Teufel. Nein. Sass marschierte nicht mit dem Kopf. Das hatte er nicht nötig. Er marschierte tatsächlich mit seinen langen Stelzen. Einmal marschierte ich mit ihm vom *Gare Tigre* nach *Saint-Élie*. Immer auf alten, vom Urwald zugewachsenen Lore-Gleisen. Die Strecke war Luftlinie nicht sehr weit. Knapp zwanzig Kilometer nur, aber es war heiß, es regnete in Strömen und Pausen kannte der Ungar nicht. Um es nicht zu erwähnen, unsere Rucksäcke wogen jeder dreißig Kilo. Sass marschierte mit seinen Siebenmeilenstiefeln vorneweg, schniefte, schnaufte und trällerte Legionslieder. Ich versuchte Schritt zu halten. Wortkarg hielt er auch nicht an, wenn ich ihn – oder er mich – mal aus den Augen verlor. Doch jedes Mal, wenn ich dachte, ich wär allein, die Welt habe mich verlassen, tauchte er, einen

Stummel Gauloises schief im Mundwinkel klebend, plötzlich wieder auf. Zu meiner größten Überraschung hielt er etwa eine Stunde vor unserem Ziel an.

*Eine Stunde Pause!*

Füße und Rücken gleichermaßen im Arsch, setzte ich mich ihm gegenüber auf meinen vom Regen nassen Rucksack.

Er reichte mir einen Flachmann.

*Trink. Mach leer.*

Und er fing plötzlich an zu reden. Er fragte, warum ich die Ärmel meiner Dschungelkampfjacke bis zum Anschlag hochgekrempelt hatte. Noch bevor ich antworten konnte, sagte er:

*Wenn du Muskeln hast, stark bist, dann zeig das niemandem. Das macht dich weder zum Mann noch ist es taktisch klug.*

Sass erzählte mir, dass rauchen und trinken eine Schwäche sei. An Schwächen sollte ein Mann arbeiten. Jeden Tag. Weiterhin sagte er mir, dass ich ihn, was Schnaps und Tabak anging, nicht als Vorbild nehmen sollte. Das aus seinem Mund zu hören, machte mich hellhörig. Ich beobachtete Sass schon ziemlich lang. Wie bereits erwähnt, war er ein absolutes Vorbild für mich. Und er war auch der erste Mann, der mir sagte, dass rauchen und trinken über kurz über lang nachhaltig meine Gesundheit schädigen würde.

Doch er brachte mir auch andere Tugenden bei. Sass hielt immer Wort. Er war pünktlich. Knallhart. Nie verlangte er etwas, was er selbst nicht vormachte. Der Ungar konnte zäh wie Leder, hart wie Kruppstahl, aber auch weich und nachgiebig wie Butter auf der Herdplatte sein. Letzteres machte ihn in meinen Augen nicht weniger zum Mann. Im Gegenteil! Beging er einen Fehler, gab er es offen zu, was mich sehr beeindruckte.

Sass verkörperte für mich Männlichkeit. Punkt. Das Fehlen wahrer männlicher Vorbilder (das Fehlen wahrer Männlichkeit) macht sich bei Jungs, Teenagern und Jugendlichen in vielen Bereichen ihres späteren Lebens bemerkbar. In negativer Art und Weise. So zum Beispiel zerstört es in den Köpfen der Betroffenen das überlieferte Familienbild. Ich bin davon überzeugt, dass die Familie nicht aus drei, vier oder mehr Individuen besteht, vielmehr ist es eine in sich geschlossene Institution. Jeder hat darin seinen Platz, jeder seine Rolle. Vater. Mutter. Kinder. Wenn wir das in Frage stellen: Ende Gelände! Es wäre ein Zerfall. Ich spreche von Moral. Von Zuversicht. Von Ordnung und Vertrauen.

## Vom Alphatier

*Ein junger Mann läuft schneller als ein alter. Aber der Alte kennt den Weg.*
Afrikanisches Sprichwort.

Die Zeiten sind also schwierig und die ganze Welt schaut auf uns. Auf uns Männer. Auf uns Alphatiere. Wir leben in einer Alphatierwelt. Im Dschungel. Dort, wo nur der Stärkere überlebt. Wir Alphatiere, ich zähle mich durchaus dazu, tragen die ganze Last der Verantwortung, und so war es immer. Und so wird es immer sein. Wir sind ein besonderer Kreis, eine Liga für sich. Nennen wir uns Krieger. Krieger unterliegen Regeln. Regeln, die wir uns selbst auferlegt haben. Und diese Regeln sind Stolpersteine. Es sind besondere Werte, denen wir mit Hingabe frönen, doch wer, in dieser verlogenen Welt, möchte sich noch mit dem Besonderen herumschlagen? Wer, außer uns? Es ist doch so viel einfacher, den Weg der Vernunft zu gehen. Der Begriff der Vernunft wurde innerhalb der letzten drei Jahre neu definiert. Dieser neuen Definition folgend, trägt Vernunft heute Namen wie Mainstream. Propaganda. Denunziantentum. Feigheit. Korruption.

Jeder macht, was der andere tut. Nur nichts Falsches sagen. Niemals dem Bauchgefühl folgen und ja nicht gegen den Strom schwimmen. Immer alles schön nachplappern, was man dir vorkaut, und vor allem schweigen, auch wenn dir zum Schreien zumute und dir kotzübel ist. Das alles ist angesagt. Das steht auf dem Schirm.

Du denkst, du bist schwach? Du warst bis jetzt immer vernünftig? Du weißt nicht, wo du dich einreihen kannst, darfst oder sollst?

Lass mich dir etwas sagen. Trotz deiner Schwächen, mit all deinen Zweifeln und Fragen, steckt ein Alphatier in dir. Marschiere eine Weile mit uns. Teile unsere Werte. Auf der Hälfte der Strecke mach eine Pause und entscheide dann, ob unser jetzt gemeinsamer Weg der richtige auch für dich ist.

Was am Alphatier so Besonderes dran ist?

In meinem letzten Buch *Urban Survival* beschrieb ich das Alphatier Mann als einen kriminellen Bastard, der in jeglicher Notsituation die Schwäche anderer Menschen dazu nutzt, um selbst stark zu werden. Er bereichert sich auf Kosten anderer und geht dafür über Leichen. Hier, beim Thema Mannsein oder besser Mannwerden, schlüpft das böse Alphatier in eine andere Rolle. Er ist ein Fels in der Brandung. Alle Männer beneiden ihn, weil er nicht in Problemen, sondern in Lösungen denkt. Er hält sich körperlich fit und gesund, weil er permanent weiß, dass die kommenden Aufgaben viel von ihm fordern, und er lässt keine Gelegenheit aus, sich weiterzubilden. Das macht er auch, weil er ganz genau weiß, dass Wissen Macht ist.

Das Alphatier glaubt noch an Wunder und – o Wunder – Wunder geschehen! Er weiß, dass ein einziger Gedanke sein Leben positiv verändern kann. Also denkt er intensiv und positiv darüber nach, wie er leben möchte. Und sein Leben verändert sich. Jeder Irrtum ist ausgeschlossen. Das Alphatier weiß, dass Risiko das Salz in der Suppe eines jeden freiheitsliebenden Mannes ist, und dass, wenn er niemals etwas riskierst, nie erfährt, was er beim nächsten Mal anders oder besser machen kann. Das Alphatier kennt den Fall, aber er kennt auch die Euphorie, sich wieder zu erheben. Es ist eine mentale Bestie. Willkommen auch du in der Liga der außergewöhnlichen Gentlemen!

## Vier Prinzipien

*Marschiere mit dem Kopf, Bruder!*

Wenn du folgende vier Prinzipien verstanden hast, bist du dem, was ich Mannsein nenne, schon sehr viel nähergekommen, als du denkst.

1. Der Tod ist nicht das Schlimmste, was dir geschehen kann. Schlimmer ist, wenn du schon tot bist, während du noch lebst. Und das bist du definitiv, wenn du keine Ziele mehr hast. Ein Mann ohne Ziel ist nur eine äußere Hülle ohne Leben. Vom wirklichen Tod, so wie die Menschheit ihn versteht, unterscheidet ihn nur die Tatsache, dass er sich bewegen kann. Wie ein desorientierter Zombie.
2. Lerne, den Tisch zu verlassen, wenn folgendes Menü nicht mehr serviert wird: Respekt! Wenn die Menschen, für die dein Herz pocht, für die du dich einsetzt, dich für sie vierteilst, dich nicht mehr respektieren, geh. Hier ist nicht mehr dein Platz. Vermutlich haben die Menschen um dich herum etwas Besseres verdient.
3. Du bist niemals zu alt, zu träumen und deine Träume Wirklichkeit werden zu lassen. Falten, Krankheit und Altersflecken sind derweilen oft Ausreden. Wage es, deine Träume zu erfüllen, und wage es jetzt.
4. Kümmere dich gut um deinen Körper. Er ist der einzige Ort, an dem du leben musst. Was danach kommt, ist eine andere Geschichte. Du bist nicht dein Körper, aber er beherbergt dich. Also sei gut zu ihm. Halte ihn körperlich und geistig funktionstüchtig.

Zeit ist wertvoll. Verschwende sie nicht, indem du ein Leben ohne Ziel lebst. Kultiviere Geist und Körper. Habe den Mut, eine Situation oder ein Umfeld zu verlassen, wenn deine Werte nicht gesehen und nicht anerkannt werden. Habe keine Angst zu träumen, egal wie alt du bist. Das Leben ist eine großartige Gelegenheit zu lernen, an Größe zu gewinnen und selbst die verrücktesten Träume wahr werden zu lassen. Zieh durch, Bruder, mach dein Ding!

## Selbstdisziplin und Disziplin. Das Experiment für Fortgeschrittene

*... wie eine Hyäne auf dem Schlachtfeld der männlichen Psyche.*

### Hier ist dein nächster Auftrag:

Das folgende Experiment ist für dich eine Steigerung. Oh ja, es gibt immer eine Steigerung. Ich möchte, dass du dir einen Rucksack packst. So einen richtigen Outdoorrucksack mit allem drin, was du für eine Nacht zum Übernachten im düsteren Wald so alles bräuchtest. Denk an Nässe, Kälte, Dunkelheit, Essen, Trinken, Schlafen, an Licht und an Sicherheit. Konsequenterweise heißt das für dich: Pack folgende Sachen ein.

- Dein Handy (in den Tiefen des Rucksacks bitte!).
- Ein Tarp.
- Eine Isoliermatte gegen die Bodenkälte.
- Einen Schlafsack.
- Einen Feuerstarter.
- Ein Rindersteak, eine Pfanne, etwas Öl, eine Wasserflasche.
- Frisches Brot vom Bäcker.
- Ein Messer, eine Frontallampe.
- Eine dicke, warme Jacke, eine Decke, Handschuhe und Mütze.

... und – ich erspare mir den Rest!

Wenn es dunkelt, ziehe los. Geh in den Wald und suche dir ein nettes Plätzchen aus. Zieh dir die warme Jacke, die Mütze und Handschuhe an, hole die Wasserflasche aus dem Rucksack, mach ihn wieder zu und lege ihn, so wie er ist, zu Fuße des mächtigsten Baumes, den du siehst. Setz dich drauf und lehne dich mit dem Rücken an den Baumstamm. Wenn du möchtest, wirf dir die Decke über die Schultern. So verharrst du die ganze Nacht. Ja, du hast richtig gehört. Du bleibst die ganze Nacht am Baum gelehnt auf deinem Rucksack sitzen!

Regel Nummer eins:

 *Schlafen verboten!*

Regel Nummer zwei.

*Der Rucksack bleibt fortan zu, auch wenn das Steak lockt!*

Dein Auftrag ist nun folgender. Geh zunächst in dich. Denk nach. Wie gehst du mit dem Gedanken um, hier ganz allein zu sein? Im Dunkeln? Auf deinen Reichtümern sitzend, die du nicht benutzen darfst, denn ja – das Steak, die Pfanne, der Schlafsack, die Stirnlampe, der Feuerstarter und all die anderen netten Dinge sind für dich tabu. Du hockst gerade auf deiner von dir ab sofort verpönten Komfortzone. Das Einzige, was dir bleibt, sind die Augen zum Weinen. Doch auch das gestatte ich dir nicht. Man sagt doch immer: Männer weinen nicht.

**Flash: Korsika 1994.** In unserem GCP-Team (damals noch CRAP) hatten wir einen Neuseeländer. Nennen wir ihn William. Eines Tages begann William inmitten eines Briefings einfach zu weinen. Er wollte gar nicht mehr aufhören damit. Das war für alle ganz okay. Niemand störte sich dran. Das machte mich nachdenklich, den in der Tat hatte man mir in meiner Kindheit immer gesagt, Männer weinen nicht. William aber weinte. William war ein kampferprobter Elitesoldat. Einer, mit dem man sich am besten nicht anlegt. Er war hart im Nehmen und noch härter im Austeilen. Sein gestählter Körper war ganz mit Narben übersät. Wenn es einen im Regiment gab, der das Mannsbild schlechthin verkörperte, dann er.

Als er sich den Rotz und die Tränen von der Backe gewischt hatte an diesem denkwürdigen Tag, war er von einer Minute auf die andere wieder ganz der Alte. Hart. Unnachgiebig. Zäh wie ein Hund, voll fokussiert und scheinbar emotionslos. Was ich damit sagen will, ist klar. Ja. Männer dürfen weinen. Selbst die Härtesten unter ihnen. Und ja, auch du darfst weinen. Das nimmt dir nichts, rein gar nichts von deinem Stolz und von deiner Männerehre. Im Gegenteil. Es macht dich sehr sympathisch und ... menschlich!

*Nota bene: Das Groupement des Commandos Parachutistes, kurz GCP, bestand damals aus zwei Teams von jeweils 10 Mann. Ihr Aufgabengebiet ging von bloßer Aufklärung nahe am Feind bis hin zum*

> *Anti-Terror-Einsatz und zur Geiselbefreiung Sie waren und sind so ein Mittelding zwischen Navy Seals und KSK, wobei ich unsere CRAP von der Kampfkraft her als effizienter einschätze als das KSK, weil sie ungleich mehr Einsätze haben und de facto mehr Einsatzerfahrung mitbringen.*

Es geht weiter: Versuche die Dunkelheit mit deinen Sinnen zu durchdringen. Welche Laute hörst du? Wer erzeugt diese Laute? Welche Tiere schleichen nahe an dir vorbei? Feg die Angst beiseite und analysiere alles ganz genau. Tu so, als müsstest du deinem Boss über all diese Dinge peinlichst genau Bericht erstatten. Selbst wenn dein Handy Sturm klingelt, gehst du nicht ran. Du widerstehst der Versuchung herauszufinden, wer dich da anruft oder dir zu später Stunde Nachrichten schreibt.

Sind Menschen in der Nähe? Spürst du ihre Gegenwart? Du hast Hunger? Angst? Gut so!

Selbst wenn du heute Abend nicht rausgehst (*... bin doch nicht doof?*), habe ich mein Ziel erreicht. Ich habe dich irgendwo gepackt, dich zum Nachdenken angeregt, denn entweder sagst du dir: *Was Thomas Gast von mir verlangt, geht zu weit. Das ist Bullshit. Okay, ich könnte das machen.* Oder: *Scheiße, nein, das ist zu viel, das schaffe ich nicht.* Oder: *Ich will das gar nicht. Allein den Gedanken daran lehne ich ab.*

Es gibt eine positive und eine negative Disziplin. Disziplin um der Disziplin willen ist nicht immer gut. Wenn du stur wie ein Maultier alle Befehle (Aufträge) oder Aufgaben ausführst, ohne sie zu hinterfragen, ohne deinen eigenen Denkapparat einzuschalten und ohne, dass du die Möglichkeit in Erwägung ziehst, eigene Meinungen, ein Veto und eigene Aspekte miteinzubringen, ist das möglicherweise ein Schuss in den Ofen. Das militärische Beispiel sagt, dass Befehle dann nicht ausgeführt werden dürfen, wenn sie eine Straftat beinhalten. Oder wenn sie die Menschenwürde verletzen. Umgemünzt in den zivilen Alltag gibt es Tausend Beispiele. Solche Befehle oder Aufgaben dennoch bis zum Ende und wortgenau auszuführen ist negativ, Stichwort Moral.

Eine positive Disziplin wäre gegeben, wenn du Dinge tust, die von großem Nutzen sind, deren Ausführung dir jedoch einen Nachteil oder dich aber an materielle, mentale und körperliche Grenzen bringt. Positive Disziplin ist dann gegeben, wenn du deine Wünsche zügeln und dominieren kannst. Wenn du gewisse Regeln einhältst.

Wenn du dir jetzt also sagst: *Was Thomas Gast von mir verlangt, interessiert mich nicht*, so fällt das für mich in die Kategorie positive Disziplin. Note zwei für dich. Eine Note eins gibt es dann, wenn du dich aufraffst, rausgehst und es durchziehst, weil du ahnst, dass das, was ich von dir verlange, dir von Nutzen sein kann. Auch eine Eins plus kriegst du von mir, wenn du dir sagst, egal ich mach das (und du schläfst tatsächlich nicht, du isst nichts und du gehst nicht ans Handy, obwohl es zwölf Mal klingelt). Das wäre Selbstdisziplin hoch drei.

> ***Selbstdisziplin*** = *Wenn du tatsächlich die ganze Nacht auf dem Rucksack hockst, du nicht ans Telefon gehst, obwohl es klingelt, du nicht schläfst, isst, oder das Ganze vorzeitig abbrichst. Es gibt keine Art und keine Weise, wie du Selbstdisziplin lernen kannst. Es gibt aber einen Richter und einen Ankläger und das ist dein Blick in den Spiegel. Es ist das schlechte Gewissen, ja, die Scham. Es ist das Scheißgefühl, es wieder mal nicht geschafft zu haben. Wieder einen Vorsatz oder gar ein Versprechen gebrochen zu haben. Wieder nur Schwäche an den Tag gelegt zu haben.*

Was ich nicht wollte, war aber nicht immer auch genau das, was ich schließlich bekam. Im Laufe meines Lebens gesellte sich zur relativen Angst auch der Betrug. Und der löste wiederum Ängste aus. Das war ein Geflecht, welches aufzulösen unmöglich ist. Eine meiner Lebensgefährtin betrog mich. Es schmerzte sehr. Ich betrog mich auch selbst, weil ich den Betrug meiner Partnerin schlimmer einstufte als das Fehlen meines Vaters. Das war falsch, weil es ganz einfach nicht stimmte. Es war nur die unmittelbare und oberflächliche Wahrnehmung. Ich wollte meinem Vater ebenso wenig verzeihen wie der Betrügerin, denn beide verband ich mit Schmerz und mit Ängsten. Oder besser gesagt mit dem Schmerz, alleingelassen zu werden, und mit der Angst, dass zumindest der Betrug noch einmal passieren kann. Das Resultat einiger dieser Gedanken ist oft eine völlig absurde Eifersucht. Und zwar eine von der Sorte, die dir als Mann die Lebensqualität raubt.

Verzeihen? Nein! Aber hinschauen. Einen Weg finden, damit umzugehen, ohne kaputt zu gehen. Das klingt dramatisch. Ist es auch!

Das Urvertrauen, und nur darum geht es, ist futsch. Keiner und nix kann es so mir nichts, dir nichts ersetzen. Jetzt ist der Zeitpunkt gekommen, der doppelten Unmoral den Kampf anzusagen. Das machen wir gemeinsam. Fertig? Es geht los!

### Mach Folgendes:

Bereite eine Last vor. Du kannst unter den drei darunter Stehenden wählen:

**Last eins:** Ein dickes Seil, wie ich eins habe. Hanf, 25 Meter lang, 3,5 Zentimeter Durchmesser, Gewicht: etwa 10 Kilo.

**Last zwei:** Einen gefüllten, gut verknoteten Sandsack, du weißt schon, wie wir Soldaten sie früher dazu benutzt haben, eine Stellung auszubauen. Gewicht: etwa 15 Kilo.

**Last drei:** Einen Baumstamm, Länge: ein Meter, Durchmesser: 20 Zentimeter. Gewicht: etwa 20 Kilo.

An deiner gewählten Last befestigst du einen Zettel. Auf diesem Zettel steht ein einziges Wort. Welches? Das entscheidest du! Du bist mal betrogen worden? Dann hast du dein erstes Wort vielleicht schon: USCHI (oder HANNELORE, ANIKA etc.).

Du hattest wie ich nie einen Vater oder du hattest einen, doch der hat immer nur gesoffen und dich oder deine Mutter (oder beide) geschlagen? Dann wäre das eine Option. Schreib mit großen Buchstaben VATER auf den Zettel.

Du hast Krebs, Zucker, eine Depression oder Selbstmordgedanken? Dann wäre eines davon dein letztes Stichwort. Du kannst auch das Wort ANGST drauf schreiben. Viele Männer haben eine völlig unbegründete Angst, aber wie gesagt, du entscheidest.

Hast du deine Last fertig, nimm deinen Outdoorrucksack, schnapp deine Seelenlast, lade beides in das Auto und fahr dorthin, wo dich ein steil aufsteigendes Terrain erwartet. Zu Fuße des Berges machst du ein Feuer. Bevor du dich ans Feuer setzt, schnapp dir USCHI, PAPA oder DEPRESSION und stelle deine Last so am Feuer ab, dass du ihn oder sie anschauen musst.

Jetzt mach Brainstorming. Frag dich, warum es so scheißeweh tut, wenn du an diese Epoche denkst. Was ist passiert (oder was ist ausgeblieben) und warum fühlst du dich schuldig? Sprich mit Papa, Uschi oder mit der Depression, schrei sie an, umarme sie oder reib ihnen deine geballte Faust unter die Nase. Gerne darfst du auch zuschlagen. Bist du fertig, lade dir die Last auf die Schultern und sprinte so lange bergauf, bis du nicht mehr kannst. Es soll wehtun.

*Es soll wehtun!*

Wenn du denkst: *Okay, es ist gut*, dann schleudere sie so weit weg von dir, wie du nur kannst und schrei dir dabei die Seele aus dem Leib. Du brauchst deinen Vater nicht mehr. Uschi kann dich mal und zum Teufel mit der Depression!

*Schrei und balle die Fäuste so fest zusammen, dass die Knöchel weiß hervortreten.*

Du hast aufgeräumt, hast diese Dinge – oder das Ding – gerade in den eisernen Mülleimer deiner persönlichen Geschichte verbannt und den Deckel zugeschweißt. Dieselbe Prozedur wiederholst je nach Lust und Laune. Wichtig dabei ist, dass du erkennst, dass du keine Schuld hast. An nichts. In nichts. Wichtig ist auch, dass du dich definitiv loslöst. Und nein! Du sollst nicht verzeihen. Es gibt Dinge, die kann man nicht verzeihen. Aber du musst an einen Punkt in deinem Leben angelangen, an dem du loslässt, nicht mehr zulässt, dass die Vergangenheit dich belastet. Das geht mit deiner Bereitschaft einher, ab sofort nur im Jetzt leben zu wollen.

*Ich verzeihe dir nicht. Ich lasse dich aber auch nicht mehr an mich ran. Es ist mein Leben. Verpiss dich!*

Am Anfang aller Dinge hat die Natur uns Männer zu Kriegern erkoren. Wir waren ständig auf der Hut, wendeten Gefahren ab, wir wachten. Mutig, couragiert! Doch großer Mut und Courage können ohne tiefe Überzeugung nicht existieren. Das, was wir heute Fortschritt nennen und vielleicht auch die Emanzipation der Frauen – wer weiß – hat uns Krieger zu Geschlechtslosen gemacht, zu Wesen, die eine Gefahr gar nicht mehr erkennen würden, selbst dann nicht, wenn sie direkt vor uns steht, uns verhöhnt. Es nimmt den Frauen sicherlich nichts weg, wenn ich an dich, der du ein wahrer Mann sein möchtest, folgenden Appell richte.

*Besinne dich deiner Stärken!*

Mannsein heißt nicht Machosein, denn Macho kann jeder. Mannsein heißt vor allem aufrecht voranzugehen. Den Blick zu heben und vertrauensvoll in die Zukunft zu schauen. Vorbild sein. Den Weg zeigen, wenn andere ihn verloren haben! Der Weg, den wir gehen, ist steinig. Das sollte er zumindest sein. Er präsentiert sich uns auf wundersame Weise in Form von verschiedenen Lebenssituationen, die wir eine nach der anderen durchlaufen und meistern müssen, um in der Spur zu bleiben: Geburtsbett, Kindergarten, Schule, Studium, Job, Ehe, Haus, Kinder, Enkelkinder, Rente und Zentralfriedhof. Das, was wir Männer den Sinn des Lebens nennen, liegt irgendwo am Straßenrand dieser teils natürlichen, teils vom Menschen gemachten konventionellen Stationen. Alle sind wir auf der Suche nach diesem einen tieferen Sinn, aber jeder definiert ihn anders. Doch egal ob es Reichtum, Gesundheit, Abenteuer oder Liebe ist, die meisten von uns drehen am selben Rad. Immer dem Slogan *Nur nichts falsch machen* folgend, sind wir der Meinung, dass gängig und eingefahren auch richtig ist. Hier möchte ich entgegenwirken. Es genügt nicht, einfach nur schnödem Materialismus nachzujagen, dem Haus, der Karriere, dem schlussendlichen Erfolg. Das alles ist Show, Make-up, es ist extrovertiert, sichtbar und oberflächlich. Lass uns nur mal den Aspekt Haus unter die Lupe nehmen. Stell dir bitte die Frage, was es dir bedeutet, ein Haus zu besitzen. Du hast deine Idee? Gut! Jetzt sage ich dir meine Version.

Die meisten Menschen haben nie bedacht, was ein Haus ist und was es tatsächlich bedeutet, es zu besitzen. Sie wollen eins, Punkt. Oft sind es genau die Menschen, die ihr Leben lang (völlig überflüssigerweise) arm wie Kirchenmäuse sind. Ihr Grundgedanke ist folgender: Alle Bekannten haben ein Haus, der Nachbar hat eins, fein. Ich will auch. Was dabei untergeht, ist die Leere in solchen Menschen. Sie machen sich zum Sklaven ihres Besitztums, denn es soll ja kein einfaches Haus sein, sondern eines, wo jeder sein Zimmer hat und in dem ein, am besten zwei Gästezimmer und zwei Bäder zu finden sind.

Zunächst musst du bedenken, dass das Haus ja abbezahlt werden muss. Von dir. Du gehst also wie ein Sklave zwanzig oder gar dreißig Jahre arbeiten, um der Bank die monatlichen Raten für deinen aufgenommenen Kredit abzuzahlen. Dann, *noblesse oblige*, hat deine Frau (oder eben Männer wie Henry-Olaf) sehr viel zu tun, die ganze unnütze Armada von Möbelstücken, Küchengeräten, Teppichen, Sofas mit Ottomanen, den ganzen Plunder halt, sauber zu halten. Du darfst nie vergessen, dass Zeit unser wichtigstes Gut ist, was im täglichen Hamsterrad völlig untergeht.

Was in unserer kranken Gesellschaft abgeht, halten viele Menschen für völlig normal. Ich sage, es ist ungesund. Die Rede ist davon, dass wir wie eine Horde verrückt gewordener Affen täglich und durch die Pollution hindurch zur Arbeit rennen. Im Radio hörend, dass Krieg ist, lassen wir uns von einer *um jeden Preis Geld verdienen Mentalität* treiben, ohne uns jemals ernsthaft die wichtigste Frage aller Fragen zu stellen: Sind wir glücklich? Sind wir stark, gesund und ausgeglichen? Können wir die Stärke (die Gesundheit und Ausgeglichenheit) an unsere Kinder weitergeben? Sind wir präsent? Fühlen wir die Seele in uns schwingen oder die Liebe, die genau diese Seele am Leben hält? Nein? Du auch nicht?

*Dann denk um!*
*Ändere dein Leben.*
*Es ist noch nicht zu spät!*

Wenn du deine Lebensmomente dafür aufwendest oder verbrauchst, zu putzen, aufzuräumen und zur Arbeit zu rennen wie ein Esel, dann ist dir nicht mehr zu helfen. Dann hast du das Prinzip eines glücklichen Lebens nicht verstanden. Du bist oberflächlich. Was jedoch zählt, ist das, was unter der Oberfläche, was in dir selbst und vor den Blicken anderer verborgen ist.

Sei davon überzeugt, dass es einen höheren Sinn des Lebens gibt als den, sich wie der Mainstream durch ebendieses Leben zu wursteln. Bei diesem höheren Sinn geht es nicht darum, welchen Weg wir beschreiten, lass es den der Extrovertiertheit sein, sondern wie wir ihn hinter uns bringen. Mit welchem Esprit. Mit welcher Ernsthaftigkeit uns selbst und unseren Mitmenschen gegenüber. Der Spiegel dient dabei als einziger Maßstab. Der Spiegel ist Ankläger und Richter. Ersetzen wir das Wort Sinn durch das Wort Weg, dann wird unser Blick glasklar. Die Rede ist vom Weg des wahren Mannes, von seinem noblen Charakter. Dieser Charakter wird dem Mann nicht immer in die Wiege gelegt. Manchmal muss *Mann* ihn sich erkämpfen.

Es gibt Männer, die können nicht kämpfen. Ich meine, sie können gar nicht kämpfen. Weder mit der Waffe um den Sieg noch mit Argumenten um die Currywurst, die ein vermeintlicher Kontrahent ihnen vor der Nase wegschnappen will. Kämpfen macht ihnen Angst. Ihr Motto ist: Wer kämpft, der kann verlieren, und verlieren wollen wir nicht. Andere kämpfen gut. Sie können es, weil sie außer kämpfen ihr Leben lang nichts getan haben. Für sie ist der Kampf das Kernstück ihres Seins. Ihr Leitmotiv? Wer kämpft, kann verlieren. Wer nicht kämpft, hat schon verloren. Ich begegnete beiden, dem Kämpfer und dem, der lieber passiv blieb und die Flucht jedem anderen Szenario vorzog. Mein aufregendes Leben führte mich von einem Kontinent zum anderen, von einer Mission zur nächsten, immer nach dem Motto: rein in die Kartoffeln, raus aus den Kartoffeln. Dabei versuchte ich stets Augen und Ohren weit offen zu halten, was mir meist auch gelang.

Ganz bewusst spähte ich Männer aus, die mich umgaben. Teils versteckt, teils für jedermann sichtbar benahm ich mich dabei wie eine Hyäne auf dem Schlachtfeld der männlichen Psyche. Ich suchte mir das Opfer aus, schlich mich an, schnüffelte und brachte den Dolchstoß an. Unter den Opfern waren Männer aus Deutschland, aus

Frankreich, aus Französisch-Guyana, von Korsika, von Puerto Rico, aus dem Tschad, von Sri Lanka, aus der Zentralafrikanischen Republik, aus Italien, aus Dänemark, aus Dschibuti, aus dem Kongo. Sie waren von überall dort eben, wo das Leben mich hingetrieben hat. Allerorts hatte ich einerseits mit meinen Gefährten, Vorgesetzten und Untergebenen zu tun, andererseits aber auch mit Männern jeder Altersgruppe, zu denen ich kaum einen allzu persönlichen Kontakt pflegte. Was mir auffiel, war Folgendes. Je näher ich geografisch der sogenannten Zivilisation kam (und je weiter ich mich von der französischen Fremdenlegion entfernte), desto weichgespülter, lascher und prinzipienloser wurden die Männer und somit die Gesellschaft. Davon ausgehend, dass – die Damen mögen mir verzeihen – die Herren der Schöpfung diese Welt bewegen, sie rocken, wie man so sagt, kam ich persönlich zu der Erkenntnis, dass gerade die jungen Männer dieser relativen jungen Zivilisation brillant sind. Aber das sind sie auf ihre Art und Weise. Es gibt brillante Nerds, vortreffliche Studenten, brave Söhne erfolgreicher Unternehmer, Vorzeigebuben unserer brillanten, sauberen Gesellschaft. Buben, wie Meier, Müller und Schulze sie liebend gerne als Nachbarn hätten. Fast allen dieser Streiter der zivilisierten Welt fehlten meines Erachtens jedoch zwei Dinge.

*Tugenden und männlicher Touch.*

Ich spreche nicht vom Schein, sondern vom Sein. Die Rede ist von Tugenden, die hervorstechen. Und die Rede ist von tatsächlicher Virilität oder vom männlichen Touch.

## MÄNNLICHER TOUCH?

Der männliche Touch – und man nehme mich hier beim Wort – hat nichts, rein gar nichts, mit dem Äußeren zu tun. Man muss nicht Pierce Brosnan oder Sean Connery heißen oder so aussehen wie die beiden, um diesen männlichen Anstrich zu haben. Vielmehr macht sich dieser durch die Art und Weise erkennbar, wie *Mann* spricht, wie er sich bewegt, wie er sein Umfeld beobachtet (oder wie er dies unterlässt) und wie er sein Gegenüber beim Sprechen ansieht. Oder wie er eben wegschaut und die Augen senkt. Dabei ist es egal, ob *Mann*

Sommersprossen hat, ob er eher als stiller Geselle rüberkommt, nur 1,65 m groß ist oder ob er ein körperliches oder geistiges Handicap hat. Der echte Mann hat kein Gesicht, keinen Namen und schon gar keine Standardmaße. Ein echter Mann aber hat Flair. Ein echter Kerl hat die besondere Note. Wir sind uns einig: Mit Letzterem ist nicht Ich-hab-mich-seit-drei-Wochen-nicht-Geduscht gemeint, sondern die Ausstrahlung. Ein echter Mann polarisiert. Wenn er einen Raum betritt, wird es oft still, wenn er das Wort ergreift, schweigen die anderen und keiner unterbricht ihn. Es gab eine Zeit, in der waren wir Männer Jäger und Krieger. Beschützer unserer Familien allemal.

Ein Mann lehnte es strikt ab, nur ein Herdentier zu sein. Es stand nichts weniger als die Ehre auf dem Spiel. In der Zwischenzeit sind die meisten Männer Alltagsmenschen. Das Smartphone hat den Speer ersetzt, der PC den Killerinstinkt. Aber Handy und PC sind Hardware. Nichts erklärt, warum so viele jungen Männer das Temperament, die Intuition und die Tugenden des wahren Kriegers über Bord geworfen haben. Und doch ist es in den meisten Fällen so. Das folgende Kapitel spricht dem hier und jetzt Gesagtem nicht unbedingt entgegen.

# Schluss mit der Heuchelei! Akzeptiere dich so, wie du bist!

**Mach nie etwas, wovon du persönlich nicht überzeugt bist!**

Es gibt sehr viele junge Männer – vielleicht gehörst du ja auch dazu –, deren Leben ist nicht frei und unbändig wie der Wind sind. Die Ströme des Windes wehen in alle Richtungen. Wie es ihnen gerade gefällt. Bei jungen Männern ist meist das Gegenteil der Fall. Alles scheint in eine Richtung kanalisiert zu sein. Linke Grenze, rechte Grenze, Hauptschussrichtung! Hier geht's lang, so ist es und nicht anders. Eltern, Freunde und Verwandte leiten dich. Sie meinen es nur gut: Du könntest das tun, du müsstest jenes machen und überhaupt: das wäre schick, es bringt Renommee und Kohle. Dann bist du für immer abgesichert! Das eigene Haus lockt, eine nette Familie und die fette Rente mit 67!

*Rente mit 67? Ja, klar! Hurra! ... wenn das Leben schon fast rum ist und du lebtags gebuckelt hast wie ein Sklave.*

Aber so weit sind wir noch nicht. Tatsächlich sind viele Jungs dem Dilemma ausgesetzt, dass sie selbst nicht wissen, was sie mit ihrem Leben anfangen sollen. Oder wollen. Sie stellen sich tagein, tagaus immer wieder dieselben Fragen. Soll ich eine Lehre machen oder weiter zur Schule gehen? Soll ich studieren oder vielleicht arbeiten gehen, wenn ja, was soll ich studieren oder arbeiten? Ich könnte auch nach Übersee gehen und auf *Work and Study* (Arbeiten und Studieren) machen!?

Dann kommt gedankliche Stützenhilfe von den Eltern, von Bekannten und Verwandten, du erinnerst dich:

*Du könntest das tun, du müsstest jenes machen und überhaupt: das wäre schick, es bringt Renommee und Kohle.*

Na super. Hört sich das gut an? Ihr Plan bezüglich deiner Karriere steht. Selbst die Etappen können sie dir genau beschreiben. Was, wann und wie? Und am besten noch mit wem! Alle scheinen Bescheid zu wissen. Genial, oder? Einen Plan B scheint es nicht zu geben. Mit anderen Worten: alles ist vorprogrammiert, du musst nur noch den Weg gehen und Erfolge einheimsen.

Das ist Manipulation!

Sie ist jedoch so diskret und undurchsichtig, dass du immer das Gefühl hast, du wärst derjenige, der alles selbst in die Hand nimmt. Man lässt dir den Schein der Sicherheit, dass du gewählt hättest. Man lässt dich glauben, du und nur du lenkst dein Leben. Dass es genauso verläuft, wie du es möchtest.

Oft sind es nur Nuancen, ein Hauch von Manipulation, kaum spürbar. Hier ein Wort, dort ein Vergleich, eine Bemerkung, ein Stichwort und das über die Jahre hinweg.

*Du machst das ja toll, super, aber schau dir mal den Peter vom Nachbarn an. Wow. Der hat jetzt schon seine eigene Firma und ist erst mal ein Jahr älter als du. Klaus-Dieter sitzt an der Kasse bei Lidl, weil er in der Schule geschludert hat, du willst doch nicht auch Verkäufer werden, nicht wahr!*

Bemerkt? Man sagt *nicht wahr*. Nicht aber *oder*? Was die Manipulation perfekt macht.

*Neulich hat Jens mir erzählt, dass er BWL studiert. Das wär' doch was für dich!*

Wieder kein Frage-, sondern ein Ausrufezeichen dahinter. Das ist Suggestion und Manipulation *at its best*, aber das bist nicht du!

*Es kommt von außen!*

All diese Stichworte (Möglichkeiten) tauchen vor deinem inneren Auge dann auch immer wieder auf, sodass in deinem Kopf ein fertiges

Schema von dem entsteht, was du möchtest und was nicht. Nur eben, dass dir dieses Schema suggeriert wird und nicht etwa deinem Bauchgefühl, deiner Intuition und deinem Herzen entspringt.

Eine Manipulation schließt du kategorisch aus? Sie findet, so denkst du, nicht statt?

*Papperlapapp!*
*Du bist ein Opfer, hattest nie die Wahl!*

Würden diese unentschlossenen jungen Männer mich fragen, was sie denn mit ihrem Leben anfangen sollen, was sie denn machen müssten – denn man muss ja schließlich etwas machen, nicht wahr? – käme meine Antwort wie aus der Pistole geschossen: Mach doch erst mal gar nichts! Dass dich so eine Einstellung (*erst mal nichts machen*) ins Abseits schießt, dich zumindest nicht gerade populär oder zum Lieblingssohn oder zum meist gewünschten Schwiegersohn macht, das ist klar. Doch in meinen Augen ist es die richtige Entscheidung.

Such keinen Weg. Such kein Ziel. Such keinen Sinn, sondern suche einfach mal dich selbst. Hör in dich hinein. Provoziere die Revolution in deinem sozialem Umfeld und schau gemütlich zu, wie andere über dein Nichtstun verzweifeln. Ist dem so, dann heißt das automatisch, dass du völlig richtig mit deiner Entscheidung liegst. Durch dieses Nichtstun schaffen sich neue Möglichkeiten. Besser gesagt, es tun sich Türen zu neuen Räumen auf. Das kommt nicht mit Gewalt, nein. Es entwickelt sich nach und nach. Schleichend, ohne dass du es merkst, entschleunigt sich dein ganzes Ich. Und glaub mir, irgendwann ist es da: Peng! Plötzlich weißt du: das ist es! Du hast auf einmal eine Idee und die wird grandios sein. Vergleiche diesen Prozess mit: *Ich such mir mal schnell den passenden Partner!*

Du erwartest, damit Erfolg zu haben. Soll ich dir was sagen? Da kannst du lange suchen. Und lange warten. Gerade wenn du etwas herbeizwingen willst, kommt ein Tiefschlag nach dem anderen. Lässt du aber einfach die Erwartungen außen vor: Peng, und nochmal Peng!

Andersrum. Du hast schon ein Studium begonnen, hast 'nen Job oder eine Lehre. Irgendwie passt es aber nicht, du weißt schon, so ein

Scheißgefühl, das dir sagt, Glücklichsein fühlt sich anders an! Junge, mach Folgendes. Nimm dir kurz Zeit. Zieh dich schön warm an und geh raus in den nächsten Wald. Sondere dich etwas ab, damit du mit deinen Gedanken auch wirklich allein bist. Das ist mega-wichtig. Und dann geh nochmal in dich. Stell dir Fragen wie: *Führe ich das Leben, das ich will? Hatte ich die Wahl? War es wirklich meine Wahl? Habe ich das gewollt? Wenn ja, warum macht es mich dann traurig, nicht glücklich? Wurde ich vielleicht doch beeinflusst und kann ich wieder in meine Spur kommen? In mein Ich?*

Möglicherweise kommst du zu dem Resultat: *Ja, zu einem ganz bestimmten Zeitpunkt in meinem Leben haben andere Menschen die Weichen für mich gestellt. Vielleicht in guter Absicht. Vielleicht damit sie sich gut fühlen.* Aber egal. Wenn dieser Zweifel im Raum steht, dann ändere, was sich ändern lässt. Grundsätzlich geht das ganz gut, es muss nur die Entscheidung her. Deine Entscheidung dieses Mal, nicht die anderer. Auf deinem Grabstein soll nicht stehen: *Ich lebte das Leben der anderen*, oder? Und nochmal, weil es wichtig ist.

Dein Leben ist kurz.

Lebe nicht das Leben der anderen!

Du hast nur ein Leben. Es muss dir passen wie ein bequemes Paar Schuhe. Easy. Leicht. Keine Blasen an den Füßen.

## Vom Karnickelfangschlag – oder: alles beginnt und endet im Kopf!

### Von Selbstdisziplin und vom Karnickelragout

Aufrecht schreibt Mann seine Geschichte. Wenn man aufrecht genau definiert, kommt man zu dem Schluss, dass alles im Stehen geschieht. In den Stiefeln stehend. Das ist richtig, doch es ist noch nicht der Weisheit letzter Schluss. Sehr viele Männer haben nicht mehr die ausschließliche und totale Kontrolle über ihren Körper und ihren Geist. Zumindest nicht in dem Maße, in dem sie es gerne hätten. Sie haben vom Leben bereits das bekommen, was ich den Karnickelfangschlag nenne. Wie der geht, das habe ich im Jahr 1983 auf dem Einzelkämpferlehrgang an der Luftlande-/Lufttransportschule in Altenstadt bei Schongau gelernt. Dort ging es knallhart zu. Zumindest aber war es nichts für Weicheier oder allzu sensible Kreaturen. Mach die Augen zu. Wir haben Winter. Es herrschen Temperaturen im zweistelligen Minusbereich. Deine Hände sind klamm, dein Hirn ein Eisklumpen. Du hast seit vierundzwanzig Stunden nichts gegessen, bist müde wie ein Hund und kommst körperlich bereits auf den Knien daher. Es schneit. Du sollst ein Biwak einrichten, Feuer machen, deine Dackelgarage aufstellen und dann auf die Ausbilder warten. Einer von ihnen trägt einen Sack auf den Schultern. Der bewegt sich hin und her, her und hin. Der Oberfeldwebel lässt seine Hand darin verschwinden und als diese wieder zum Vorschein kommt, siehst du, was sich da bewegt hat. Ein Karnickel. Dein Mittagessen!

*Männer, herschauen!*

Der Oberfeldwebel lässt die Meute antanzen und zeigt, wie man aus dem Karnickel, eben noch strampelnd, ein Ragout macht. Das Kernstück der gelungenen Demonstration war der Karnickelfangschlag, ausgeführt mit einer Handkante aus Stahl.

Ja, genau so war es bei uns. Danach mussten wir uns zu Gruppen formieren, jeder bekam ein lebendes Karnickel und der Auserwählte musste das Tier per Fangschlag (mit der Handkante, die noch weit davon entfernt war, aus Stahl zu sein) ins Jenseits befördern. Meist lebte das Karnickel nach dem ersten Schlag noch lange genug, um herauszufinden, was Furcht, Schmerz und Invalidität bedeuteten.

Wenn hier also die Rede von Männern mit dem Karnickelfangschlag ist, dann klingt das ziemlich brutal und ich entschuldige mich, wenn es dem einen oder dem anderen vor den Kopf stößt. Aber schauen wir der Realität mutig ins Gesicht. Natürlich meine ich Männer, die das Leben nicht mehr in vollen Zügen genießen können, weil sie an einer Krankheit leiden. Oder weil sie psychisch jenseits von Gut und Böse sind. Oder beides.

Die Rede ist in zweiter Instanz auch von Männern, denen die Antriebslosigkeit vom Gesicht abzulesen ist. Von fehlender Motivation und vom fehlenden Willen, das Leben anzupacken, es selbst und selbstbestimmt in die Hand zu nehmen ganz zu schweigen.

Bist du hungrig, muss das Karnickel (oder der Fisch, das Perlhuhn, die Kreuzotter) sterben. Das ist ein uraltes Gesetz. Es ist das Gesetz des Stärkeren. Bist du antriebslos und ohne Motivation, dann sag dir einfach, dass, wenn gewisse Dinge nicht gleich und zur Zufriedenheit aller oder zu deiner Zufriedenheit gemacht werden, anderen oder mir selbst ein großer Nachteil entstehen kann. Verhungern?

Schuld wärst nur du. Willst du das? Willst du das wirklich? Frage dich: Geht es mir tatsächlich besser, wenn ich dem Nichtstun weiter fröne? Jetzt denk weiter. Denk an die Menschen, die sehr gerne in deiner Haut stecken würden, dies aber nicht geht. Ich rede von all denjenigen, die eben ein körperlich- oder geistiges Handicap haben. Und ja, gerne würden sie Himmel und Hölle in Bewegung setzen, um die Dinge zu verrichten und anzupacken, die du aus Faulheit oder Bequemlichkeit ablehnst zu tun.

Denk nach, Bruder.

## Hier ein kleiner Fahrplan in Bezug auf eine gewisse Männlichkeit

### 1 – Bleib in Stresssituationen ruhig

Das Leben ist nicht immer ein langer langsamer Fluss. Oft genug geschehen Dinge, die eine Gefahr für uns alle bedeuten können. Oder es geschieht ein Unheil. Es kommt zu Stresssituationen. Bewegst du dich im Rahmen der Familie oder unter Freunden, so ruhen jetzt möglicherweise alle Augen auf dir. Wenn du Ruhe ausstrahlst, wird man dich sofort als Leader, als Vorbild in Betracht ziehen, wenn du es nicht schon bist. Du bist wie ein Fels in der Brandung. Analysiere die jeweilige Situation, ziehe alle Fakten und Informationen zusammen, besprich dich mit Familie oder Freunden und entscheide aus der Gelassenheit heraus die einzuleitenden Schritte.

### 2 – Rede wenig, lass lieber die anderen reden

Erst denken, dann reden. Hinter zu vielen und zu schnell ausgesprochenen Worten steckt fast immer Unsicherheit und Angst. Hör dir an, was andere zu sagen haben. Bilde dir deine eigene Meinung und rede erst, wenn du sicher bist, dass deine Gedanken und deine Worte übereinstimmen.

### 3 – Übe dich immer und zu jeder Zeit in Selbstrespekt

Hänge vor deiner Eingangstür einen Spiegel hin. Jedes Mal, bevor du die Wohnung verlässt, wirf einen kurzen Blick hinein. Zehn Sekunden, nicht länger. Sag dir laut (oder im Kopf): *Ich bin ein geiler Typ. Ich bin fantastisch, ich bin der Beste. Besser als die anderen. Ohne andere zu verletzen, ohne andere zu beleidigen und ohne arrogant zu sein, mache ich, was ich möchte, stehe aber in großer Not den anderen zur Verfügung, wenn sie meine Hilfe brauchen. Das ist meine Freiheit. Ich fühle mich super und ich folge meinen Ideen. Was andere von mir denken, ist mir Rille, ich mach mein Ding. Kopf hoch, Brust raus und selbstbewusst mitten hinein unter die Wölfe.*

### 4 – Sei nicht ständig für jedermann verfügbar und renne niemandem hinterher

Wenn dich jemand verlässt, dann sollte es eben nicht sein! Rennst du einer Frau oder Freunden hinterher, zeigst du, dass du dich selbst nicht respektierst. Wenn dich jemand verlässt, schließt sich eine Tür. Das tut weh. Aber das bedeutet nicht, dass das Leben nun vorbei ist. Deine Welt bricht nicht zusammen. Hab Vertrauen. Analysiere, warum es so gekommen ist. Was hat dazu geführt? Warum passiert mir das genau jetzt? Die Antwort ist: Das Leben hat etwas Besseres mit dir vor! Du musst immer im Kopf behalten, dass, schließt sich die eine Tür, sich fast im selben Augenblick eine andere öffnet. Und hinter dieser Türe findet sich stets etwas Neues und etwas noch Interessanteres.

Sag dir: *Ich bleibe nicht im negativen Verluststress, nein. Ich bleibe ruhig und nehme das Neue mit Freuden entgegen.*

Nochmal mit anderen Worten:

*Hab keine Angst, dir liebgewonnene Menschen zu verlieren. Hab lieber Angst, dich selbst zu verlieren, weil du ständig darauf bedacht bist, es anderen recht zu machen.*

### 5 – Wenn dir etwas stinkt, sag es. Sag es sofort

Schau nicht weg. Wenn Dinge dich etwas angehen, du betroffen bist, schau und höre ganz genau hin. Solltest du Töne hören oder Bilder sehen, mit denen du dich nicht im Gleichklang bewegst, bring sofort dein Veto vor. Sag, was dir nicht passt. Sag es gleich. Sag es so, dass jeder dich versteht. Tust du das nicht, gehen alle davon aus, dass du mit Gesagtem oder Gezeigtem einverstanden bist.

### 6 – Halte dein gegebenes Versprechen

Dieser Punkt ist wichtig. Nur wenige Ausnahmen sollten die Regel, das gegebene Wort zu halten, bestätigen. Partner, Freunde, Kollegen und Kinder brauchen Verlässlichkeit. Diese suchen sie automatisch bei dir. Sie wollen dir vertrauen. Sein Wort zu geben, impliziert eine messerscharfe Analyse der augenblicklichen Situation. Sie zielt darauf ab, festzustellen, ob du unter den aktuell gegebenen Umständen dein Wort geben kannst und auch in der Lage bist, es zu halten. Gib nie unüberlegt deine Zusage. Doch Vorsicht. Es könnte sein, dass du, um diese Analyse anzustellen, nur ein paar Sekunden Zeit hast. Wirst du wortbrüchig, leidet deine Vertrauenswürdigkeit: Game over! Besonders deinem Lebenspartner oder deiner Lebenspartnerin gegenüber ist es wichtig, dich an das gegebene Wort zu halten. Sie (er) misst dich und deine Männlichkeit auch und zuallererst daran. Du hast sie (ihn) in dem Augenblick verloren, indem du zu oft wortbrüchig wirst. Oft genügt schon ein einziges Mal. Du merkst es sicher an deinen Kindern. Sie nehmen dich nicht mehr ernst, wenn du gerne dein Wort brichst.

### 7 – Gib dich nicht allzu oft als seelischer Mülleimer für andere her

Gut zuhören zu können, ist eine Charaktereigenschaft, die dich von anderen Männern abheben kann. Die meisten Menschen wollen nur reden. Es sind oft dieselben, die nicht lange zuhören können, weil sie plötzlich nicht mehr im Mittelpunkt stehen. Manchmal plappern sie dir derart die Ohren voll, dass dir nicht ganz geheuer ist. Sie reden dann meist nur von ihren Problemen in ihrem, wie sie sagen, Scheißleben und der Redefluss nimmt oft gar kein Ende. Entferne dich von diesen Menschen. In solchen Momenten solltest du dir sagen, dass jeder sein eigenes Los zu tragen hat. Das ist jetzt nicht etwa desinteressierte Herablassung deinerseits, es ist Selbst- oder Eigenschutz. Aufmerksames Zuhören frisst Energie. Du solltest ganz genau abwägen, wem du diese Energie schenken möchtest und wem nicht.

## Alter Schwede

Es geht um ihn. Den alten Schweden. Und darum, wie er mein Mann- und Menschsein veränderte. Die Geschichte trug sich letzten Winter zu. Wir lebten seit vier Wochen in unsrem alten, gemütlichen Schwedenhaus. Winter in Nordschweden ist etwas Besonderes. Die Stille in solchen Zeiten ist greifbar, Wahnsinn pur. Es ist, als hätte man dich hoch in die Stratosphäre katapultiert. Du verlässt das Haus und alles ist ruhig. Und weiß. Vom Schnee. Es ist gleich so ruhig, dass du glaubst, den Wald reden zu hören. Es wird schnell dunkel. Na ja, es ist im Winter über fast immer dunkel.

Eines ruhigen, weißen Tages öffnete sich unsere Tür und ein alter barfüßiger Schwede trat ein. Zunächst dachte ich, ein Bär stünde mitten in meinem Wohnzimmer. In der Tat war der Schwede etwas größer als ich, ungefähr mein Baujahr, nur war er eben ein Schwede. Er trug einen zottligen prachtvollen Bart zur Schau, hatte Klamotten an, die man nirgends käuflich erstehen konnte. Zum Beispiel eine Hippiemütze, wie Bob Dylan eine hatte, nur dass in der Mütze des Schweden oben ein Loch war, durch das die Haare sprossen. Dieser Mann strahlte eine Vitalität und Kraft aus, die mich an den stets glattrasierten Arnold

Schwarzenegger in seinen besten Zeiten erinnerte. Ich sah ihn an, erstaunt, aber aufs Höchste ergriffen. Warum ergriffen? Weil ich das Gefühl hatte, ich blicke in die Augen meines Zwillingsbruders, den ich nie hatte. Blickkontakt, Erkennen, Connection, für gut und wertvoll befunden! Das beruhte auf Gegenseitigkeit, wie ich erfahren sollte. Wir waren Brüder in der Seele, obwohl wir uns, zumindest in diesem Leben, zum ersten Mal gegenüberstanden. Das hatte ich in dieser fast brutalen Art und Weise noch nie erlebt. Ich wusste instinktiv, dass es nicht der Zufall war, der diesen Mann heute zu mir geführt hatte. Eine höhere Macht hatte ihn gesandt, anders konnte ich es mir nicht erklären. Wir verstanden uns sofort, reichten uns die Hand, setzten uns an den grob gehauenen Holztisch zum Kaffeetrinken. Es stellte sich heraus, dass der Name unseres seltsamen Besuchers tatsächlich Björn war. Björn, der Bär.

*Björn,* fragte ich ihn, *hast du den Namen vor oder nach deiner Geburt bekommen?*

Bei den Indianern ist es üblich, mit der Namensgebung der Kinder so lange zu warten, bis es eine Charakterstärke (oder eine Charakterschwäche) oder eine bestimmte Wesensart entwickelt hatte. Der, der gerne auf Bäume kletterte, oder der, der mit den Wölfen tanzt! Björn sah tatsächlich aus wie ein Bär, der gerade aus seinem Winterschlaf erwacht und hungrig knurrend sämtliche Schneehöhlen im Umkreis auf der Suche nach etwas Fressbarem durchstöberte.

Er gab keine Antwort, lächelte nur mysteriös. Weder er noch ich konnten zu diesem Zeitpunkt wissen, dass meine Frage der Auftakt zum einem der interessantesten Gespräche war, das ich die letzten zwanzig Jahre mit einem Mann führen durfte.

Wir arbeiteten drei Kernideen aus:

- Wir Männer sind ein in sich geschlossenes Universum.
- Wir sind ein wichtiger Teil des Ganzen.
- Unser Leben lohnt sich nur, wenn wir es im Jetzt leben. Das Jetzt ist entscheidend, alles andere fällt in den Bereich der Illusion.

Du kannst als Mann nur Frieden finden, also zufrieden sein, wenn du diesen Frieden in dir erwachen lässt. Wenn du dich oft genug in dich selbst zurückziehst, findest du Frieden, bist de facto zufrieden. Diesen Prozess außerhalb von dir selbst zu finden oder anzustoßen, ist unmöglich. Nur im Zustand des inneren Friedens ist es dir möglich, dein Inneres zeitnah nach außen zu tragen, und so trägst du dazu bei, dass tatsächlich Frieden herrscht. Der Mann in dir ist ein Einzelkämpfer. Auf dich gestellt führst du einen inneren Kampf mit dir selbst. Du kämpfst gegen deine Dämonen. Gegen Laster, Faulheit, Bequemlichkeit, gegen Lug und Trug. Du kämpfst so lange für neue Ideen und Ansichten, bis du den Kampf gewonnen hast und sie dann nach außen trägst. Dorthin, wo deine neuen, tief in deiner Seele geborenen Ideen und Ansichten Früchte tragen. Das nenne ich Charakterschmiede. So verbesserst und veränderst du die Welt.

Dieses In-sich-Zurückziehen vergleiche ich oft mit dem Weg zur Schule. Nicht den von heute, sondern den zu meiner Zeit, in der du noch ein paar Kilometer zu Fuß dorthin laufen musstest. Stell dir einfach vor, du wohnst in der Walachei, in der Steppe oder in Hintertupfing. Du verlässt das Elternhaus, was eine Welt für sich ist. In dieser hoffentlich heilen Welt sind deine Eltern, die anderen Geschwister und die zwei Hunde. Es ist aber ein Ort oder eine Welt außerhalb von dir. In der Schule sind viele Menschen. Tausend Kinder, Lehrer und Lehrerinnen. Das wiederum ein andere geschlossene Welt in sich. Eine Gesellschaft. Auch hier gilt: Es ist das Außen. Der Weg zwischen deinem Zuhause und der Schule hingegen ist dein Universum.

Du bist allein. Du gehst diesen Weg abgesondert, und das ist wie eine Befreiung. Du ziehst dich in dich zurück, denkst, fühlst, sinnierst, und deine Gedanken und deine Tagträume sind grenzenlos. Hier schöpfst du deine Kraft. Keiner engt dich ein. Sinnbildlich durchwanderst du ein leeres Tal, wobei du dasselbe mit deiner kreativen Präsenz füllst. Wenn du dir diese Zeit nicht nimmst, oder niemand sie dir gibt, dann bist du als Mann ein Unvollendeter. Ob es jetzt der Weg zur Schule ist, der zur Arbeit, der einsame Spaziergang oder das Gassigehen mit dem Hund: du bist für einige Augenblicke in deiner Welt, du musst nur die Gabe haben, es zu erkennen und davon zu profitieren.

Björn und ich kamen weiterhin zu dem Schluss, dass das Leben eines Mannes einer Challenge, einer All-time-Competition gleichkommt, in der Stadt und mittlerweile auch auf dem Land. Das Leben des Mannes ist längst nicht mehr das Leben, das er sich ausgesucht hat. Er rast mit einer Geschwindigkeit durchs Leben, dass ihm schlecht wird, und bekommt vom selben oft gar nichts mit. Alles, was er tut, hat Wettbewerbs-Charakter. Kinder fertig machen, sie zur Schule oder in den Kindergarten bringen, zur Arbeit gehen, einkaufen, Kinder abholen, kochen, putzen, büffeln, ackern, schaffe, schaffe, Häusle baue! Abends folgt der Austausch mit Frau und Freunden, der Tag ist rum. Wer ständig so lebt, hat sich das nicht selbst ausgesucht. Das ist unmöglich.

Zum Abschluss unseres Gespräches beglückwünschten wir uns zu den gewonnenen Erkenntnissen (Problemen, Aufgaben) und nahmen uns vor, an Lösungen zu arbeiten.

# Der Umgang mit Erfolg und Misserfolg

Bevor wir loslegen, muss ich wieder einmal Albert Schweitzer zitieren: *Lieber will ich den Schwierigkeiten des Lebens entgegentreten, als ein gesichertes Dasein führen; lieber die gespannte Erregung des eigenen Erfolgs als die dumpfe Ruhe Utopiens.*

Lies diesen Satz dreimal in aller Ruhe durch. Was will er dir sagen?

Solltest du Zweifel haben, worauf ich hinauswill, hier eine kleine Geschichte. Ich nenne sie ...

**... deine kleine Mutmachgeschichte.**

Bei der Fremdenlegion hatte ich einen Kameraden. Sein Name war Denis. Denis war Franzose. Er diente acht Jahre lang mit mir bei den Fallschirmjägern der Legion in Korsika. Er hatte, wie ich auch, zwei Jahre in Französisch-Guyana verbracht. Im Urwaldregiment der Legion. Nach seiner Zeit in Guyana verließ Denis die Legion, kehrte aber nach Guyana zurück. Als Zivilist heuerte er bei einer Firma an, die sich der Forstwirtschaft und der legalen Goldsuche verschrieben hatte. Die Aufgabe von Denis war es, Wege durch den Dschungel zu finden, zu markieren und diese Wege auf Karten einzutragen. Eines Tages – Denis war mit einer kleinen Gruppe im Urwald unterwegs – fiel ein morscher Baum um und riss Denis einfach um. Als er sich aufrappeln wollte, merkte er, dass sein Bein fast durchgetrennt und völlig zerschmettert war. Es hing nur noch an einer Sehne an seinem Körper. Denis griff nach seiner Machete und tat, was der Baum nicht geschafft hatte. Mit einem Schlag trennte er die Sehne durch. Dann wurde er ohnmächtig. Als er erwachte, sah er, wie er in einem Hubschrauber nach Cayenne ins Krankenhaus geflogen wurde. Die Ärzte konnten nichts mehr tun, Das Bein war ab, Denis musste damit klarkommen. Jeder andere hätte nun den Kopf in den Sand gesteckt und wäre von einer Depression in die nächste gestolpert. Nicht so mein braver Legionärsfreund. Genau ein Jahr später nämlich stellte sich Denis selbst vor eine unglaubliche Challenge – die Durchquerung des Landes von Süd nach Nord im Alleingang. Ja, richtig. Er durchquert den Urwald, brauchte dazu siebenundfünfzig Tage. Im Gepäck hatte er seinen Rucksack, seine Machete, eine blitzblank polierte Beinprothese und seinen eisernen, übergroßen Willen. Es war sein Big Deal und eine reine Kopfsache, wie Denis mir später erklärte.

Aufrecht im Kopf!

Denis hatte vom Leben seinen persönlichen Karnickelfangschlag bekommen. Aber er stand darüber. Er hatte nicht nur sich selbst bewiesen, dass es ein Danach gibt, dass es immer weitergeht, immer weiter, immer weiter, nein! Er hatte es auch allen anderen Menschen in seinem Umfeld gezeigt. Er hat vielen Menschen Mut gegeben.

Nicht nur im Fall Denis entschied der Wille über Erfolg oder Misserfolg. Genau an dieser Stelle möchte ich einen Satz zitieren, der auch mich immer wieder geerdet hat, wenn ich vor schier unmöglichen Herausforderungen stand.

*Sie wussten nicht, dass es unmöglich war. Deshalb taten sie es!*

Der Satz stammt angeblich von Mark Twain. Was will er uns sagen will, ist Folgendes. Wir haben nicht immer die Kontrolle. Das Schicksal schlägt meist ohne Vorwarnung zu. Wahllos, wie es scheint. Und natürlich immer dann, wenn es gar nicht passt. Es kann jeden von uns treffen. Dich. Mich. Wirklich jeden. Gerade eben bist du noch gesund. Vielleicht wohlbetucht und glücklich, können gewisse Ereignisse dich innerhalb von Sekunden zerstören. Dich knicken. Deshalb, lebe immer im Jetzt. Das impliziert sehr vieles. Das Wichtigste ist vielleicht, dass wir heute, jetzt und ab sofort immer unseren Mitmenschen sagen dürfen oder wollen, dass wir sie lieben. Oder dass wir fremde Pfade verlassen, um unseren eigenen Weg zu gehen. Weiterhin ist es wichtig, dass sich jeder, den das Schicksal sehr hart trifft (vielleicht dich, Bruder), die Zeit nimmt, genau hinzuschauen. Was ist dir passiert? Warum denkst du, ist es gerade dir passiert? Warum jetzt?

Verdränge nichts, schau nicht weg. Lass dem Schicksal Zeit, genau hinzuschauen. Lassen wir dir Zeit, dich zu bemitleiden. Ja, weine. Das ist wichtig. Es gibt für alles eine Zeit, auch für die Trauer. Wenn der Prozess des Mitleids und des Bedauerns vorüber ist, ist die Zeit gekommen, aufzustehen und zu kämpfen. Plötzlich wirst du sehen, dass sich Wege auftun, die deinem Blicken vorher völlig verborgen waren. Es werden sich neue Türen öffnen.

Eines dürfen wir nicht vergessen. Ob mutlos, krank, verletzt oder gebrochen: In jedem von uns steckt mehr Kraft, als wir erahnen können. Um deine eigene Geschichte zu schreiben, Bruder, musst du dich nicht in den Urwald begeben. Schreib deine Geschichte in Berlin, München, Paris, Oslo, in Hamburg oder Gelsenkirchen und lass sie mit einem kleinen Schritt beginnen. Jede noch so lange Reise beginnt mit diesem ersten Schritt. Dann noch einem und einem weiteren.

*Aufrecht im Kopf, Bruder, aufrecht im Kopf!!!*

Sicherlich habe ich mich in diesem Buch schon des ein oder das andere Mal wiederholt. Weil es wichtig ist, mache ich es jetzt wieder: Hab keine Angst vor Misserfolgen. Misserfolge sind wichtig. Sie lehren dich, wachsam zu sein. Wenn du im Leben Erfolg hast, übe dich in Demut. Sei dankbar für das, was das Leben dir anbietet. Nimm, was dir in die Hände gelegt wird, vergiss dabei aber nie, dass sich die Welt um dich herum morgen schon wieder in eine ganz andere Richtung drehen kann.

Denke weiterhin daran, nein, sei davon überzeugt, dass Erfolg keine Glücksache ist. Hinter dem, was wir Erfolg nennen, stecken Hartnäckigkeit, Zielstrebigkeit, Aufopferung, Wissen und mentale Stärke.

Sicher kennst du folgenden Spruch: Sei nett zu allen Menschen, die du auf deinem Weg (nach oben) triffst, du könntest ihnen auf dem Weg nach unten wieder begegnen. Sei dir also nie zu schade, allen Menschen auf Augenhöhe zu begegnen, dem reichen Firmenboss ebenso wie dem abgebrannten Penner.

Einen Absatz weiter oben sprach ich von Dankbarkeit, und genau da spinn ich den Faden weiter. Es gibt in deinem Leben nur fünf Personen, denen du dankbar sein musst.

1. Der Person, die dich korrigiert.
2. Der Person, die sich Sorgen um dich macht.
3. Der Person, die immer für dich da ist.
4. Der Person, die dich lachen sehen möchte.
5. Der Peron, die dir die Wahrheit sagt.

Okay. Nochmal: *Lieber will ich den Schwierigkeiten des Lebens entgegentreten, als ein gesichertes Dasein führen; lieber die gespannte Erregung des eigenen Erfolgs als die dumpfe Ruhe Utopiens.*

Was sagt dir dieser bedeutungsschwangere Satz denn noch? Ersetze doch mal das Wort Schwierigkeiten mit Verantwortung. Viele Jungs da draußen, sehr viele gestandene Männer auch, fliehen vor jeglicher Verantwortung. Leider, oder Gott sei Dank, ist es aber so, dass, je mehr Verantwortung ein Mann in seinem Leben übernimmt, desto mehr Bedeutung bekommt sein Leben. Umso höher die Verantwortung, umso reicher kann auch dein Leben sein. Kinder haben ist Verantwortung. Diese Verantwortung gibt dir als Mann Gewicht, sie lässt dich wachsen du wirst von der Gesellschaft gesehen und anerkannt. Vater sein ist nicht leicht. Bist du kein Kämpfer, geht der Schuss nach hinten los, aber genau da liegt doch die Challenge.

Die Herausforderung ist: Ich übernehme die volle Verantwortung für die Erziehung, die Gesundheit und die Integrität meiner Kids. Und du kannst einem vierfachen Familienvater und Ex-Legionär gerne eines glauben: ein guter Vater zu sein, ist schwieriger als 20 Jahre Fremdenlegion.

Wenn du Boss bist, dito. Wer sagt denn, dass es leicht ist, sich mit komplexen Problemen herumzuschlagen, die deine Position als Chef halt so mit sich bringen? Zehn Angestellte sind zehn verschiedene Welten, und du musst jede Welt verstehen, zumindest solltest du es versuchen. Du hilft ihnen auf ihrem Werdegang, verhilft zu besseren

Karrierechancen und so vieles mehr. Und natürlich hast du dir Wissen angeeignet, Wissen, das dich für dieses Job qualifiziert. Was auch nicht ganz ohne ist und was Familie und Portemonnaie gleichermaßen belastet hat. All das ist großartig, aber eben mit Verantwortung verknüpft. Hinter deinem positiven Wirken steckt Ruhm. Und Ehre. Nimm das genauso an wie die Verantwortung. Wenn du Zweifel hast, ob du dafür geeignet bist, Verantwortung zu übernehmen, lass dir auch hier gesagt sein, dass ich sehr wohl glaube, dass du mehr bist und mehr kannst, als du selbst denkst. Du erinnerst dich an eine der Tugenden namens Mut? Steh auf, gib dir einen kräftigen Kick in den Allerwertesten (wenn du es nicht tust, übernehme ich das gerne an deiner Stelle) und gehe den Weg, der schwierig ist.

Ich zitierte etwas weiter oben den exzellenten Albert Schweitzer. Jetz gehe ich mal kurz rüber zum nicht weniger exzellenten Albert Einstein. Da gab es mal so eine Geschichte. Einstein stand vor seiner Klasse und schrieb an die Tafel: Neun mal eins ist neun. Neun mal zwei ist achtzehn. Neun mal drei ist siebenundzwanzig, und so weiter. Zum Schluss kam der fatale Satz:

*Neun mal zehn ist einundneunzig.*

Natürlich lachte die ganze Klasse. Sie hatten Einstein entlarvt, denn neun mal zehn ist natürlich neunzig und nicht einundneunzig. Die Schüler machten sich eine ganze Weile lustig über ihren Lehrer, der schließlich sagte: *Aufgrund der Tatsache, dass ich neun Probleme richtig analysiert habe, kam es keinem von euch in den Sinn, mir zu gratulieren. Aber als ich einen einzigen Fehler machte, fingen alle an zu lachen. Dies bedeutet, dass selbst wenn eine Person erfolgreich ist, die Gesellschaft ihren geringsten Fehler bemerken wird. Und das wird ihnen gefallen. Lasst nicht zu, dass Kritik eure Träume zerstört. Die einzige Person, die nie einen Fehler macht, ist jemand, der nichts tut.*

Es ist also essenziell, festzuhalten, dass Fehler nichts über unseren Wert oder über die Wichtigkeit unseres Wesens aussagen, vielmehr sind Fehler großartige Gelegenheiten, vom Leben zu lernen. Nur so können wir voranschreiten. Unser ganzes Leben lang werden wir mit

Problemen und Hindernissen konfrontiert sein, und Fehler zu machen, ist völlig normal. Wichtig ist die Erkenntnis, wie wir auf unsere eigenen Fehler reagieren. Anstatt uns vom Spott und der Schadenfreude anderer entmutigen zu lassen, sollten wir unsere Fehler schätzen, sie umarmen und wertvolle Lektionen aus ihnen ziehen. Fehler sind es, die uns erlauben, besser zu werden, unsere Grenzen nach vorne zu verlegen und bisher unerreichbare Gipfel zu erklimmen. Du siehst schon, die Alberts, ob nun Schweitzer oder Einstein, sind überall auf höchst geistigem Niveau vertreten. Sie möchten uns sagen, nein, sie möchten dir sagen, dass du mit all deinen Ecken, Kanten und Fehlern ein wertvoller Mensch bist.

### Kleine Story am Rande

Ich weiß nicht mehr, in welchem Jahr es war. Es könnte 1993 gewesen sein. Ich war Sergent und in Marseille auf Urlaub. Wenn ich mich recht erinnere, kamen wir gerade von unsrem Einsatz in Bosnien wieder, meine Beförderung zum Sergent-Chef stand unmittelbar bevor und finanziell war ich gut aufgestellt. Ich hatte eine steile Karriere hingelegt, war stellvertretender Zugführer. In der Fremdenlegion will das schon was heißen.

In Marseille erinnerte ich mich daran, dass eine einstige Freundin von mir in Lyon wohnte. Ich nahm mir fest vor, sie dort zu besuchen. Leider fuhr an dem Nachmittag weder ein Bus noch ein Zug dorthin, also beschloss ich, ein Taxi zu nehmen. Richtig. Ein Taxi von Marseille nach Lyon! Das waren knappe 320 Kilometer. Ich trug feinen Zwirn, Geld hatte ich mehr als genug, und hatte ich mal einen Entschluss gefasst, musste es schon sprichwörtlich Scheiße vom Himmel regnen, damit ich ihn nicht in Taten umsetzte. Angekommen im Bahnhofsviertel in Lyon, wollte ich mir die lose, in der Hemdtasche gestopfte Krawatte binden, doch sie stand mit mir auf Kriegsfuß. Ich sah mich um. Am Straßenrand hockte ein Penner, der aussah, als wäre er gerade aus der Mülltonne gekrochen. Ich ging hin und fragte ihn, ob er wusste, wie man einen Krawattenknoten bindet.

 *Windsor?*

Ich nickte.

*Warum nicht!*

Der Knoten, einmal fertig, saß perfekt. Da ich noch etwas Zeit hatte, setzte ich mich (im Anzug wohlgemerkt) neben den Penner auf den Bürgersteig. Wir unterhielten uns eine Weile und dabei erfuhr ich, dass er vor nicht allzu langer Zeit noch ein erfolgreicher Unternehmer war, seine Frau ihn aber nach Strich und Faden betrogen hatte und er deswegen auf der Straße saß. Irgendwie hatte sie ihn dazu gebracht, dass er sich, der vier gemeinsamen Kinder zum Trotz, scheiden ließ, und das war sein Untergang. Er begann zu trinken, zahlte Unsummen von Alimenten, nicht nur für die Kinder, sondern auch für sein Weib, und landete schließlich in der Gosse. Ja, und dort habe ich ihn dann getroffen. Ich spendierte Pizza und Pinard (eine Flasche Rotwein) und er erzählte mir seine Geschichte. So ganz nebenbei sagte er noch, dass er jetzt, in der Misere, ein glücklicherer und ausgeglichenerer Mann war als jemals zuvor. Einer, der sich endlich auf das Essentielle im Leben konzentrieren konnte.

Die Geschichte hat Aussagekraft. Möglicherweise sagt sie dir und mir, dass zwischen Erfolg und Misserfolg nur ein schmaler Grat liegt. Vielleicht erzählt sie von einem Mann, der im Misserfolg glückselig ist, oder davon, dass ich mir nicht zu schade war, mich mit einem Penner, von dem ich vorher nicht wusste, dass er mal sehr erfolgreich war, auf dieselbe Stufe setzte. So wusste ich doch: Wir sind alle aus dem gleichen Guss geschmiedet.

Erfolg, Bruder, ist nicht immer etwas Zählbares, Zahlen auf dem Bankkonto etwa. Erfolg hat nicht immer was mit Materialismus zu tun. Oder wenn ich mein mir gesetztes Ziel erreicht habe. Nein! Erfolg ist auch, wenn du zum Beispiel nach einem langen Kampf zufrieden und ausgeglichen bist, egal des Ergebnisses. Innerer Frieden ist der größte Erfolg. Mit anderen Worten: Erfolg kommt von innen. Wenn du früh sorgenfrei, entspannt und von Problemen losgelöst aufwachst, dir sagst: *Okay, ich habe nicht den geilsten Job der Welt und vor meiner Mietswohnung steht kein Jaguar, sondern ein alter, verrosteter Audi, aber ich bin happy damit*, bravo. Die Messlatte eines Mannes in Sachen Erfolg ist seine innere Zufriedenheit!

In meinem kurzen Schriftstellerleben habe ich sechzehn Bücher geschrieben. Vielleicht auch ein, zwei mehr, ich habe nicht mitgezählt. Während des Schreibprozesses stand ich immer unter einem wahnsinnigen Druck. Die Erwartungshaltung war enorm. Ich erwartete ein Spitzenbuch. Mein Verleger sowieso. Meine Freunde und Bekannten gängelten mich ständig mit Worten wie: *Na, wann kommt denn dein nächster Bestseller jetzt endlich raus?*

Wenn das Buch dann erschien – und oft war es ein Erfolg –, habe ich für mich immer entschieden, dass es für mich in dieser Situation etwas Größeres gab als den Bucherfolg, der ja dann auch meist mit einem guten Honorar verbunden war. Mein Erfolg war die Zufriedenheit meiner Leser. Für diese Zufriedenheit hätte ich sogar auf einen Großteil meiner Tantiemen verzichtet. Die Belohnung für meine durchwachten Nächte war die Ruhe nach dem Sturm. Die Arbeit war getan, der Druck auf meinen Schultern somit nicht mehr vorhanden, ich selbst war in einem Modus, den ich Tiefenentspanntheit nenne. Das war mein Erfolg. Das alles nur, um dir zu sagen, dass Erfolg oder Misserfolg nicht immer was mit Geld oder einer anderweitigen zählbaren Entlohnung zu tun haben musss.

**Mental brutal:** Mitte Juni 2023 meldete sich ein sehr erfolgreicher Unternehmer bei mir. Er schrieb Folgendes.

*Ich bin gescheitert und ersuche um unmittelbare Mentorenschaft.*

Ich überlegte nicht lange und erwiderte umgehend.

*Wann können Sie kommen, wie lange können Sie bleiben?*

Noch während ich auf die Antwort wartete, legte ich mir einen Plan zurecht, wie ich denn dem Mann, von dessen Problemen ich ja noch gar nichts wusste, helfen könnte. Mein Ansatz war Folgender. Kein Vorgespräch, kein Empfang mit Kaffee und Kuchen, kein Butschibutschi! Sobald der Unbekannte seinen Fuß über meine Türschwelle setzen würde, bekäme er von mir einen fünfzehn Kilo schweren Rucksack mit dem Satz *Folgen Sie mir* in die Hand gedrückt. Einmal wieder an der frischen Luft hätte er die Möglichkeit (nein, die Pflicht), einen der drei Umschläge, die ich ihm vorhalten würde, zu wählen. Sie würden die fette Aufschrift 1, 2 oder 3 tragen. Er wählt Umschlag Nummer zwei. Die leichteste Aufgabe – was er natürlich nicht wissen kann. Zwei Minuten später schon hätte ich ihn wortlos in die schwedischen Wälder entführt. Zwei Stunden Gewaltmarsch und Biwak, bevor es dunkel wird. Belohnt hätte ich ihn mit einem Bier und mit der Aufforderung, mir alles zu erzählen und nichts auszulassen. Nicht nur von den Umständen, die ihn zu mir geführt hatten, sondern wirklich alles. Sein ganzes Leben. Ich hätte wohl schnell begriffen. Er hatte sein Leben gelebt und er war satt.

*War nicht mehr neugierig, sondern einfach nur satt!*

Danach dodo. Das ist das Babyjargon für schlafen. Und das, ohne dass ich mit auch nur einem Kommentar auf seine Erzählung eingegangen wäre. Mitten in der Nacht hätte ich ihn dann geweckt.

*Rucksack packen, wir marschieren in zehn Minuten los!*

Der darauffolgende Fußmarsch und die von mir geforderten Einlagen würden ihn an den Rande der Selbstaufgabe und des relativen Wahnsinns führen. Körperlich. Geistig. Sein Kreuzweg würde auf einer hohen Klippe enden. Behutsam würde ich ihn an den Rand des Abgrundes führen. Ich hätte ihn aufgefordert zu springen.

*Spring! Mach schon, spring da runter, Himmelherrgott nochmal!!!*

Beim ersten Anzeichen, dass er der Aufforderung Folge leisten würde, würde ich ihn mit eiserner Hand davon abhalten. Im gegensätzlichen Fall würde ich schwere Vorwürfe erheben.

*Du hast Angst vor dem Tod und Angst zu leben. Alles, was du bis jetzt getan hast, war darauf ausgerichtet, es den anderen Menschen, der Gesellschaft und dem Schein recht zu machen. Der kleine Junge in dir aber kam immer zu kurz. Zeit seines Lebens schrie er nach Liebe, nach*

*Aufmerksamkeit und nach Anerkennung, aber das Einzige, was er von dir bekam, war ein Tritt in den Arsch.*

Diese Worte gesprochen hätte ich meinen Gast fest umarmt und gesagt: *Alles ist gut. Du brauchst meine Hilfe nicht mehr. Geh heim und kümmere dich ab sofort um den Burschen, um den kleinen Jungen in dir. Gib ihm, wonach er verlangt, und jetzt geh. Und sei nie satt, hör nie auf zu suchen, sei ewig ein Searcher! Ein Suchender!*

## Das Leben der anderen – oder: Wähle deine Abenteuer selbst!

> *... wenn du nicht gerade Autor in Sachen Endzeit,- Horror- und Katastrophenromane mit Inhalt à la Friedhof der Kuscheltiere von Stephen King bist, dann verbanne deine wilden Fantasien dorthin, wo sie auch hingehören: aufs Klo!* – Thomas Gast.

Mit der Überschrift *Wähle deine Abenteuer selbst* ist schon alles gesagt. Es steckt jedoch mehr dahinter, als die Worte andeuten, deshalb lass uns reden. Zu Beginn sprach ich von einer Zielperson. Du weißt schon, diesen Typen, Henry-Olaf. Henry-Olaf ist schon etwas älter, hat bereits ein gutes soziales Standing und dennoch trauert er verpassten Chancen nach. Für einen solchen Typ Mann sind diese Zeilen natürlich nicht. Wohl aber für ein ähnliches Profil, nur zwanzig Jahre jünger.

Ab einem gewissen Alter nimmst du dein Leben eigenverantwortlich in die Hand. Das ist jetzt kein Wunsch von mir, sondern ein Befehl an dich. Gestatte weder deinen Eltern, deinen Kindern, deiner Frau noch deinen Schwiegereltern, dir in diesen Prozess reinzufunken. Das ist fortan und ausschließlich deine Aufgabe und es ist eine großartige Aufgabe. Besser noch, es ist ein herausforderndes Abenteuer. Ich selbst war schon dreiundzwanzig Jahre alt, als ich diesen Prozess anstieß. Ohne Einfluss von außen traf ich alle Entscheidungen mich betreffend selbst und übernahm somit die volle Verantwortung für mein Leben. Im Vergleich dazu kenne ich Männer, die starteten diesen Prozess erst, als sie im Alter von fünfunddreißig Jahren von den Eltern vor die Tür gesetzt wurden, und ich begegnete anderen, die bereits im Alter von sechzehn alles selbst für sich entschieden haben.

Sich selbst sagen, wo es im Leben langgeht, sollte keine Kopf-, sondern eine Bauchsache sein. Und eine des Herzens. Schaltest du den Kopf ein, führt er dich unweigerlich in die Irre. Er führt dich zur Vernunft. Vernunft jedoch ist der Gegner aller freiheitsliebenden Männer. Vernunft ist ein Hemmschuh. In jeder Beziehung.

Du bist in ein *vernünftiges* System hineingeboren, das dir jeglichen, mentalen und aktiven Entscheidungsspielraum genommen hat. Wie viele großartige, brillante Männer sind Arzt, Anwalt, Metzger, Verkäufer oder Bankangestellte geworden, obwohl sie lieber Archäologe hätten werden wollen? Oder Höhlenforscher? Hätten sie mal lieber auf ihr Bauchgefühl gehört. Hätten sie das nämlich getan, würden sie keinen Tag ihres Lebens arbeiten müssen, denn eine Arbeit, die sie mit Freude erfüllt, ist keine Arbeit. Arzt, Anwalt, Metzger, Verkäufer und Bankangestellter haben zugelassen, dass ihr Kopf entscheidet (oder die Eltern und Schwiegereltern). Sie leben also in einer Luftblase namens Illusion, eine, die ihnen, wenn sie etwas älter sind, mit einem lauten Knall um die Ohren fliegt.

*Sie leben das Leben der anderen!*

Lass nicht zu, dass andere Menschen zu viel Einfluss auf dein Leben nehmen. Du hast nur eins und es ist dein Leben und nicht das deiner Kinder, deiner Eltern, der Schwiegereltern oder deiner Frau. Was nicht heißt, dass du dir nicht hier und da einen Ratschlag oder eine Idee oder noch eine helfende Hand gönnen solltest. Ganz im Gegenteil. Aber du bist es schlussendlich, der die Entscheidung fällt. Im Kleinen wie im Großen! Bedenke aber, was dir heute klein und unwichtig erscheint, kann im späteren Verlauf deines Lebens eine große und gewichtige Sache werden. Lass das Hirn nachdenken und den Bauch (Intuition) dann entscheiden.

*Fokussiere dich auf dein Gefühl.*

Du kannst zu jeder Zeit in diesem deinem Leben demselben einen Drall in eine neue Richtung geben. Und zwar in die Richtung, von der du persönlich tief überzeugt bist, dass es für dich die richtige ist. Du solltest ....

*... aus der Bauchmitte heraus entscheiden: Hier geht's lang!*

Zurück zu mir. Noch heute bedauere ich, dass ich erst mit dreiundzwanzig Jahren das begriffen habe, was ich hier und heute niederschreibe. Nämlich in sehr frühen Jahren schon selbst über mein Leben zu entscheiden. Mit achtzehn ging ich zur Bundeswehr. Nicht etwa, weil mein Bauchgefühl sagte: *Geh!* Nein. Sondern weil das damals Pflicht war. Die Wehrpflicht. Ich selbst hätte mich viel lieber mit diversen Geräten in der Wüste Gobi, zu Fuße der Cheops-Pyramide oder tief im Bauch der Erde in irgendeiner von mir entdeckten Höhle wiedergefunden. Das sagte mir mein Bauch damals. Ich habe stattdessen zugelassen, dass Staat und Mutter für mich entscheiden. Das bereue ich noch heute, würde das zum jetzigen Stand der Dinge nie wieder zulassen.

Mit dreiundzwanzig ging ich zur Fremdenlegion. Warum? Weil mein Bauchgefühl mir sagte: *Da musst du hin!* Ganz einfach. Das war meine ureigene Entscheidung und die marschierte im Gleichschritt mit meinem Bauchgefühl und meiner Intuition. Der Unterschied hierzu: Ich habe diesen Schritt nie bereut. Er war selbstbestimmt. Diese eigene Entscheidung getroffen, und heute auf diese Jahre zurückblickend, kann ich nur sagen: Ja! All die Abenteuer, von denen ich in meiner Kindheit geträumt habe ..., da bin ich durch. Ich habe sie erlebt. Hätte ich Freunde, Frau und Eltern (Mutter) gefragt und damals deren Ratschlägen befolgt, so wäre ich daheim – und ein ewiger und auf Lebzeit unzufriedener Allerweltsmensch geblieben.

Nun verlangt niemand von dir, zur Fremdenlegion zu gehen, dafür braucht es einen ganz speziellen Typ Mann. Aber es gibt so viele andere Möglichkeiten, dir selbst, und aus eigener Initiative heraus, das Leben zu gönnen, welches du auch wirklich leben möchtest. Aber ich sage es gerne noch einmal: Lass die Vernunft außen vor. Leg die Vernunft in eine Schublade und hole sie im Alter wieder raus. Heute bist du noch jung. Du hast eine Vitalität, eine körperliche Kraft und eine Menge geistige Energie, die du mit fünfundvierzig möglicherweise vermissen wirst. Profitiere davon. Lerne Dinge, die dich interessieren. Nimm Challenges und Herausforderungen offenen Visiers an. Stoß dir die Hörner ab und mach deine Erfahrungen. Bleib weder sprichwörtlich im Bett liegen oder profiliere dich mit süßem Nichtstun – umgib dich auch nicht mit Nichtstuern, sondern sei klug. Und ich weiß, dass du klug bist! Profitiere von deiner Jugend, indem du dich auf diverse und auch auf gewagte Abenteuer einlässt. Diese Abenteuer werden dich bereichern. Mit fünfundvierzig ist es dazu zu spät. Dir fehlen dann Energie, Kraft und Wille.

Also gib Gas und verwirkliche dich nach deinen Vorstellungen. Allen Meinungen, Wünschen und Anträgen zum Trotz kannst du von heute auf morgen dein Leben ändern. Annahme: Du bist jetzt schon etwas älter, sagen wir fünfunddreißig, verheiratet, hast also Frau, Hund, Haus, Garten und einen geilen Job, alle (Eltern und Schwiegereltern inklusive) klopfen dir auf die Schuler … *bravo* … Freunde beneiden dich und von außen sieht alles gut aus. Jetzt tobt aber in dir ein Kampf. Du bist unzufrieden. Dein Bauchgefühl schreit nach wirklicher Freiheit. Deiner hübschen Frau und der geilen Gehaltsabrechnung zum Trotz schreit dich die Intuition an: *Du bist nicht glücklich, Mann!* Und so fühlst du dich auch. Unglücklich. Jetzt hast du die Wahl. Unglücklich weiterleben, dich den Meinungen und Ansichten der anderen beugen oder eben den Koffer packen und sagen: *Ich bin dann mal weg!* Lebe nicht das Leben der anderen, sondern triff du für dich deine Entscheidungen. Hör auf deinen Bauch, Bruder.

## Beuge nicht den Kopf, niemals!

*Nicht den Tod sollte man fürchten, sondern dass man nie beginnen wird zu leben.* – Marc Aurel.

**Von Mann zu Mann in der Krise.** Nicht nur unsere Märkte, unsere Wirtschaft und alles, was davon abhängt, unsere Jobs, Unternehmen, Finanzen und Börsen sind für Krisen anfällig, sondern auch wir Menschen. Auch du!

Da stecken essenzielle Ängste dahinter. Während du einen Blackout mit Bezug auf den totalen Crash unserer Systeme mittels guter Vorbereitung gut überbrücken kannst, zumindest für eine gewisse Zeit (ich gehe davon aus, dass die Durststrecke bis zu neunzig Tage dauern kann), wäre dein persönlicher Blackout katastrophal. Mit deinem persönlichen Blackout meine ich eine Depression, einen Burn-out oder einfach einen Zustand, den du gerne *Ich habe das verdammte Leben so satt, weil doch alles keinen Sinn macht* nennen darfst. Solche Gedanken sind psychologischer Sprengstoff, und zwar einer von der Sorte, die dir das Leben ordentlich vermiesen kann.

Lass dir sagen, Bruder, es gibt für alles einen Ausweg. Du hast es im Leben nicht bis hierher geschafft, um jetzt kampflos das Handtuch zu schmeißen. Deshalb: Beuge nicht den Kopf, niemals! Nicht vor mir, nicht vor deinen Feinden, nicht vor dunklen Gedanken, die dich nachts nicht schlafen lassen.

Im Leben zu bestehen und einen Sinn zu finden, ist wie ein langer beschwerlicher Marsch durch die Wüste. Du hast Durst, das Gewicht deines Rucksacks ist dir unerträglich. Deine Füße sind wund, Blasen platzen auf und bald läuft das Blut aus den Nähten des Leders deiner Stiefel. Es kommt der Punkt, an dem du nicht weiterkannst, nicht weiterwillst. Du bist am Ende. Aus die Maus, Ende Gelände, *rien ne vas plus.*

*Beuge nicht den Kopf, niemals!*

Mach eine kleine Pause. Setz dich hin und trink einen Schluck Wasser. Schütte das Blut aus deinen Stiefeln, zurr den Rucksack enger, steh auf und marschiere weiter deinem Ziel entgegen. Nur dass du dieses Mal nicht mit deinen Füßen läufst, sondern mit deinem Kopf. Du wirst sehen: das Ziel rückt in greifbare Nähe. Dein Wille trägt dich dorthin. Ob du tatsächlich durch die Wüste marschierst, woran ich starke Zweifel habe, oder ob du dich in Bamberg, München, Hamburg oder Berlin in einer Dreizimmerwohnung aufhältst und nach einem Sinn im Leben suchst, spielt keine Rolle. Marschier immer mit deinem Kopf. Sag dir immer und immer wieder:

- Mich gibt es nur einmal.
- Ich bin einzigartig.
- Ich stehe meinen Mann auf meine Art und Weise.
- Und wie ich es mache, ist es gut.
- Ich will mein Ziel erreichen.
- Ich kann mein Ziel erreichen.
- Ich werde mein Ziel erreichen.
- Ich mach mein Ding, auch wenn's länger dauert.
- Was andre über mich denken, ist mir schnurzpiepegal.

Es ist ein Irrtum, zu glauben, dass du anderen Menschen etwas beweisen musst. Nicht deinen Schwiegereltern, nicht deinem Boss, nicht deinem Vater oder deinem Erzeuger. Auch nicht deiner Mutter. Du lebst nur dafür, dir selbst etwas zu beweisen.

Marschier, schrei deinen Unmut und dein Unverständnis in die Welt hinaus, deinen Schmerz auch. Aber hör nie auf zu marschieren, leg dich nicht hin, gib nie auf. Heb den Kopf. Siehst du die Ziellinie? Da geht's lang. Auf!

Ich bin kein Bittsteller. Und so sind diese Zeilen kein Bittgesuch. Ich gebe dir hier einen knallharten und glasklaren Auftrag und der lautet: *Komm raus aus deinem Loch, genug des eigenen Mitleids! Kämpfe!*

Lass dein Leben jetzt beginnen. Schnür deine Stiefel und begib dich an die Startlinie. Mach den ersten Schritt und dann den zweiten. Verlier nie aus den Augen, dass bereits mit dem ersten Schritt der Anfang zu deiner durchaus einzigartigen und bewundernswerten Geschichte getan ist. Ohne Zweifel wird es eine, deine Erfolgsgeschichte sein. Du schaffst alles, was du dir vornimmst. Sollte es eine Weile dauern, okay. Aber lass mich nicht zu lange warten, Bruder. Ich glaube an dich. Enttäusche mich nicht.

**Kleiner Tipp am Rande:** Die meisten Menschen schlafen sich tatsächlich dumm. Bei sieben von zehn Männern ist das der Fall. Sieben Stunden Schlaf reichen. Stehe zwei Stunden vor den anderen auf.

Beginne deinen Tag in völliger Ruhe und mach dein Ding. Du wirst sehen, dass du in einer Stunde ganz früh am Morgen mehr schaffst als in zwei oder drei Stunden, in denen du von Frau und Kindern und vom Hamsterrad Alltag umringt bist. Nenne es Effizienz. Bevor du jedoch, sagen wir um fünf Uhr, den Tag allein beginnst, setzte dich in dein Wohnzimmer und genieße die Stille. Eine ganze Viertelstunde lang. Nur du, diese grandiose Stille und deine noch schläfrigen Gedanken. Im Haus ist noch alles ruhig. Geh in dich. Freue dich auf den Tag. Gib dir einen positiven Kick. Eine gute Idee wäre es, deine inneren Probleme zu wälzen, ohne einen Einfluss von außen zu haben. Ich schwöre dir, es gibt den ganzen Tag keine wertvolleren fünfzehn Minuten für dich als diese. Du, konfrontiert mit dir selbst in absoluter Stille. Wow!

Ist die erste Tasse Tee oder Kaffee leer, schau nach, ob es E-Mails gibt, die noch auf eine Antwort warten. Ansonsten plane dich schon mal in deinen angehenden Tag rein. Nutze die Zeit, um zum Beispiel an einem Buch zu schreiben, ein kleines Workout zu machen oder, warum nicht, um joggen zu gehen. Wenn dann die anderen Familienmitglieder aus den Laken kriechen, finden sie Papa fertig, freudestrahlend, schon geduscht, geschniegelt und gebügelt: *Moin! Frühstück gefällig?*

Die Kids freuen sich, dass sie Papa früh auch mal sehen, die Frau freut sich über deine gute Laune. Wenn dir durch das frühe Aus-dem-Bett-Fallen Schlaf fehlt, geh einfach etwas früher als die anderen in die Koje.

Vielleicht bist du nicht reich. Dein Einkommen ist mager. Es reicht gerade mal so. Rücklagen? Pustekuchen! Sieh es anders, nimm es als große Chance wahr. Die Zeit ist dein ständiges Einkommen. Davon hast du vierundzwanzig Stunden täglich, Klingt banal? Es ist aber so. Geld kannst du ausgeben oder es wird dir gestohlen. Geld kann man drucken. Darf man sich halt nicht dabei erwischen lassen! Die Zeit aber kann dir niemand stehlen. Auch hat niemand mehr oder weniger Zeit als du. Die Verteilung ist also fair. Wir alle haben nur dieses eine Leben und vierundzwanzig Stunden Zeit täglich. Nur führst du, im Gegensatz zu vielen anderen Männern, den Unterschied herbei. Du machst mehr aus deiner Zeit. Du nutzt dieses Geschenk. Mach die Zeit zu deinem engsten Verbündeten. Verschwende sie nicht mit

Nichtstun, Rumhängen, dem ständigen Glotzen aufs Handy oder mit ähnlichem Bullshit. Das bringt dich nicht weiter, sondern zieht dich (weiter) runter.

### Eine Lektion aus dem bislang Gelerntem ist: Kümmere dich mehr um dich!

Alles fängt mit dir an. Sobald du anfängst, dich intensiv mit dir selbst zu beschäftigen, wirst du mit der Zeit feststellen, dass du beschwingter bist. Dir geht es einfach gut, du siehst besser aus und du wirkst wie ein Magnet auf all die guten Dinge, die das Leben zu bieten hat. Es ist dann in etwa so, als hättest du die Marschkompasszahl neu adjustiert. Du weißt plötzlich, aus welcher Richtung der Wind bläst und wo du hinmusst!

Noch einmal kurz zurück zum Thema Depression. Das Stichwort ist bis jetzt neunmal gefallen. Viele sind betroffen.

Ich kenne nicht wenige Männer, die alle ein und demselben Muster folgen. Sie arbeiten, bis der Doktor kommt; ist der da, lassen sie sich irgendwelche Pillen verschreiben, arbeiten aber munter weiter. Männer sind stark. Sie klagen nicht. Klagt nicht, kämpft! Der Kampf zaubert das Übel nicht weg, *Mann* greift auf Drogen zurück. Am Anfang steht ein Bier. Dann zwei. Zum Arbeitsstress gesellen sich Whiskey, Wodka und Co. Manch einer schnupft Kokain. Das machen sie 30 Jahre lang. Lange bevor diese Zeitspanne jedoch abläuft, stecken sie schon über beide Ohren in einer Depression. Und in was für einer. Was sie natürlich nie zugeben würden. Männer geben so was nicht zu. Es muss immer erst einer kommen, der sie ziemlich unsanft mit der Nase darauf stößt. Und dann? Dann trotteln sie schön brav zum nächsten Männercoaching. Der Mentor soll's richten, dafür wird er bezahlt. Solche Seminare sind wahnsinnig teuer. Interessehalber habe ich mir einige mal angeschaut (... Nein, ich schnupfe kein Kokain). Nur die Hälfte von ihnen war das Geld wert. Die andere Hälfte war grottenschlecht, ganz große Verarsche. Die grapschen den Männern das Geld ab: Punkt! Warum? Weil vier Wochen nach dem Coaching das Spiel wieder von vorne beginnt. Du weißt schon, erst ein Bier, dann zwei ...!

Ich möchte nicht, dass du denselben Kreuzweg gehen musst, also achte jetzt schon auf täglicher Basis auf dich. Sprüche wie *Was mich nicht umbringt, macht mich nur härter* sind Bullshit! Das ist toxischer Mist, Prädikat wertlos. Was ich wiederum gut finde, ist das Zitat *Vorbeugen ist besser als heilen.* Also, du weißt jetzt, was zu tun bleibt. *Slow down.* Beobachte und achte auf dich. Achte auf die geringsten Anzeichen von mentalen Krankheiten bei dir und zieh gegebenenfalls sofort die Notbremse. Du hast einen besten Buddy? Zieh ihn zu Rate. Er kennt dich womöglich besser als deine Frau, sagt dir gegebenenfalls schonungslos die Wahrheit (die du nicht hören willst), aber er ist der, der dir die Maske vom Gesicht reißt. Er hält dir den Spiegel vor, und so muss es sein.

## Schnell, schnell, schnell – oder: Das Leben ist zu kurz für Nebensächlichkeiten

Das Leben ist zu kurz für Nebensächlichkeiten. Klingt gut, oder? Du solltest dir den Satz jeden Tag bewusst reinziehen. Stell dich vor den Spiegel und sag es laut: *Das Leben ist zu kurz für Nebensächlichkeiten!* Wenn du immer nur schnell lebst, entgehen dir die essenziellen Dinge. Die nämlich, auf die es im Leben wirklich ankommt. In einer gewissen Phase meines Lebens lebte ich schnell. Ich wachte schnell auf. Ich machte ein schnelles Frühstück, sagte schnell tschüs, fuhr schnell zur Arbeit und ich arbeitete schnell. Danach fuhr ich mit meinem schnellen Auto schnell wieder nach Hause. Dort aß ich schnell und taumelte müde und schnell ins Bett, um schnell zu schlafen. Ich lebte schnell am Leben vorbei, hatte das Essenzielle tatsächlich verpasst. Und weißt du, wer mich darauf aufmerksam gemacht hat? Okay, ich sag's dir.

*Meine Frau!*

Ich kam gerade von der Arbeit heim und wollte schnell was essen, damit ich schnell an meinen Rechner kam. Diana wusste genau das zu verhindern.

*Du hast total den Boden unter deinen Füßen verloren*, sagte sie. *Komm schnell wieder zu dir!*

Wow! Da muss erst die Frau her, damit der Mann endlich aufwacht, die Handbremse anzieht und sich auf das Wichtigste im Leben konzentriert, merkwürdig, nicht? Du ahnst nicht, wie ich auf den Einwand meiner Frau reagierte. Nun, ich will es dir sagen. Ich küsste sie langsam, zog meine Schuhe aus und lief barfuß im Regen spazieren. Schön langsam. Ich lief, als hätte ich alle Zeit der Welt, setzte ganz sachte und bewusst meine Fußsohlen auf die nasse Erde. Erst die eine, dann die andre. Während ich lief, beobachtete ich die Leute, denen ich begegnete. Sie liefen schnell ihrem Ziel entgegen. *Lustig sind sie*, sagte ich mir, *wenn die wüssten*. Ich sah eine Bank, grün-rot angemalt und fragte mich, wie lange es sie wohl schon gab. Sie ist mir vorher nie aufgefallen, obwohl ich nicht zum ersten Mal diesen Weg beschritt. Dann fiel mein Blick auf einen Brombeerstrauch. Die Früchte waren reif, tiefschwarz, süß und sie schmeckten köstlich. Ich pflückte einige davon, aß langsam und mit Bedacht. Fast hätte ich dabei mit meinen Füßen einen Regenwurm zerquetscht, der sich rot-blass und unvorsichtigerweise von links nach rechts über den Fußgängerweg schlängelte. Ich sah ihm eine Weile zu und lief dann weiter. Es war kalt und nass, aber mir kam es vor, als hätte ich in dieser halben Stunde mehr von der Welt gesehen als in dem ganzen Jahr zuvor. Daheim angekommen war ich ein anderer Mensch. Ich habe das Essenzielle erkannt.

### Ich hätte da einen Auftrag für dich

Zieh dich an. Geh spazieren. Laufe bewusst langsam. Sei nett zu den Menschen, denen du begegnest, und grüße sie, als würden sie morgen schon sterben oder als seien deine Tage auf Erden gezählt. Schau dich um und sauge jedes noch so kleine Detail in dich auf. Konzentriere dich dabei nur auf den Moment, auf das Jetzt. Nimm jede deiner Bewegungen bewusst wahr. Atme dabei tief ein und langsam wieder aus und sag dir: *Stress, du kannst mich mal. Sorgen, verpisst euch. Angst, ab in die Ecke!*

Es gibt Menschen, die wollen immer alles sofort und *best of* machen. Du musst raus aus diesem Macher-Modus. Es ist nichts Verwerfliches dabei, alles zeitnah und so gut wie möglich machen zu wollen, du darfst dabei aber nie das Wesentliche aus den Augen verlieren. Du hast *Der Alchimist* von Paulo Coelho gelesen? Nein? Ich empfehle dir das Buch wärmstens. An einer bestimmten Stelle im Buch erzählt Coelho vom jungen Santiago, wie der die Wüste auf der Suche nach dem Glück durchquerte, und dann auf einen weisen Mann stieß. Dieser hieß ihm, durch seinen Palast zu spazieren und in zwei Stunden wiederzukommen. Vorher bat ihn der weise Mann, einen Teelöffel, in den er zwei Tropfen Öl gegossen hatte, mitzunehmen.

*Trage diesen Löffel mit, ohne das Öl zu verschütten.*

Santiago stieg die Treppen des Palastes hinauf und hielt dabei den Blick fest auf den Löffel gerichtet. Nach zwei Stunden kehrte er zu dem Weisen zurück. Der fragte ihn, ob er all die Herrlichkeiten des Plastes gesehen hätte. Den Garten, die Pergamente, die Bibliothek?

Santiago hat nichts dergleichen gesehen. Er hatte die ganze Zeit nur darauf geachtet, die zwei Tropfen Öl nicht auszuschütten. Ich glaube, du weißt schon, wie die Geschichte ausgeht. Santiago zog ein zweites Mal los, immer noch den Löffel mit den zwei Tropfen Öl darin, aber dieses Mal saugten seine Sinne alles auf, was es aufzunehmen gab. Zu guter Letzt sagte ihm der weise Mann: *Das Geheimnis des Glücklichseins besteht darin, alle Wunder der Welt zu betrachten und dabei die zwei Tropfen Öl im Löffel nicht zu vergessen.* Gut, Bruder. Entnimm dieser Geschichte, was immer du ihr entnehmen möchtest. Sie ist nur als Denkanstoß gedacht. Was für dich in deinem Leben das Wichtigste ist, entscheidest du selbst.

## Wille, Entscheidung, Kampf und Sieg

*Andere Menschen respektierend, genieß dein Leben, sei eine Wildsau. Wenn du etwas tun möchtest, vielleicht deinen Traum verwirklichen, dann mach es jetzt. Zögere keine Sekunde. Das Leben ist zu kurz für Bullshit!* – Thomas Gast.

Wer kämpft, kann verlieren. Wer nicht kämpft, hat schon verloren. Das gehört nicht in die Toilette und das sind auch keine leeren Sprüche.

Wille. Kampf. Entscheidung und Sieg. Genau das macht uns Männer aus. Es ist ein Kreislauf, den du als Mann niemals unterbrechen darfst.

Niemals! Tust du es, dann ist dein Mannwerden – und wir befinden uns alle noch in diesem Prozess – kompromittiert. Was den Kampf anbelangt, so könnte ich dir hundert Beispiele aus meiner Zeit bei der Fremdenlegion geben, aber ich entscheide mich dagegen, so tief in meine Erlebniskiste zu greifen. Ich möchte es einfach und für alle verständlich halten.

Im Winter 1978/1979 war ich bei Freunden auf einer Party. Auto hatte ich keins, ich musste also laufen. Die Party verlief ganz nach meinem Geschmack, weil einfach alles da war. Hübsche Mädchen, gute Freunde, noch bessere Gespräche und natürlich jede Menge Alkohol. Als die Party rum war, machte ich mich beschwingt auf den Heimweg. Ich benutzte einen alten Feldweg, hatte knappe sechs Kilometer zu laufen. Links von mir befanden sich Bahngleise, rechts eine weite Ebene und vor mir sah ich die Lichter meines Dorfes. Urplötzlich fegte ein Schneesturm heran. Von eben noch drei Grad plus fielen die Temperaturen in einen zweistelligen Minusbereich. Meine einzige Kleidung bestand aus Turnschuhen, Bluejeans und einem leichten Sweatshirt. Die Lichter des Dorfes waren nicht mehr zu sehen und auch die Bahngleise und der Weg vor mir lösten sich in Luft beziehungsweise in Schneegestöber auf. Ich war völlig orientierungslos. Meine Finger, Nase, Ohren und Zehen wurden taub und gefühllos. Das alles geschah innerhalb nur weniger Minuten.

Da meine Ohren steif gefroren waren, zog ich das Sweatshirt aus und band es mir um den Kopf. Dann rannte ich los. Wohin? Ich wusste es nicht! Ich fiel hin, rappelte mich wieder auf und rannte weiter. Instinktiv wusste ich, dass es jetzt ums Überleben ging. Der Zeitpunkt, an dem meine Kräfte mich verließen, kam sehr schnell. Ich wollte nur noch eines: mich hinsetzen und eine Pause machen. Vielleicht sogar etwas schlafen. Ich konnte nicht mehr, wollte nicht mehr. Das Schicksal sah vor, dass ich Kopf voraus gegen einen Baum knallte. Mein Wille war definitiv gebrochen. Ich setzte mich hin, lehnte mich mit dem Rücken gegen den Baum. Zwei Teufel saßen in diesem Augenblick auf meinen Schultern. Einer links, der andere rechts.

Der rechte sagte: *Alles ist gut, ruh dich aus, kämpf nicht weiter.*

Der linke aber schrie mich an: *Nein, nein, nein. Wenn du jetzt aufgibst, war es das. Steh auf. Lauf weiter und halte erst wieder an, wenn du in Sicherheit bist.*

*Kämpfe!*

Ich fütterte den Teufel auf meiner Linken, stand auf, rannte weiter und sah ein paar Minuten später die Lichter meines Dorfes wieder. Es war Viertel vor knapp. Zehn Minuten später öffnete meine Mutter auf mein Klopfen hin die Tür. Alles war gut.

Alles ist gesagt. Das muss man auch nicht weiter kommentieren. Hätte ich der Bequemlichkeit nachgegeben oder auf den Teufel auf meiner rechten Schulter gehört, würde ich diese Zeilen nicht schreiben. Ich wäre tot.

Was sollen dir diese Worte sagen?

*Kämpft. Ganz einfach und nochmal zum Mitschreiben: Kämpft!*

Vielleicht bist du krank. Möglicherweise hast du finanzielle Sorgen. Existenzängste. Oder deine Beziehung liegt im Argen. Wie ich es mir nicht erlaubt habe, mich in der oben beschriebenen Situation dem Schlaf auszuliefern, so erlaube ich es dir nicht, dich kampflos deinem Schicksal hinzugeben. Kämpfe! Steh auf. Laufe. Bleib nicht stehen. Hör nicht auf zu kämpfen, niemals. Orientiere dich nach vorne. Wille, Entscheidung, Kampf und Sieg, das bist du. Ich glaube an dich.

Nochmal kurz zurück zu einem Phänomen, selbst sehr oft erlebt, das dir helfen könnte, mit Sorgen aller Art zurechtzukommen. Wir Männer sind *Provider*. Als solche fühlen wir die ganze Last der Verantwortung auf unsren Schultern. Wenig sind die unter uns, die an das Jetzt denken, vielmehr schweifen unsere Gedanke sorgenvoll in die Zukunft: Schulden, hohe Mieten, alles ist teuer, kann ich den Job behalten und somit unseren Lebensstandard, und so weiter und so fort. Sorgen, Sorgen, Sorgen.

Oft sage ich mir einfach: *Ich habe da keinen Bock mehr drauf!* Ich packe dann meinen Rucksack und marschiere durch die Wälder.

Sechsunddreißig Kilometer in schwierigem Gelände sollten es schon sein. Bereits nach einer Stunde sind alle Sorgen vergessen. Anstatt in der Zukunft, lebe ich nur noch von einer Etappe, von einer Pause zur nächsten. Mach es bitte genauso und du wirst Folgendes feststellen.

Der Durst killt dich, du hast Hunger, die Füße tun weh und der Wolf heult. Die Rede ist von den offenen Stellen an den Innenseiten der Schenkel, die durch Reibung hervorgerufen werden. Hinzu kommt ein schmerzender Rücken, Scheiße aber auch. Du kämpfst mit dir selbst und gegen deinen inneren Schweinehund. Schräge Gedanken wie Steuern, Miete, Raten und Verlust des Jobs kommen da gar nicht auf, und selbst wenn du nachts in der Hängematte oder unterm Tarp im Schlafsack liegst, denkst du höchstens an den höllisch schmerzenden Rücken, dort wo der Rucksack beharrlich die Haut abgetragen hat.

Also, sollten dich die Sorgen erdrücken, zeig ihnen die rote Karte, pack deinen Rucksack und sage allen: *Ich bin dann mal weg!* Jeder profitiert davon, denn wer will schon gerne einen ständig griesgrämigen Papa oder Ehemann im Haus ertragen? Du selbst kommst wie neu geboren zurück, auch weil du wieder einmal feststellen musstest, dass alle Sorgen eigentlich nur langweiliger Bullshit sind. Du bist gesund (sonst hättest du die 36-Stunden-Übung möglicherweise gar nicht geschafft) und die Natur hat dir den Stempel ‚unverwüstlich' auf die Stirn gedrückt. Ach ja, und noch was. Ob du jetzt den Rucksack durch die Pampa schleifst oder unter der Last deiner Sorgen zusammenzubrechen drohst, was völliger Nonsens ist, wie du nun weißt: Aufgeben ist keine Option – niemals!

## Lass deine Männerseele baumeln

Um den Sinn deines Lebens immer wieder neu definieren und verfeinern zu können, brauchst du Ruhe. Du brauchst die Einsamkeit. Das wäre der erste Schritt. Ein zweiter muss folgen. Du solltest dich stets auch neuen Abenteuern und Herausforderungen stellen. Dieser zweite Schritt geschieht bestenfalls im Kollektiv. Du umgibst dich dazu mit deinen besten Freunden. Gute Freunde sind wichtig. Sie korrigieren dich. Klopfen dir auf die Finger für all den Scheiß, den du sagst, denkst, vorhast oder bereits getan hast. Sie sind dein Spiegel. Doch zurück zu Schritt eins. Die wichtigsten Entscheidungen in meinem Leben traf ich in der Einsamkeit und glaub mir, ich weiß, was es bedeutet, einsam zu sein. Doch es macht mir nichts aus. Im Gegenteil. Allein zu sein ist ein unverhofftes Glück. Ein Mann, der sich in seiner eigenen Gesellschaft langweilt, auch wenn diese länger anhält und sich über Tage und Wochen hinstreckt, ist zu bedauern. Wenn du ständig mit anderen Menschen umgeben bist, fokussierst du dich automatisch und fast ausschließlich auf sie. Auf deren Wünsche. Deren Bedürfnisse. Deren Glück und Leid. Du nimmst Anteil, tröstest, freust dich mit ihnen und schlängelst dich wie eine Schlange in deren Haut, die sie vor deinen ermunternden Blicken abstreifen. Darüber vergisst du dich selbst. Du vergisst, dass deine Uhr abläuft, während du seelischer Mülleimer, Trostspender und Berater oder Lehrer für die anderen spielst. Das Problem an der Sache ist, dass dich das aussaugt. Deine Energie schwindet mit jedem Wort, mit jeder Geste und mit jedem gutgemeinten Ratschlag. Um wieder in deine Kraft zu kommen und um deine Mitte wiederzufinden, sondere dich ab. Manchmal genügt schon ein zwei bis drei Stunden dauernder Spaziergang durch heimische Wälder. Laufe auf Wegen, wo du sicher sein kannst, so wenig Menschen wie nur möglich zu kreuzen. Führe laute Selbstgespräche. Erzähl dir selbst mit lauter Stimme, wie dein Leben bisher so verlaufen ist. Was war gut, was weniger, doch verweile nicht lange bei negativen Gedanken. Fokussiere dich bestenfalls auf das Jetzt und auf das Kommende. Stell dir Fragen wie *Was will ich vom Leben, was will das Leben von mir, bin ich noch auf dem richtigen Weg?*, aber erzwinge keine Antworten.

Bring dich verbal in Stimmung für deinen weiteren, mal mehr, mal weniger erfolgreichen Lebensweg. Solltest du über mehr Zeit verfügen, dehne deine Wanderungen aus; es gibt genügend Wege, die du allein gehen kannst. Da wäre zunächst der Jakobsweg. Dieser Pilgerweg führt direkt zum Grab des Apostels Jakobus nach Santiago de Compostela in Spanien. Nimm, was er dir schenkt: Ruhe. Besinnung. Selbstfindung und Blasen an den Füßen. Keiner will was von dir, keiner kommt mit Forderungen oder irgendwelchen Plänen. Hör in dich rein. Verbinde dich mit deinem inneren Reichtum. Hör, was der kleine Junge in dir sagt! Nur du und der Weg. Der Weg, den du bis zum Ende zu gehen gedenkst. Du weißt ja: Aufgeben ist keine Option für dich!

**Ich hätte da einen Auftrag für dich, junger Mann:**

Geh rüber zu deinem Schreibtisch, jetzt! Schreib mit einem fetten, roten Stift Folgendes in deine Agenda: *Genau in einem Jahr laufe ich allein den Jakobsweg.* Informiere am besten heute schon deine Familie darüber und beantrage, wenn notwendig, jetzt bereits Urlaub für diesen Zeitpunkt. Vor allem aber, sieh es als beschlossene Sache. Beginne morgen schon mit der Planung dafür.

Bezüglich des zweiten Schrittes hätte ich da ein kleines, aber feines selbsterlebtes Abenteuer auf Lager.

*Insel Saint Joseph (Französisch-Guyana).* Wir schreiben das Jahr 1986. Thomas Linder, Oliver K. (Wildgans) und meine Wenigkeit steigen aus einem Jeep. Jeder von uns hat einen schweren Seesack. Ohne ein überflüssiges Wort zu verlieren, laden wir unser Gepäck in eine Piroge und fahren damit rüber zur Île Saint-Joseph. Die Insel, Teil der Îles du Salut (deutsch Inseln des Heils), ist abgelegen, nur ein Fischer mit Familie lebt dort. Vor nicht allzu langer Zeit war hier das Bagno. Strafanstalten also, in denen die Verurteilten zur Zwangsarbeit angehalten wurden. Die alten Gebäude, Zeuge von Unrecht und Leid, stehen noch. Wir laden unser Gepäck aus und erleben auf dieser Insel unser zehn Tage dauerndes menschliches Abenteuer unter Freunden.

Ich selbst hatte in meinem Leben nicht so viele Freunde, mit denen ich mich auf so eine Männerrunde eingelassen hätte; die Freunde, die ich aber hatte, das waren wirkliche Kameraden. Noch heute zehren Oliver und ich (Thomas kam als Söldner im Bosnienkrieg ums Leben) von diesen intensiven Momenten.

Ich nehme es vorweg, die Message für dich ist folgende: Raus, raus, raus! Ausgehen im Männerkreis. In einem exklusiven Männerumfeld einfach Mann sein dürfen, dem Mann in dir Flügel verleihen. Solche Momente gibt es viel zu wenig. Wenn ich *rausgehen* schreibe – oder wie in diesem Fall *ausgehen* – dann meine ich nicht in die nächste Bar oder Kneippe (was, ich gebe es zu, auch eine hervorragende Idee wäre), sondern rausgehen in die Natur. Möglicherweise hat einer von deinen Kameraden ein Grundstück im Wald. Je verwilderter desto besser. Schnappt euch eine schnell zusammengetragene Bushcraftausrüstung – wie diese aussehen soll muss ich dir nicht sagen – und nehmt für drei Tage Abschied vom Hamsterrad. Zieht das konsequent einmal im Monat durch. Der Benefit ist kolossal.

Wenn du in einem neuen, möglicherweise für dich ungewohnten Umfeld zu deinen dir vertrauten Kameraden sprichst – eine Flasche Bier oder den Kaffeepott in der Hand –, wirst du eines schnell feststellen. Du wirst sentimental. Da kommt der kleine Junge in dir endlich mal frei und unbeschwert zu Wort. Und was er dir sagen will, ist eindeutig:

*Ja, ja! Bitte mehr, bitte öfter.*

Du redest zu deinen Kameraden und es ist, als redest du mit dir selbst. Du redest mit einem Spiegel. Zwar vernehmen deine Buddys die Worte laut und deutlich, doch sie sind an dich selbst gerichtet. Ist eure Begegnung authentisch und unverfälscht, dann tragen deine Worte (sowie auch die Worte deiner Kameraden) eine deutliche Message. Schöpfe und schöpft Kraft aus dem, was ich sage. In euren Worten liegt Hoffnung. Sie skizzieren eine Welt nach deinen beziehungsweise euren Wunschvorstellungen. Dieses Einfach-nur-Mensch-sein-Dürfen und noch konkreter Mann-sein-Dürfen geht nur weit abseits von dem, was ich bereits als Hamsterrad bezeichnet habe. Dieses Ausbrechen ist wie eine Befreiung. Reden, erzählen, sich austauschen und sich anvertrauen. Die Männerphilosophie erkennen. Das wahre Männerherz, dein eigenes und das deiner Kameraden, pur und wahrhaftig schlagen hören. Im Schein des Lagerfeuers und im Strahlen der Gesichter des anderen wirst du dich selbst erkennen. Und zwar nicht so, wie du wirklich bist, sondern so, wie du wahrhaftig sein möchtest. Oder wie du sein könntest. Du siehst dich. Ihr seht euch.

Im Laufe eurer Gespräche werdet ihr sicher auch feststellen, dass sich dies nicht nur um typische Männerthemen handeln wird wie zum Beispiel Sex, Frauen, Zeit bei der Bundeswehr etc., nein! Es wird tiefer gehen. Tiefe. Wärme. Emotionen ..., alles ist beim Rendezvous.

Die Gespräche werden euer Herz berühren, vorausgesetzt, ihr lasst es zu. Momente des Lachens und Augenblicke des Betroffenseins, der Stille, der Nachdenklichkeit (und des Erkennens) werden sich in einem Tempo jagen, das atemberaubend ist und das keinen Platz für Vergangenheit, Zukunft, für Hamsterrad und für eventuelle Probleme im privaten Bereich lässt. Ihr seid absolut im Jetzt. Erschreckend für jeden von euch wird auch die Offenheit sein, mit der ihr euch begegnet. Ich sage es noch einmal, aber nicht das letzte Mal: Lasst den Fluss der aufkommenden Emotionen ohne Scham zu. Gebt ihm euch ohne Schamgefühl hin. Du brauchst keine Angst haben, es geht hier nicht um Homosexualität. Und wenn es doch so wäre, dann ist es eben so!

Der Fluss der Verbundenheit unter euch Männern kann nur von äußeren Einflüssen (zum Beispiel vom plötzlichen Auftauchen eurer Frauen, von Lebenspartnern oder von euch völlig unbekannten Menschen) unterbrochen werden. Dann nämlich werdet ihr feststellen, dass eure Worte anders gewählt werden und dass euer Herz anders schlägt. Nicht mehr so laut, nicht mehr so rein. Etwas ist plötzlich anders. Die Verbundenheit, um nicht zu sagen Intimität, unter Männern ist unterbrochen.

## So wie der will ich auch werden!?

Bruder, ich war 21 Jahre lang bei der Armee. Dort hatte ich großartige Vorgesetzte. Es machte Spaß, sie zu beobachten. Wie sie sich bewegten. Ihre Gesten, Worte, Blicke. Sie verlangten von uns nichts, was sie nicht auch selbst geben konnten. Und sie machten es immer vor.

*Ihr müsst bei strömendem Regen durch den kalten Schlamm der Hindernisbahn robben. Auf dem Bauch und unter dem Drahtverhau hinweg. Herschauen, so geht's!*

Und sie zeigten uns, wie es geht.

*Ihr müsst im Kampf tapfer sein!*

Sie luden ihre Waffe durch und marschierten dem Feind entgegen. Vorneweg.

*Seid hart im Nehmen, seid härter im Austeilen!*

Dann zogen sie die Boxhandschuhe an, stiegen mit dir in den Ring und teilten aus. Oder sie steckten ein. Meist aber bekamst du von ihnen auf die Zwölf.

Fast jeden Tag sagte ich mir: *Wow! So wie die will ich auch mal werden.* Ich krempelte die Ärmel hoch und arbeitete an mir. Ständig. Jeden Tag. Der Clou – und auch die Message – an der Sache ist, ich übernahm sehr wohl die Werte, das Vormachen (Vorbild sein), den Mut, das Einstecken- und Austeilenkönnen. Aber ich ahmte sie nicht nach. Ich machte es authentisch, und ich hatte Erfolg, war eines Tages wie sie. Wie meine großen Vorbilder. Nur eben ich. Irgendwann zeigten junge Männer mit dem Finger auf mich und sagten hinter vorgehaltener Hand: *Schau. So wie der wollen wir auch mal werden!* Jedes Mal, wenn ich mit den Burschen ins Gespräch kam, sagte ich wissend: *Arbeitet an euch, arbeitet hart, bleibt aber authentisch und ahmt niemanden nach. Jeder von euch hat was. Jeder kann was, jeder weiß was und jeder von euch ist einzigartig. Verstellt euch nie, verbiegt euch nie, seid eure eigene Marke. Das ist der Schlüssel zum Erfolg. Lasst uns trinken!*

Vielleicht warst du kein Soldat. Aber sicher kennst du solche Geschichten aus deinem Umfeld. Wir hatten bereits das Thema: Blick in den Spiegel, Mist! *Alles Scheiße, ich geh wieder pofen, gute Nacht.* Zwei Stunden später machst du das Fenster auf und siehst den Sohn vom Nachbarn. Er ist genauso alt wie du. Ihr habt sogar die ersten vier Jahre dieselbe Schule besucht. Sagte dir der Blick in den Spiegel (der Teufel auf deiner linken Schulter), wie klein, unscheinbar, hässlich und erfolglos du selbst doch bist, erscheint dir der Nachbarssohn groß, bedeutend, blendend aussehend und erfolgreich. Dein Blick fällt erst auf dein Fahrrad, dann auf seinen Porsche. Du bist Single (vielleicht auch deswegen, weil dir die Mallorca-Bräune fehlt), beim ihm fallen die Frauen reihenweise um. Das erinnert dich daran, dass du Verkäufer bei Aldi bist, während er ein eigenes Unternehmen mit siebzig Angestellten leitet. Scheiße aber auch. Am liebsten machst du jetzt leise und von allen ungesehen das Fenster wieder zu und verkriechst dich wieder in die Koje. Dort, unter deiner Decke und der Verzweiflung nahe, sagst du dir: *Mist. So wie der will ich auch mal sein!* Oder so wie mein Filmheld (meiner ist Jean Reno). Groß gewachsen, gutaussehend, erfolgreich Porschefahrer (Nickelbrille).

*Kennst du solche Tage?*

Stell dir das Leben als großes Gefüge vor. Jedes Ding, sowie jeder Mensch, hat seinen Platz. Seine Aufgabe. Seinen Sinn. In seiner Andersartigkeit trägt jeder, auch du, dazu bei, dass alles, was uns umgibt, Familie, Gesellschaft, Menschen, Geschäfte, Natur, von Erfolg gekrönt ist. Davon ableitend kann ich dir sagen, dass dein Part, deine Präsenz, du selbst, ein wichtiger Faktor zum Gelingen der gemeinsamen Geschichte ist. Du bist wertvoll. Wärst du nicht da, würde ein Glied in der Kette fehlen und alles wäre umsonst. Geschichte als solche könnte nicht stattfinden. Geschichte funktioniert nur, wenn jeder von uns seine eigene Marke ist und diese auch vertritt. Wenn jeder seinen eigenen Duft, sein Aussehen, seine Macken, andere und vor allem eigene Ideen und seine Eigenartigkeit hat. Auf Deutsch: Gäbe es dich nicht, würde der Nachbarssohn bis zu den Knien in seiner eigenen Scheiße waten, weil sein Leben ohne dich als Gegengewicht keinen Sinn ergibt. Lehne dich also entspannt zurück, Bruder, und sag dir nochmal und immer wieder: *Ich bin ein einmaliger, authentischer und geiler Typ und so wie ich bin, bin ich richtig.* Ja. Du bist etwas Besonderes!

Mein Stiefsohn sagt manchmal zu mir: *So wie du will ich auch mal werden.* Immer rück ich ihm den Kopf zurecht (inzwischen so eine Art Zeremonie, aber ernst gemeint) und sage: *Bitte nicht! Du bist mit absoluter Sicherheit die bessere Ausgabe. Mach dein Ding. Mach es auf deine Art und Weise. Übernimm das, was du gut findest, aber tu dir selbst den großen Gefallen und kopiere mich nicht. Dann wirst du Erfolg haben. Und der Erfolg trägt dann ausschließlich deinen Stempel, deinen Namen.* 

Erfolg ist, wenn du früh aufwachst, es dir nicht mehr in den Sinn kommt, das Fenster zu öffnen, um nachzuschauen, was der Nachbarsohn schon wieder so alles treibt. Erfolg ist, wenn du dann aufstehst, in den Spiegel schaust und mit einem stolzen Lächeln sagst: *Das bin ich!*

## Mozart, Einstein, Beethoven und Hawkins – oder: Gut Ding braucht Weile!

Als ich klein war, sagte man mir stets: *Thomas, du bist dumm. Du kapierst nichts.* Mit dieser Tatsache – denn für mich war es eine – musste ich bis zu dem Zeitpunkt leben, an dem ich selbst herausfand, dass das so nicht stimmte. Leider war das erst viele Jahre später und so lebte ich, sensibel wie eine Jungfrau, viele Jahre mit einem nicht vorhandenem oder zumindest höllisch ramponierten Selbstwertgefühl.

*Thomas, du bist dumm!*

Mit diesem Satz wurde erst was zerstört und dann um diesen kleinen zerstörten Thomas herum eine Wand mit der von Weitem gut sichtbaren Aufschrift *Hoffnungsloser Fall* errichtet. Diese Mauer wieder niederzureißen, war Aufgabe von einem Jahrzehnt. Vielleicht kennst du das auch? Als Vater von vier Kindern und aus den sehr wertvollen Erfahrungen, erworben als ehemaliges und langjähriges Mitglied der Männerschmiede Fremdenlegion, kann ich folgenden Satz nur bestätigen:

*Jedes Kind kann was, jedes Kind hat was, jedes Kind ist besonders, in jedem Kind steckt etwas Mozart, Beethoven, van Gogh, Hawkins oder Einstein.*

Wir sollten es Mozart, Beethoven, van Gogh, Hawkins und Einstein, diesen kleinen Genies erlauben, sich nach ihrer Eigenart zu entfalten. Und in ihrem Rhythmus. Doch was tun wir? Wir beugen uns dem Druck und geben ihn weiter. Wäre ich böse, würde ich sagen: *Nach oben buckeln und nach unten treten!* Aber da ich von Natur aus ein netter Mensch bin, sage ich nur: *Bullshit. Aufhören damit!*

Wir leben in einem zielorientierten Leistungssystem. Obendrauf haben wir noch eine freie Marktwirtschaft. Wer sagt Marktwirtschaft, meint Konkurrenz, auf Deutsch: Konkurrenzdenken und Konkurrenzkampf! Unser täglich Brot gib uns heute. Und bitte jeden Tag reichlich davon. Sonst verhungern wir. Wenn ich sage *wir*, dann meine ich auch unsere jungen Männer, auch die schulpflichtigen Söhne. Die Studenten. Die, die müssen, und die, die sollen, und doch bitte mit Erfolg.

*Wir setzen die Kids einem Leistungszwang aus, der brutal ist.*

Warum ich dir das erzähle? Weil es um unsere Kids geht. Aus Kindern werden Teens und aus Teens schließlich Männer. Und schon sind wir beim Essenziellen. Beim Mannsein, beziehungsweise beim Mannwerden.

Du bist Vater. Oder du wirst mal Vater. Vielleicht bist du selbst als Vater diesem Druck ausgesetzt, spürts den heißen Atem deiner Konkurrenten, der Streber, der Junioren, der Partner und Verfolger im Nacken. Was du in solchen Momenten fühlst, dieses Kribbeln im Bauch begleitet von unterdrückter Angst, die nicht selten in Panik umschlägt (die du dir nie eingestehen würdest), das alles ist künstlich. Zumindest ist es nicht natürlich, eher wohl hausgemacht. Du legst dir da selbst ein Ei ins Nest. Nicht natürlich = gegen die Natur.

Und wenn es stimmt, dass selbst du mit dieser Art Druck arg zu kämpfen hast, wie muss das erst mit unseren Kindern sein? Was mag in ihren Köpfen vorgehen?

Wie sieht es denn in unseren Schulen aus? Wer da denkt, anderer Meinung sein zu wollen als die, die das System, der Lehrstoff und die Lehrbücher vorschreibt, der ist untendurch. Für alles gibt es inzwischen Standards. Standardantworten. Standardbenehmen. Standardmeinung und – ich erspare mir den Rest. Andere Antwort, anderes Benehmen, andere Meinung? Hol dir eine verbale Schelte, eine Rüge oder eine Sechs ab. Schlimmstenfalls wirst du zu Tode gemobbt.

Es ist auch so, dass diese Standards, egal welche, richtige Kreativitätskiller sind. Aus Kindern und Jugendlichen, die regelmäßig mit Standard hier, da und dort, alles regelkonform und überhaupt konfrontiert werden, werden keine Künstler, sondern knallharte Realisten. Ihre Kreativität wird unterdrückt, ja richtiggehend massakriert.

Vorgefertigte Meinungen, leben wir das nicht seit dem Jahr 2020 zur Genüge? Ist das Klappehalten und die Nachplappern-Einheitsform nicht das Zukunftsmodell? Hat man uns nicht mit aller Macht (und via Mainstreammedien) beigebracht, dass es nur Schwarz oder Weiß, Gut oder Böse, Dafür oder Dagegen gibt? Nur nichts Falsches am falschen Ort zu den falschen Leuten sagen. Das kostet Kopf, und das kostet Kragen und Karriere.

*Meine Herren, es ist zum Kotzen!*

So eine makabre Zukunft oder so eine Perspektive möchte ich weder für dich noch für meine Kids noch für mich.

Was wir Eltern oder generell wir Erwachsenen noch nicht ganz kapiert haben, ist, dass unsere Kinder keine Rügen, keine Watschen und erst recht keinen Maulkorb brauchen, auch wenn uns letzterer per PLAN-demie-Agenda verpasst wurde. Man nannte den Maulkorb einfach Mundschutz.

Nein! Kids, die ihr Soll, ihre Prüfung oder ihre Tests und unsere Erwartungen nicht erfüllt haben, brauchen Zuspruch. Sie brauchen Aufmerksamkeit, Zuwendung und einen Mentor. Sie müssen von Menschen umgeben sein, die ihnen sagen: *Okay, wir lassen dich dein Leben nach deinen Regeln leben, insofern deine Regeln nicht unsere vom Sockel stoßen. Du darfst dich so entfalten, wie es deinem Charakter entspricht, und alles, was du machst, ist gut. Klappt es heute nicht, wie du dir das vorstellst, dann funktioniert es sicherlich morgen. Du bist ein Gewinner, hör nicht auf zu kämpfen und zu siegen.*

Oft kommt es mir so vor, als sähen wir in unseren Kindern und Jugendlichen Drachen. Wir schneiden und kleben sie aus Balsaholz, Papier und Flitterflatter zusammen und los geht's. Je mehr Wind, desto besser. Je höher sie steigen und je rasanter sie dahinschweben, desto genialer. Abstürzen?

 Verboten!

Was nur Außenseiter gut sehen können, ist, dass wir via Drachenschnur die absolute Kontrolle haben. Indirekt vermitteln wir so dem Kind: *Nein, nein, wir haben dich ganz genau im Auge, frei fliegen fällt aus wegen Bodennebel, wir lassen dich nicht los. Wir haben die Kontrolle! Und jetzt steig höher, schneller, hol dir alle Flugscheine, die es da oben gibt. Gerne darfst du die Welt verändern, aber wir geben dir vor, wie du das machen sollst. Alles geschieht nach Plan. Nach unsrem Plan!*

*Wir sollten lernen, loszulassen!*

Und wir sollten lernen, nur zugunsten der Kinder einzuschreiten. Beispiel. Von der ersten bis zur vierten Klasse war ich ein Schüler, der nichts kapiert hatte (was man mir, wie schon erwähnt, ständig unter die Nase hielt), und es kam, was kommen musste. Ich blieb sitzen. Die vierte Klasse musste ich wiederholen und – ach Wunder – hatte ich vorher nur Fünfen und Sechser, war ich ab sofort nicht nur ständig Klassenbester, nein, man wählte mich auch zum Klassensprecher.

Und ja, ich hätte mir gewünscht, dass meine Mutter (Vater hatte ich nicht) mich bereits nach der ersten Klasse oder noch vor Ende des ersten Schuljahrs aus der Schusslinie gebracht hätte. Mir wäre viel Leid erspart geblieben. Warum fand das nicht statt? Na, weil es ein Eingeständnis für die offenbare Dummheit ihres Kindes gewesen wäre, Scheiße aber auch. Der Schatten wäre auf Mama gefallen. Auf einen Erwachsenen, und das geht ja gar nicht.

Ich persönlich habe folgende Beobachtung gemacht. Wir Erwachsenen, die Gesellschaft, wir alle leben, wenn es um unsere Kinder geht, immer nur in der Zukunft. Wir leben für die Kinder in der Zukunft. Das ist ein schrecklicher Fehler. Ich lasse diese Behauptung mal kurz so stehen und hole sie nachher wieder hier ab. Wer mit offenen Augen durch unsere Gegenwart läuft, wird feststellen müssen, dass unsere Kinder und Jugendlichen einfach brillant sind. Sehr viele sind hochbegabt und haben ein wahnsinniges Potenzial. Doch dieses Potenzial können oder wollen sie nicht abrufen. Warum nicht? Das hat mehrere Gründe. Zum einen, weil sie sich selbst für dumm halten, und zum anderen, weil wir es nicht zulassen.

# Ich suche, also bin ich!

Ich erzähle dir eine Story und du wirst sofort wissen, um was es geht. Vor einigen Jahren hatte ich Ben zu Gast. Ben war ein junger, gutaussehender und dazu noch höchst intelligenter (und erfolgreicher) YouTuber und Podcaster. Es war bereits unser zweites Treffen. Bevor er die Kamera anknipste, fragte ich ihn, warum er sich gerade mich ausgesucht hatte. Ben sah mich an und erwiderte: *Weil du anders bist!* Dann überlegte er eine Weile und fragte: *Was macht dich anders, Thomas?*

Ich ging zum Fenster, öffnete es und bat Ben, sich neben mich zu stellen und hinauszuschauen.

*Beobachte die Menschen und sag mir, was du siehst! Nimm dir eine halbe Stunde Zeit dafür, ich hol uns Kaffee.*

Nach einer Weile, die es brauchte, zwei Tassen Kaffee zu trinken, sagte er: *Dein Nachbar von gegenüber hat ein Haus, einen großen Garten, zwei Autos. Seinen Gesten entnehme ich, dass er mit seiner Situation recht zufrieden ist. Die Leute rechts von ihm haben eine ähnliche Situation. Ein feiner Unterschied. Sie fahren oft mit dem Rad, was der mit den zwei Autos gar nicht macht. Links von dir, die alte Frau scheint resigniert und verbittert. Sicher hat sie Schlimmes erlebt. Die Nachbarn rechts von dir sind wohl reich. Das mache ich an der Kleidung, an BMW und Mercedes und am Dienstmädchen fest. Ottonormalbürger kann sich das nicht leisten.*

*Gut beobachtet,* sagte ich anerkennend. *Und was ist ihr aller gemeinsamer Nenner?*

Mein Gegenüber überlegte kurz und erwiderte dann*: Zwei Worte. Resignation und Fatalismus. Da ist kein Wasser mehr unterm Kiel. Man* *könnte sagen, sie leben im Stoizismus. Die haben sich alle mit ihrer Lage abgefunden. Ich sehe keine Auflehnung, keine Hoffnung auf anderes. Das sind Autoren, die haben ihr Buch geschrieben, den Punkt hinter den letzten Buchstaben gesetzt und fertig. Sie lehnen sich zurück, lassen ihre Saat wachsen und gedeihen, aber sie gehen nicht darüber hinaus. Die schauen nicht über den Tellerrand, Tom.*

Ich nickte. *Großartige Analyse, Ben. Du hast mich gefragt, was mich anders macht. Ich bin ein Suchender, Ben. Das macht mich anders. Ich bin wohl der einzige Mann in der Stadt, der zehn Bücher geschrieben, über dreißig Länder besucht und Krieg mitgemacht hat.*

*Wo?*

*Bosnien, Kongo, Zentralafrikanische Republik! Reicht das fürs Erste?*

Ben grinste. *Erzähl weiter.*

*Ich saß mit Prinzen und 4-Sterne-Generälen am Tisch, dinierte mit Pennern in der Gosse und stand bei Manövern stunden-, ja tagelang im bis zu den Waden reichenden Matsch und Schlamm. Und ich war zwei Jahre im Urwald von Französisch-Guayana. Aber bei all dem habe ich das Kind in mir niemals vergessen. Kinder sind neugierig. Sie wollen immer wissen, was hinter dem nächsten Berg kommt oder wie sie aus dem Labyrinth wieder rauskommen. Die setzen sich nicht hin und sagen:* Okay. Passt schon. *Immer wenn du denkst, du hast alles erreicht, Ben, dann sei dankbar. Aber suche weiter. Gib deinem Herzen einen festen Stoß und begib dich auf die Reise um die nächste Straßenbiegung. Sei jemand, der noch Staunen kann.*

*Wenn die Männer über ihre jeweilige Situation hinaus nichts mehr suchen, dann können sie sich auch zu Grabe tragen lassen. Sie sind tot und merken es nicht mal. Das Schlimmste an der Sache ist, dass diese Menschen sich immer im Rahmen der von der Gesellschaft vorgegebenen (ungeschriebenen) Richtlinien – was man tut und was man bitte schön lässt – halten. Sie tanzen nicht im Regen. Sie schreien nicht laut, wenn sie glücklich sind. Sie haben nicht den Mut, zu einem ihnen fremden Menschen zu gehen, dem sie zufällig begegnen, um ihr (oder ihm) zu sagen:*

Hey. Du bist so schön! *Keinem von meinen Nachbarn würde es einfallen, beim Spazierengehen plötzlich auf die Knie zu fallen, ganz behutsam eine Ameise hochzunehmen und sie, nach einer Weile der staunenden Betrachtung, wieder freizulassen. Ich kann das alles. Und ich werde nicht aufhören zu staunen und zu suchen, bis ich sterbe. Und du hast die Gabe, das zu erkennen. Das sehe ich dir an. Nur konntest du deiner Vermutung keinen Namen geben.*

Ben schwieg nachdenklich.

*Da gibt es einen sehr schönen Satz, Ben,* beendete ich meinen Dialog mit ihm. *Hinter den Lichtern einer fernen, fernen Stadt schlummert meine Liebe im Verborgenen. Also gab ich meinem Herzen einen festen, festen Stoß und begab mich auf die Suche um die nächste Straßen Biegung. Louis L'Amour hat das geschrieben.*

Jetzt zurück zu dir, Bruder. Vielleicht gehörst du zu denen, die sich ständig sagen: Wenn ich mal ein Haus habe, wenn meine Kids aus ebendiesem Haus sind, wenn ich endlich meine Rente bekomme, wenn, wenn, wenn. Dann wird das Leben schön sein (und meine Suche ist beendet). Dann hast du dein Haus abbezahlt, die Kinder sind aus dem Haus, vielleicht hast du noch einen geilen Job und verdienst die fette Knete, bist dann aber nicht mehr willens, dich über die kleinen Dinge zu wundern, sie zu bestaunen, geschweige denn nach etwas Neuem zu suchen. Die Suche nach mehr steht nicht mehr auf deinem Programm. Abenteuer auch nicht. Du bist satt, weil die von dir gesteckten Ziele erreicht sind.

Die Gesellschaft, auch deine Verwandten und Bekannten, kennen dich und deine Situation. Wie oft kommt es vor, dass sie denken (manchmal laut): *Na, der hat doch alles erreicht, was man(n) im Leben erreichen kann. Er soll sich glücklich schätzen.*

Falsches Denken!

Solange du noch nicht alles gesehen, erforscht und in dich eingesogen hast, bist du unvollendet. Du bist ein Nichts. Alles sehen, alles erforschen ist natürlich eine MISSION IMPOSSIBLE. Selbst tausend Jahre

Lebenszeit würden für dieses ambitionierte Programm nicht ausreichen. Dieses Wissen im Gepäck, ruhe dich nie auf Lorbeeren aus. Sei nie satt. Orientiere dich immer nach vorne ins Ungewisse und sei auf ewig ein *Searcher*, ein Suchender. Für Männer wie dich und mich sollte es nur ein Ziel im Leben geben, und das ist der Weg. Du solltest dich selbst dann nicht mit deinen Erfolgen und Errungenschaften zufriedengeben, dich ausruhen, wenn du ein hohes Alter erreicht hast. Wenn dir eine gesunde Lebensweise (und etwas *Fortune*) ein hohes Alter beschert (80, 90, 95 Jahre), dann stehst du mit deinen fünfzig Jahren gerade mal in der goldenen Mitte deines menschlichen Abenteuers, obwohl alle anderen dir sagen, du seist ja nicht mehr gerade der Jüngste.

**Kleiner Einschub meinerseits:** Wenn du ins Alter kommst, bekommst du mit ziemlicher Wahrscheinlichkeit Probleme mit der Prostata. Mitte Juli bis Ende August gehe ich an die heimischen Waldränder und hole mir das Weidenröschen. Die Pflanze wird traditionell bei Prostata-Vergrößerung verwendet. Mir hilft das unwahrscheinlich. Ich rupfe die Pflanze, streife die Blätter an und trockne sie. Einmal trocken, nehme ich etwa zwei Teelöffel in einen halben Liter Wasser, bring es zum Kochen und lasse das Ganze dann eine Viertelstunde ziehen. Mein Luxus? Zwei Tassen pro Tag!

# Lässt man uns noch Mann sein?

Eines unserer größten Probleme ist, dass weder die Gesellschaft noch die die meisten Frauen uns das wahrhaftige Mannsein mehr gönnen. Es entsteht der Eindruck – eigentlich ist es längst Fakt –, dass Mannsein verpönt und out ist. Zum Mannsein gehören Rituale. In den Augen der meisten Frauen sind wir Geliebter, Vater, seelischer Mülleimer und auch Hausmann (exakte Definition von Letzterem: weichgespülte Waschlappen, angepasste Weicheier, alles gut, immer schön lächeln, Klappe halten). Die heutige Gesellschaft braucht Jasager und Opportunisten. Fähnchen im Wind. Aber in uns drin brodelt es: Revolution!

Nicht zuletzt auch aus diesem Grund sollten wir Männer uns revoltieren. So eine Revolte beginnt idealerweise damit, dass wir uns in ganz bestimmten Momenten einfach abschotten und Rituale zelebrieren. Männerrituale! Sinn dieser Rituale soll sein, Geschwindigkeit aus dem Hamsterrad Leben herauszunehmen und die Männerseele tief in uns wieder zum Vibrieren zu bringen. Beides ist wichtig. Dabei ist es zunächst egal, welches Ritual du wählst. Hauptsache, es ist dein Ding. Da darf niemand ran. Du erlaubst weder Veto noch Kritik noch weibliche Präsenz. Nur du, deine Rasierklinge und deine Gedanken. Warum Rasierklinge? Ich zum Beispiel hatte ein Ritual, dem ich mich auf täglicher Basis hingab. Dem Ritual des Nassrasierens. Das zelebrierte ich jeden verdammten Morgen. Ich nahm mir Zeit dafür. Eine Stunde, nicht weniger. Während dieser sechzig Minuten durfte mich keiner stören. Nassrasieren war für mich vom Gefühl her wie ein Orgasmus, wie ein guter alter Lagavulin 16 YO-Single Malt Whisky oder wie ein Glas Roter vom besten Châteauneuf-du-Pape. Ich genoss. Tief. Nein, ich feierte es. Manchmal, wenn ich nicht aufpasse, fetzt die Klinge durch meine Haut. Ich blute. Aber auch das ist wichtig, gehört zumindest dazu. Es regt zum Nachdenken an. *Rituale müssen schmerzen*, sag ich mir in solchen Augenblicken. Mein Ritual? Ich benutze alle klassischen Nassrasurabläufe und -utensilien.

Haare und Haut bereite ich zeremoniell vor. Ich wasche mir das Gesicht mit warmem Wasser. Dafür benutze ich Kernseife aus Marseille. Jetzt massiere ich Rasieröl in die noch feuchten Bartstoppeln. Abgetrocknet wird sich mit einem blütenweißen, heißen Handtuch. Geiles Gefühl.

*Es klopft an der Tür?*

*Nicht meine Baustelle. Ich bin nicht da!*

Jetzt schlage ich methodisch Rasierschaum aus der Rasierseife. Dafür nehme ich den Rasierpinsel mit vergoldetem Griff. Den Schaum trage ich auf. Schön langsam. Danach warte ich zwei Minuten. Derweil mustere ich mich im Spiegel. Heute wird ein guter Tag. Alles wird mir gelingen. Wenn nicht, Pech. Dann eben morgen. Ich greife zum Rasierhobel und beginne mein Werk, bedauernd, dass nicht ein Glas Château Margaux de Mongravey, sondern ein Glas Wasser vor mir auf dem Spiegelregal steht. Humor muss sein, denn ich trinke seit Jahren keinen Alkohol mehr, was mir saugut tut. Den Rasierhobel ziehe ich langsam im dreißig Grad Winkel durch, immer in die Richtung, in die meine Haare wachsen. Nach jedem Zug halte ich den Hobel unters heiße Wasser direkt aus dem Hahn, spüle so Stoppel-Schaum-Gemetzel ab, denn wenn schon Ritual, dann peinlichst perfektioniert. Gesicht mit kaltem Wasser abwaschen, wohlfühlen, grinsen, alle Utensilien säubern und dort hin räumen, wo sie hingehören. Blick auf die Uhr, eine Stunde ist rum!

Als ich noch Alkohol trank, hatte ich mein Mittwochsritual. Jeden Mittwochabend (jeden!) zog ich besten Zwirn an, ging ins feinste französische Restaurant der Stadt. Dort aß ich eine *soupe à l'oignon gratinée*, gefolgt von einem geilen Steak oder eben einem fetten Boeuf Bourguignon. Man kannte mich dort schon. Ich hatte immer denselben Tisch. Kein anderer durfte sich zu mir setzen. Während des Dinners beobachtete ich die Leute um mich herum. Ich dachte nicht, ich genoss den

Augenblick, aß langsam. Mit großem Bedacht. Nach dem Nachtisch, *crème brulée* oder *tarte fine chaude aux pommes*, setzte ich mich in einen Sessel am Kamin und trank ein Glas *Corton Rouge* (Bourgogne). Teuer, sicher! Aber leben und leben lassen war meine Devise.

Als ich noch in Calvi (Korsika) wohnte, ging ich jeden Sonntagmorgen zwei oder drei Stunden lang am Meer spazieren. Meist waren die Strände in aller Frühe menschenleer. Das erlaubte es mir, ohne Anstoß zu erregen, laute Selbstgespräche zu führen. So hörten meine Ohren meine Gedanken. Selbst die verborgensten, bis dato nie ausgesprochenen. Das ist, als führten Gott und der Teufel einen Dialog. Was dabei rauskommt, ist immer erstaunlich. Nicht immer schön, aber stets befreiend. Dieses kleine Ritual führte mich vom Camp Raffalli (unsere Kaserne) bis zum Plage de Ghjorghju. Das waren etwa acht Kilometer. Ich lief los, Gott fing an zu reden, und ich war am Zielpunkt, bevor der Teufel eine Antwort parat hatte. Die kam dann meist auf dem Nachhauseweg.

In Deutschland, ab dem Jahr 2015, immer samstags in aller Früh schwang ich mich auf mein Motorrad, eine Suzuki Bandit, schwarz, wild, elegant, und zog sorglos und frei meine Schleifen so lange, bis ich wusste, die Kinder und meine Frau sind wach. Steppenwolf und Easy Rider im Kopf, einfach düsen. Bis das Hirn frei war. Mein Ding. Nur ich.

Das waren jetzt nur drei Beispiele. Wähl du dir ein Ritual, das deinem Charakter entspricht und zieh es durch. Koste es, was es wolle. Geh dafür nicht über Leichen, aber fast.

## Wenn nicht jetzt, wann dann?

Es bleibt dir möglicherweise nicht mehr unendlich viel Zeit, Bruder. Wenn du als älterer Mann ständiges Bedauern in dir trägst, weil du dir resigniert sagst, das oder jenes hätte ich gerne noch getan, dieses noch erforscht oder gesehen, diese Lust noch gespürt und auch gelebt, du gleichzeitig aber weißt, dass du nicht mehr den Mut dazu aufbringst, auch weil du deine Gefühle nicht entblößen und bis zum Schluss gesellschaftskonform bleiben möchtest, dann bist du zu bedauern. Leider gibt es sehr, sehr viele Männer, denen es so geht. Sie trauen es sich nicht, dies offen zuzugeben. Sie haben nicht den Mut, mit jemandem darüber zu reden oder ihre Wünsche in die Tat umzusetzen.

Verrücktes zu tun, sollte dein Anspruch sein. Mit fünfundfünfzig den Motorradführerschein zu machen, ist ganz okay. Mit sechzig mit dem Fallschirmspringen zu beginnen, wäre eine großartige Herausforderung. Mit siebzig das Köfferchen zu packen und für drei Monate das Heim, deine Vertrauten und deine Kinder und Enkelkinder für eine Weile hinter dir zu lassen, das ist legitim. Weil es dein Leben ist. Und weil du in der Zielgeraden bist, es aber noch vieles zu sehen gibt. Lass dir eines sagen, Bruder, wenn du aufhörst ein Suchender zu sein, macht dein Leben keinen Sinn mehr.

## Die Begegnung mit dem kleinen Kind in dir

Du musst lernen, bei dir selbst anzukommen, dich selbst zu spüren. Das geht, indem du dich zu Hause in ein ruhiges von Kindern und von der Lebenspartnerin abgeschottetes Zimmer setzt. Am besten wäre es, wenn die Kinder schon im Bett sind. Stell dein Handy auf Flugmodus oder schalte es ganz aus. Der Hund wird in den Keller verbannt, der Wellensittich kriegt Panzertape um den Schnabel. Schließe deine Augen und spüre dich, spür tief in dich rein. Setz dich dazu auf einen bequemen Sessel, deine Füße berühren den Boden; du bist völlig entspannt. Atme ganz bewusst tief ein und wieder aus. Schick beim Einatmen deinen Lebenshauch in deinen Bauch, in deinen Kopf, schick ihn dahin, wo du denkst, er müsse jetzt dort arbeiten. Arbeite mit dem Atem; du wirst feststellen, dass es sehr interessant ist. Du denkst nur an deinen Atem, an deinen Körper, an dich. Atme und folge deinem Atem ganz bewusst mit deiner Aufmerksamkeit. Löse dich von allen anderen Gedanken los. Irgendwann gelangst du unweigerlich an einen Punkt, an dem sich ein absolut irres Phänomen einstellt. Es fühlt sich an, als würdest du geatmet – oder: es atmet dich! So als ob urplötzlich zwei Personen im Raum wären. Du bist jetzt bei dir. Du bist angekommen. Lass dich mit vollem Bewusstsein in deinen Körper sinken. Nimm deinen Körper bewusst wahr. Nimm dir einen Monat lang jeden Tag etwas Zeit für diese kleine Übung. So nach dem vierten, fünften Mal wird sich ein Automatismus einsetzen, sodass du immer weniger Zeit aufwenden musst, um bei dir anzukommen, um du zu sein.

Sicher erinnerst du dich an meine Geschichte mit der Kiefer. Frühling, Sommer oder Herbst gehe ich barfuß dorthin. Ich lege meine Hand auf ihre Rinde und beame mich ganz bewusst weg. Ich bin bei mir. Bei Mutter Erde. Ich bin im Jetzt, aber auch an einem Ort, an dem ich einst war. Dort ist alles irreal. Irreal wahr und schön.

Die nächste Ebene für dich, und zugleich Krönung und Abschluss für die vor dir vorliegende Lektüre, wäre ein Dialog zwischen dir und dem kleinen Jungen, der immer noch in dir steckt. Mach die Augen zu und stell dir vor, du läufst barfuß über ein grüne, vom Regen feuchte satte und saftige Wiese. Du kommst an einen schönen See und an diesem See wartet sitzend und dir zunächst den Rücken zugewandt der kleine Junge. Du bist der kleine Junge. Er dreht sich um und schaut dich an. Weich dem Blick nicht aus, sondern versuche vielmehr in seinen Augen zu lesen. Nimm alles an, was der Blick dir sagen möchte und dann sprich mit ihm. Frag, wie es ihm geht. Ob er sich wohlfühlt. Lass ihn reden und unterbrich ihn nicht. Möglicherweise steckt etwas Traurigkeit in dem Burschen, vielleicht feiert er dich auch, weil du genau der geworden bist, der er immer hatte sein wollen. Wenn dir danach ist und er dies auch möchte, umarme ihn. Halte ihn fest. Versprich ihm bei dieser Gelegenheit auch, dass er nie wieder allein sein wird und dass du ihn niemals mehr enttäuschen wirst. Sag dem kleinen Jungen, dass du ab jetzt immer für ihn da sein und ihn auch regelmäßig besuchen wirst.

Du bist bei dir.

## Das ultimative Schlusswort

An einem regnerischen Tag im Februar 1985 trat ich der französischen Fremdenlegion bei. Im Sommer 2015 trennte ich mich nach zwölf Jahren Ehe von meiner Frau. Im Jahr 2021 bin ich nach Schweden ausgewandert – das alles hatte ich bereits erwähnt. Aus meiner heutigen Position heraus würde ich alles noch einmal genauso machen. Na ja, nicht ganz. Als ich zur Legion ging, war ich bereits zweiundzwanzig. Vermutlich würde ich mich heute mit achtzehn schon bewerben, und sicherlich wäre ich auch länger dabeigeblieben. Sehr wahrscheinlich hätte ich mich – mit dem, was ich heute weiß – auch schon ein paar Jahre früher von meiner Frau getrennt, hätte mir dann einen kräftigen Stoß in den Allerwertesten gegeben und Deutschland viel früher den Rücken zugewandt. Was für mich essenziell wichtig war, war die Tatsache, dass ich bei jeder Sache erkannt habe, dass Handlungsbedarf bestand. Und ich habe dann auch immer konsequent gehandelt. Wie sagt man so schön? Besser ein Ende mit Schrecken als ein Schrecken ohne Ende!

*Was ich damit sagen will und was dich anbelangt.*

Hier in Schweden habe ich Freunde. Deutsche. Nicht wenige von ihnen haben sich irgendwann mal aufgerafft und gesagt: *Ich (oder wir, wenn sie Familie hatten) bin dann mal weg.* Einige von ihnen waren krank oder der Ehepartner war es. Aber das hat sie nicht abgeschreckt. Sie machten den Ort, an dem sie sich niederließen, zu ihrem kleinen Paradis. Andere hatten keine Kohle. Was sie nicht davon abgehalten hat, die Koffer zu packen. Ich bewundere solche Menschen. Sie sind, wenn schon nicht ganz frei von Angst, dann zumindest frei in der Seele und in ihren Entscheidungen, und genau das macht sie so interessant, das macht einen freien Menschen aus.

Zahlreich sind die, die mir aus meiner alten Heimat Mails schreiben wie: *Ich zweifle. Meine (unsere) finanzielle Situation erlaubt es uns nicht, ähnliche Wege einzuschlagen wie du. Wir würden gerne, trauen uns aber nicht. So richtig glücklich sind wir hier auch nicht. Veränderungen, ja! Aber …*

*… aber wir haben Angst vor dem Unbekannten!*
(Das sagten sie nicht, ich ahnte aber, dass dem so war.)

Dann gibt es jene, die den ganzen Tag klagen, wie schlecht es ihnen doch geht. In der Beziehung. Auf der Arbeit. In der Gesellschaft. Gesundheitlich und moralisch. Vielleich bist du einer davon? Natürlich interessiert dich brennend, wie ich zu deiner Situation, zu deiner Misere stehe und was ich dir antworten, beziehungsweise zu was ich dir persönlich raten würde. Drei Wörter, Kamerad. Drei Wörter nur.

**Triff eine Entscheidung!**

ENDE

## *Ein weiteres Survival-Buch von Thomas Gast*

„Survival für Anfänger" – Ihr treuer Weggefährte, mit dem Sie für jeden Notfall bestens gewappnet sind!

Eine gute Vorbereitung ist vermutlich in jeder Lebenslage hilfreich und sorgt nicht nur für ein bestmögliches Gelingen, sondern auch gleichermaßen für mehr Selbstbewusstsein. In den letzten luxusverwöhnten Jahrzehnten unserer Gesellschaft geriet dieser Anspruch jedoch immer weiter in Vergessenheit und nun finden wir uns plötzlich in unfassbar turbulenten Zeiten wieder. Während das Unbehagen und die Ungewissheit unaufhörlich wachsen, steigt gleichzeitig auch das Verlangen nach Sicherheit und Absicherung. Die heutigen Generationen verfügen nicht mehr über die notwendigen Kenntnisse und Fähigkeiten, um in einem Notfall angemessen handeln und überleben zu können. Dies beginnt schon bei einfachen Aspekten wie den notwendigen Vorräten für den Ernstfall, doch umfasst unter anderem auch das Finden und Zubereiten von Nahrungsmitteln in der Wildnis.

Mit diesem Buch überlassen Sie nichts dem Zufall, denn Sie erlernen die wichtigsten Survival-Fertigkeiten, auf die Sie sich in brenzligen Situationen verlassen können.

Der renommierte Survival-Experte und Autor Thomas Gast kennt die Herausforderungen und Tücken des Survivals wie kein Zweiter, denn unter anderem kann er auf einen beeindruckenden Erfahrungsschatz von rund 17 Jahren in der Fremdenlegion zurückgreifen. In diesem exzellent strukturierten Werk gibt er seine unbezahlbare Expertise an Sie weiter und lehrt Sie Schritt für Schritt und besonders einsteigerfreundlich, wie Sie sich erfolgreich für den Ernstfall wappnen. Sie erhalten alle erforderlichen Informationen sowie praxiserprobte Methoden und Techniken für das Überleben fernab von jeglicher Zivilisation und Fremdversorgung. Unter anderem umfasst dies das richtige Mindset, die Notfallausrüstung, die immer bereitstehen sollte, sowie das bestmögliche Vorgehen in der freien Natur. Hier bleiben keine Fragen unbeantwortet!

Das Buch finden Sie unter folgendem QR-Code und überall sonst,
wo es Bücher gibt:

(https://www.amazon.de/dp/3969672112)

## *Ein weiteres Buch von Thomas Gast*

„Operation Kongo" von Thomas Gast gleicht einer atemberaubenden Reise in die dunkelsten Ecken der Geschichte. Mit unverblümter Offenheit schildert Thomas Gast seine hautnahen Erfahrungen als ehemaliger Elite-Fallschirmjäger. Dieser packende Bericht basiert auf wahren Begebenheiten und gewährt einen schonungslosen Blick hinter die Kulissen eines lebensgefährlichen Einsatzes.

Erleben Sie hautnah die Schrecken des Krieges aus der Sicht eines Soldaten, als der Kongo von der Shaba-Invasion erschüttert wurde. Inmitten des Guerillakrieges im Süden der heutigen Demokratischen Republik Kongo stehen die Interessen des Westens und der Ostblock-Staaten in Zentralafrika auf dem Spiel. Inmitten dieses geopolitischen Konflikts finden wir uns an der Seite unseres Protagonisten wieder, der in einem Strudel aus Gefahr und Unsicherheit gefangen ist. „Operation Kongo" fängt die Realität des Krieges in all ihrer Intensität ein. Mit eindrucksvoller Detailgenauigkeit und einem fesselnden Schreibstil begleitet Thomas Gast den Leser beim Eintauchen in die Welt eines Elite-Fallschirmjägers, der seine Geschichte mit Mut, Offenheit und einer beeindruckenden Erzählkraft teilt.

Das Buch finden Sie unter folgendem QR-Code und überall sonst, wo es Bücher gibt:

(https://www.amazon.de/dp/3969673429)

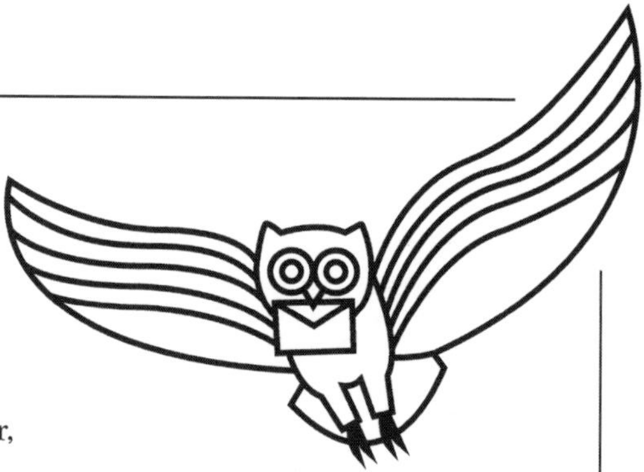

Liebe Leserin, lieber Leser,

hat Ihnen dieses Buch gefallen?
Ihr Feedback, Ihre Anregungen und Ihre Kritik bedeuten uns viel, denn sie helfen uns, unsere Bücher kontinuierlich zu verbessern.

Die Meinung und Zufriedenheit unserer geschätzten Leserinnen und Leser stehen im Mittelpunkt unseres Schaffens. Ihre Gedanken sind uns wichtig.

Zögern Sie daher nicht, uns zu kontaktieren und Ihre Gedanken mit uns zu teilen. Senden Sie uns einfach eine E-Mail an:
feedback@eulogiaverlag.de

Besuchen Sie auch gern unsere Verlagsseite und entdecken Sie weitere spannende Bücher unter:
www.eulogiaverlag.de

Wir sind gespannt auf Ihre Nachricht und freuen uns darauf, von Ihnen zu hören!

Herzlichst
Ihr **Eulogia Verlag**